Engenharia de Software

Análise e Projeto de Sistemas

Sérgio Luiz Tonsig

2ª Edição Revista e Ampliada

Engenharia de Software – Análise e Projeto de Sistemas – 2ªed. revisada e ampliada

Copyright© Editora Ciência Moderna Ltda., 2013

Todos os direitos para a língua portuguesa reservados pela EDITORA CIÊNCIA MODERNA LTDA.

De acordo com a Lei 9.610, de 19/2/1998, nenhuma parte deste livro poderá ser reproduzida, transmitida e gravada, por qualquer meio eletrônico, mecânico, por fotocópia e outros, sem a prévia autorização, por escrito, da Editora.

Editor: Paulo André P. Marques

Supervisão Editorial: João Luís Fortes

Revisão: Tereza Cristina N. Q. Bonadiman

Diagramação: Katy Araújo

Capa: Katy Araújo

Várias **Marcas Registradas** aparecem no decorrer deste livro. Mais do que simplesmente listar esses nomes e informar quem possui seus direitos de exploração, ou ainda imprimir os logotipos das mesmas, o editor declara estar utilizando tais nomes apenas para fins editoriais, em benefício exclusivo do dono da Marca Registrada, sem intenção de infringir as regras de sua utilização. Qualquer semelhança em nomes próprios e acontecimentos será mera coincidência.

FICHA CATALOGRÁFICA

TONSIG, Sérgio Luiz.

Engenharia de Software – Análise e Projeto de Sistemas – 2ªed. revisada e ampliada

Rio de Janeiro: Editora Ciência Moderna Ltda., 2013.

Informática; Análise de Sistemas; Projetos

I — Título

ISBN: 978-85-7393-653-7   CDD 001642

Editora Ciência Moderna Ltda.
R. Alice Figueiredo, 46 – Riachuelo
Rio de Janeiro, RJ – Brasil   CEP: 20.950-150
Tel: (21) 2201-6662/ Fax: (21) 2201-6896
E-MAIL: LCM@LCM.COM.BR
WWW.LCM.COM.BR

Garantias

O autor acredita que todas as informações aqui apresentadas estão corretas e podem ser utilizadas para qualquer fim legal. Entretanto, não existe qualquer garantia, explícita ou implícita, de que o uso de tais informações conduzirá sempre ao resultado desejado. Os nomes e endereços de sites, produtos e empresas porventura mencionados foram utilizados apenas para ilustrar os exemplos, não tendo vínculo algum com este material. O autor não se responsabiliza pela existência futura dos endereços de sites web mencionados. Todos os nomes registrados, marcas registradas ou direitos de uso citados neste material pertencem aos respectivos proprietários.

"Estivemos aqui". O que nos diferenciará dos outros sonhadores é que juntamos nossas forças e trabalhamos intensamente para realizar os nossos sonhos; afinal, sonhamos juntos.

Para Marina, Gabriela e Giovana.

Prefácio

Por sua natureza, materiais técnicos sempre requerem de seus leitores uma maior perseverança e concentração na leitura. Diferentemente de outros materiais escritos, como textos com hiperlink na web, um livro normalmente já apresenta seu conteúdo em uma seqüência lógica progressiva através dos capítulos, onde, em geral, um capítulo possui seu antecessor como pré-requisito. Desta forma, a leitura deve ser seqüenciada capítulo a capítulo, do menor para o maior. Pode haver exceções, tais como notas de rodapé (que "quebram" a seqüencialidade de leitura), indicativos de anexos ou outros livros.

De qualquer forma, o grande diferencial de um livro (com relação a outros meios que permitem o acesso a informações técnicas) é que ele já apresenta um todo organizado, com uma preocupação implícita de expor um conteúdo para comunicação, entretenimento ou aprendizagem. Não é o meio mais adequado ficar pinçando fragmentos de informação para depois tentar juntá-los em um todo organizado (caso seja isto que queira fazer a web é o lugar mais indicado). Muitos livros técnicos também incluem a preocupação com uma estruturação pedagógica, quando se trata de conteúdos a serem apreendidos pelos leitores.

Com este livro não é diferente. Se você estiver interessado em aprender sobre Engenharia de Software, deve fazer uma leitura seqüencial progressiva, sem pular capítulos. Com certeza irá se cansar na leitura em algum momento; procure, contudo, concluir o capítulo. Quando retomar, inicie pelo capítulo que acabou de ler.

A primeira parte deste livro apresenta os conceitos sobre sistemas de uma forma geral, sistemas de informação, o ambiente empresarial onde se aplicam sistemas de informação e a abordagem sobre engenharia de software.

Na segunda parte do livro, o foco volta-se para as atividades do analista de sistemas e como tal profissional deve atuar no contexto da engenharia de software. São apresentados dois métodos atuais para se planejar o desenvolvimento de software: Análise Essencial e Análise Orientada a Objetos com utilização da UML. Também é apresentado um caso de uso (comentado) utilizando-se a UML.

Profissionais da área de desenvolvimento de software (gerentes, analistas, programadores) podem encontrar um grande apoio neste livro, quer seja para aprender ou simplesmente para tirar alguma dúvida que possuam, pois além da preocupação em explicar-se os conceitos, há diversos exemplos de aplicações práticas.

Poderão também se beneficiar deste material os estudantes de graduação, extensão ou pós-graduação que envolva a engenharia de software.

Sumário

1. Abordagem Sistêmica (Teoria dos Sistemas) 1
1.1. O Que É um Sistema? 5
1.2. O que São as Entidades de um Sistema? 10
1.3. Interdependência 13
    1.3.1. A Interdependência Requer Controle
    ou Administração 16
1.2. Eventos de um Sistema 18
    1.2.1. Importação 18
    1.2.2. Exportação 20
    1.2.3. FeedBack 23
1.3. Homeostasia 26
1.4. Morfogênese 27
1.5. Entropia 28
1.6. Redundância 29

2. A Informação e as Organizações 31
2.1. Dado 33
2.2. Informação 36
2.3. Conhecimento 37
2.4. Qualidade da Informação 38
2.5. Sistemas de Informação 39
2.6. As Organizações 42
2.7. As Organizações e a Terceirização da área de TI 50
    2.7.1. Razões para Terceirização 52
    2.7.2. Gestão e Qualidade na Terceirização 55
    2.7.3. Reflexos e Riscos 57
    2.7.4. Soluções E.R.P. (Enterprise Resource Planning) 59
    2.7.5. Situação Atual e Tendência 60

3. A Engenharia de Software 63

3.1. Características e Tipos de Software 73

3.2. Paradigmas do Desenvolvimento de Software 77

    3.2.1. Modelo Balbúrdia 79

    3.2.2. Modelo Cascata 80

    3.2.3. Modelo Incremental 82

    3.2.4. Prototipação 84

    3.2.5. Modelo Espiral 86

    3.2.6. Modelos Mistos e Característica Genérica 88

3.3. Gerência de Projetos de Software 89

    3.3.1. Software como Produto de um Projeto 92

3.4. Processo de Gerência de Projeto de Software 96

    3.4.1. Definição do Escopo do Software 97

    3.4.2. Planejamento 100

    3.4.3. Organização / Coordenação 106

        3.4.3.1. *Fatores Humanos na Coordenação*
            de Projetos 108

    3.4.4. Avaliação do Progresso 109

    3.4.5. Revisão e Registro Histórico 111

3.5. Problemas em Projetos de Software 113

    3.5.1. Rápida Evolução Tecnológica 113

    3.5.2 Pessoas 115

    3.5.3. Outros Problemas Gerenciais 117

    3.5.4. Acompanhamento da Evolução do Projeto 118

3.6. Atividades da Análise de Sistemas 118

3.7. Análise de Requisitos 124

    3.7.1. O que são requisitos? 126

    3.7.2. Meios para a Execução do Levantamento
        de Requisitos 129

    3.7.3. Reuniões e Entrevistas 133

    3.7.4. Observação in loco 136

    3.7.5. Documentação de Requisitos 138

4. O Modelo Estruturado – uma síntese 143

4.1. Análise Estruturada 146

    4.1.1. Concepção do Software 148

    4.1.2. Estudo de Viabilidade 150

4.1.3. Projeto Lógico 151
    4.1.3.1. Como utilizar o DFD no Projeto Lógico *158*
    4.1.3.2. MER (Modelo Entidade Relacionamento) *161*
4.1.4. Projeto Físico 168
4.1.5. Implantação 169
4.1.6. Manutenção 169
4.2. A Análise Essencial 170
    4.2.1. Exemplos através de estudos de casos 175
    4.2.2. Sistema Controle Hoteleiro 176
    4.2.3. Outro Estudo de Caso: Sistema de Biblioteca 195

5. Paradigma da Orientação a Objetos 215
5.1. O Que É um Objeto? 218
5.2. Classe de Objetos 221
5.3. Encapsulamento 223
5.4. Acoplamento Dinâmico, Herança e Polimorfismo 225
5.5. Estados e Mudanças de Estados (Comportamento) 226
5.6. Benefícios do Paradigma da Orientação a Objetos 230

6. Linguagem de Modelagem Unificada (UML) 233
6.1. Modelagem Visual 234
6.2. Síntese Histórica da UML 237
6.3. Conceitos da UML 239
    6.3.1. Análise de Requisitos 240
    6.3.2. Análise Sistêmica 240
    6.3.3. Projeto 241
    6.3.4. Implementação 241
    6.3.5. Testes e Implantação 242
6.4. Notações da UML 242
    6.4.1. Diagrama de Casos de Uso (Use Cases) 243
        6.4.1.1 Atores *245*
        6.4.1.2 Casos de Uso *248*
    6.4.2. Diagrama de Classes 258
        6.4.2.1 Sintaxe para Definição
        de Atributos e Métodos *259*
    6.4.3. Relações entre Classes 261
    6.4.4. Multiplicidade 269

6.4.5. Interface 270

6.4.6. Classes boundary, control e entity 270

6.4.7. Exemplo da Utilização do Diagrama de Classes 272

6.5. Diagrama de Interação 275

6.5.1 Diagrama de Seqüência 276

6.5.2 Diagrama de Colaboração 279

6.6. Diagrama de Estado 280

6.7. Diagrama de Componentes 282

6.8. Diagrama de Distribuição 283

7. Estudo de Caso Aplicando UML 285

7.1 Controle de Reserva e Locação de Quartos de um Hotel 286

7.2. Planejamento Inicial 287

7.2.1 Roteiro de Tarefas 290

7.2.2 Contexto do Sistema 292

7.2.3 Diagrama de Classes 294

7.2.4 Diagramas de Seqüência 298

7.3. Diagrama de Estados 311

7.4. Diagrama de Componentes 311

7.5. Diagrama de Distribuição 312

Bibliografia 315

Capítulo Um

1

Abordagem Sistêmica

(Teoria dos Sistemas)

"A analogia de uma sociedade com um organismo torna-se ainda mais surpreendente quando se vê que todo o organismo de apreciável volume é uma sociedade,... Ainda que o organismo e a sociedade difiram em que o primeiro existe no estado concreto e o segundo no estado discreto, e ainda que haja uma diferença nos fins servidos pela organização, isto não determina uma diferença em suas leis."

(Herbert Spencer, Filósofo Inglês –1820 / 1904)

Existem muitas coisas em comum entre você, uma bicicleta e o software[1], especialmente o fato de que podem ser analisados sob a ótica sistêmica.

Este primeiro capítulo apresenta uma série de conceitos extremamente importantes para a compreensão do termo "sistema", que freqüentemente as pessoas mencionam em seu cotidiano; porém, na maior parte das vezes, o fazem sem o conhecimento exato de seu significado. Na expectativa de estar concretamente propiciando um ambiente de aprendizado quanto aos conceitos tratados, empregam-se neste livro algumas analogias antropomórficas[2] e, eventualmente, também um pouco de botânica.

O conteúdo deste capítulo não se limita aos domínios da área da Engenharia de *Software*, uma vez que investigar sobre o que seja um sistema é extrapolar limites fronteiriços entre as áreas do conhecimento. Trata-se de uma abordagem interdisciplinar capaz de transcender aos aspectos inerentes a um sistema específico, proporcionando princípios gerais que se estendem a qualquer sistema, demonstrando o isomorfismo dos vários sistemas. Esta abordagem não é recente, surgiu com os trabalhos do biólogo alemão Ludwig von Bertalanffy[3], publicados entre 1947 e 1968, e ficou conhecida como Teoria Geral dos Sistemas (TGS) (Bertalanffy, 1977).

A TGS, como o próprio nome diz, é uma teoria que pretende ser aplicável a qualquer sistema, independentemente de sua composição, estrutura, existência espacial ou temporal. Uma conseqüência da existência de propriedades gerais de sistemas é o aparecimento de semelhanças estruturais ou isomorfismos

---

[1] Qualquer programa ou grupo de programas. Programa é um conjunto de instruções que devem ser compreendidas e executadas por algum meio que o suporte. Este meio normalmente é chamado de Hardware. Para facilitar, vamos imaginar que este hardware seja o computador pessoal (PC). Nada impede, porém, que venha a ser a geladeira, o relógio de pulso, a televisão, ou, até mesmo, uma roupa. Quando se fala em software neste livro, pode-se estar fazendo referência a um único programa de computador ou a um conjunto de programas normalmente denominado "sistema".

[2] Que, pela forma ou modo de agir, se assemelha ao homem. Comparar objetos e outros elementos com pessoas é uma prática que procuro evitar, já que é improcedente; porém, sob o ponto de vista didático, tem sua contribuição.

[3] Para conhecer mais a respeito, consulte o endereço h ttp://www.bertalanffy.org/

Capítulo 1 – Abordagem Sistêmica (Teoria dos Sistemas)

em diferentes campos. Em um exemplo bem simples, uma lei exponencial de crescimento poderá ser aplicada a certas células de bactérias, para uma população de bactérias, animais ou humanos e, para o progresso da pesquisa científica, medido em geral pelo número de publicações. Por conseqüência, a TGS passa a ter uma influência crescente em diferentes campos da ciência (administração, economia, sociologia etc.); porém, ela não busca solucionar ou criar alternativas práticas para problemas existentes, mas produzir teorias e formular conceitos para aplicação em uma realidade empírica, partindo-se dos problemas lá existentes; em ciência, conforme nos informa Rubem Alves, "todo pensamento começa com um problema" (Alves, 1991).

A TGS considera que qualquer sistema está inserido em um meio ambiente. Este meio ambiente é formado por pelo menos um sistema; portanto, ou os sistemas existem dentro de outros sistemas ou há uma interoperabilidade entre eles, à exceção do maior e menor sistema existente. As moléculas; por exemplo, existem dentro (compõem) as células, que compõem tecidos, que compõem órgãos e assim sucessivamente; nesta cadeia, qualquer sistema que se venha a examinar é alimentado ou alimenta os demais, o que implica considerar que tais sistemas sejam abertos, pois há uma troca, colaboração ou interação entre eles. A TGS também considera que as funções de um sistema dependem de sua estrutura; por exemplo, os tecidos musculares se contraem em função de que sua estrutura celular permite contrações.

Em um estudo científico, podem-se encontrar dois procedimentos básicos, o chamado *reducionismo analítico*, que significa a decomposição de algo a seus elementos fundamentais para estudá-los e compreendê-los e posterior recomposição do todo a partir da soma ou agregação de suas partes constituintes, e o *mecanicismo*, que representa o estabelecimento simples e linear de relações de causa e efeito (a causa é considerada necessária e suficiente para explicar o efeito). Em adição a estas características, a abordagem sistêmica apresenta três outros elementos fundamentais:

- Coexistência entre o comportamento mecânico e holístico. A realidade é extremamente integrada e complexa. As propriedades dos sistemas não podem ser descritas em termos de seus elementos separadamente. Para efeito de estudo, não se pode separar os fenômenos dos fatos que os geram e os locais onde ocorrem, visto que todos estes elementos estão interligados. A compreensão concreta dos sistemas somente ocorre quando estudados globalmente, envolvendo todas as interdependências de seus subsistemas. *Porém, a fragmentação pode ser forçada para redução da complexidade,* podendo-se obter *visões* sobre determinado aspecto da realidade; isto é, cria-se um cenário ou pequenos modelos que representam a porção da realidade que se busca examinar.

- A compreensão correta da realidade abrange o entendimento do todo, dado que ela é sistêmica. Somente pode-se alcançar a compreensão por meio de uma abordagem que extrapola os limites disciplinares, já que tais limites reduzem a visão do mundo real, ao enfocar separadamente as suas diferentes dimensões.

- As entidades que compõem o mundo real, sejam elas concretas ou abstratas, possuem uma *sinergia*, o que significa que eles operam simultaneamente para produzir algo maior do que a soma de suas indivi-dualidades; ou seja, a abordagem sistêmica indica que 'o todo é maior do que a soma das partes'.

Particularmente ao conjunto destes três elementos e suas conseqüências implica ter-se uma *abordagem sistêmica*. A partir deste contexto desenvolveu-se a TGS, que representa, então, a tentativa de organizar a abordagem sistêmica em uma estrutura analítica da realidade dos sistemas.

---

[4]Extensão de um princípio ou de um conceito a todos os casos a que pode aplicar-se. Tornar geral.

Capítulo 1 – Abordagem Sistêmica (Teoria dos Sistemas)

1.1. O Que É um Sistema?

As pessoas empregam a palavra **sistema** em muitas situações cotidianas. Algumas destas situações estão exemplificadas a seguir:

– O *sistema telefônico* ficou mudo!

– O *sistema de coleta de lixo* está funcionando muito bem.

– Desculpem, estou atrasado por culpa deste *sistema de trânsito* maluco.

– Nosso *sistema eletrônico de votação*...

– Ele está com problemas no *sistema circulatório*, deverá realizar exames.

– No *sistema de avaliação* do professor...

– É muito rápido o *sistema de edição* empregado para os livros desta editora.

Em qualquer um dos casos pode-se observar que a palavra **sistema** está sempre acompanhada de outra(s) que a qualifica(m). Este fato também se verifica dentro das empresas, quando se faz referências a seus sistemas de informação:

– Nosso **sistema de vendas** apontou uma desaceleração no mercado.

– O **sistema financeiro** está integrado com toda rede bancária.

– O **sistema de informações gerenciais** precisa ser melhorado para...

Observando atentamente os exemplos expostos, independentemente de seus fins, pode-se tentar fazer uma primeira generalização[4] acerca de sistemas: **todos os sistemas possuem um objetivo explicitamente declarado.** O fato de um sistema expressar claramente seu objetivo (Sistema de Contabilidade, Sistema Financeiro, Sistema Respiratório) não significa que ele não possa ter outros objetivos inerentes a seu propósito, os quais podem encontrar-se ocultos ou correlatos ao explícito. Para exemplificar, considere um sistema educacional que, além de prover educação, poderia ser utilizado com objetivo oculto de domínio político. O objetivo declarado de um sistema é, a priori, a razão de sua existência.

A TGS considera que qualquer sistema *está inserido em um meio ambiente*, ou seja, tudo o que é externo ao sistema pode ser chamado de seu meio ambiente. O meio ambiente, portanto, pode ser um ou vários outros sistemas.

Verifica-se que os sistemas utilizam o meio ambiente para um intercâmbio. Os sistemas normalmente buscam subsídios para seu funcionamento no meio ambiente e, além disso, enviam para o meio ambiente sua produção e ou resíduos – há uma contínua troca entre o sistema e o meio ambiente; tal atividade é o que caracteriza os chamados *sistemas abertos* (Figura 1). Sistemas abertos não são totalmente auto-suficientes. Além de buscarem recursos no meio ambiente onde se encontram inseridos, os sistemas precisam gerar para o meio ambiente resultados de sua atividade. Há uma constante troca de elementos entre o meio ambiente e o sistema, *o que implica em uma dependência mútua.*

Figura 1 - Exemplos de sistemas abertos

Na Figura 1 encontram-se exemplos de sistemas abertos. A terra, a árvore, o computador e as pessoas são sistemas que trocam algo com o meio onde estão inseridos, ou seja, influenciam e são influenciadas por este meio. Então vejamos: de acordo com a TGS, se a árvore é o sistema foco de nossa análise, o meio ambiente da árvore é qualquer outro sistema com o qual a árvore possa *interagir ou realizar alguma troca*, como, por exemplo, o sol, de quem recebe luz e calor. A árvore também influencia seu meio ambiente (outros sistemas), como, por exemplo, na produção de oxigênio. Como produtoras de oxigênio, pode-se afirmar que as árvores "diretamente atingidas pelo sol" desprendem grande quantidade de oxigênio para o meio ambiente (de um a três gramas por hora e por metro quadrado de superfície foliar)[5].

---

5 Fonte: http://www.ibge.gov.br/ibgeteen/datas/arvore/arvore.html

Esta troca de elementos com o meio exterior classifica a árvore como sendo um sistema aberto. As árvores têm influência sobre a fauna, o clima que as envolve e o restante da flora; as próprias florestas fabricam literalmente seu solo a partir das camadas de folhas secas que se transformam em húmus.

Pode-se considerar que os sistemas são compostos por partes (entidades), cada qual com uma função (especialização); juntas, permitem o perfeito funcionamento do sistema. Vamos focar a árvore e checar as partes que a constituem (Figura 2).

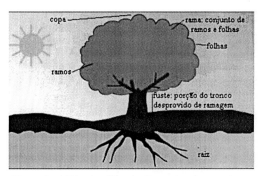

Figura 2 - Visão simplificada das partes de uma árvore

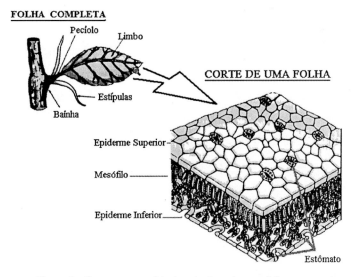

Figura 3 - Esquema resumido da estrutura de uma folha

Cada uma destas partes, por sua vez, é constituída de outras partes (subsistemas). Veja, por exemplo, a estrutura simplificada de uma folha na Figura 3.

Nas folhas ocorre a fotossíntese, que é um processo de produção de glicose e oxigênio. A glicose produzida compõe a seiva elaborada que é conhecida como alimento da planta. A seiva elaborada é transportada, das folhas para a raiz, por um conjunto de vasos chamados de floema. Durante a descida, o floema fornece alimento aos demais órgãos, principalmente aos que não realizam fotossíntese, como as raízes. Uma folha de forma simplificada é constituída de epiderme, estômatos e mesófilo. As paredes da epiderme da folha não perdem água, mas essa parede possui buracos, chamados de estômatos. É através dos estômatos que a folha realiza as trocas gasosas. [6]

Pode-se pegar cada um dos componentes da folha e estudá-los separadamente. Poderá ser verificado que eles também são compostos de outros elementos e assim sucessivamente (sistemas dentro de sistemas).

Fora do ambiente botânico também temos uma infinidade de exemplos. No caso de um sistema de trânsito, têm-se como entidades que o constituem: os veículos, motoristas, pedestres, ruas, guardas, placas, semáforos etc. Igualmente, em um sistema de controle do acervo de uma biblioteca, pode-se constatar as entidades: exemplares das obras, as prateleiras, os usuários, as fichas de controle etc. Verifica-se que estas entidades interagem entre si (algumas são entidades passivas, outras não). Elas se completam e permitem ao sistema atingir seu objetivo.

Na literatura se encontram várias definições para sistema, as quais muitas vezes são extremamente amplas, enquanto em outros casos carecem de uma generalização. A seguir alguns exemplos de definições existentes:

> *"Um sistema é um conjunto de objetos unidos por alguma forma de interação ou interdependência."*
> *(Chiavenato, 1983)*

---

6 Fonte INPE: http://www3.cptec.inpe.br/~ensinop/int_veg_atm.htm

Capítulo 1 – Abordagem Sistêmica (Teoria dos Sistemas)

"Conjunto de elementos, entre os quais haja alguma relação. Disposição das partes ou elementos de um todo, coordenados entre si, e que formam uma estrutura organizada." (Ferreira, 1988)

"Conjunto de partes coordenadas, que concorrem para a realização de um conjunto de objetivos." (Dias & Gazzaneo, 1989)

"Sistema pode ser definido como um conjunto de elementos interdependentes que interagem com objetivos comuns formando um todo." (Ballestero Alvarez, 1990)

"Um sistema é uma coleção significativa de componentes inter-relacionados, que trabalham em conjunto para atingir algum objetivo." (Sommerville, 2003)

No transcorrer deste livro, considera-se como sistema um conjunto de entidades relacionadas, interdependentes, que interagem entre si, buscando atingir um objetivo declarado e outros correlatos.

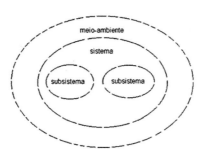

Figura 4 – Abordagem sistêmica

Na Figura 4 verifica-se a representação de que os sistemas estão inseridos em um meio ambiente que os contém. O meio ambiente, por sua vez, normalmente é um outro sistema ou conjunto de sistemas. Chama-se de *subsistema* aquele sistema interno a outro. A funcionalidade macro de um sistema pode ser representada graficamente, conforme mostra a Figura 5.

Figura 5 - Funcionamento de um sistema

Na Figura 5 a alimentação refere-se à entrada de materiais, *input* de dados, alimentação, importação, entrada de algo para o processamento. Em *processamentos* existem as operações que transformam aquilo que foi recebido, ingerido, importado, alimentado (os elementos de entrada) em outros elementos que poderão ou não ser aqueles observados na saída (*output*).

1.2. O que São as Entidades de um Sistema?

Entidades são *elementos próprios* (característicos, inerentes) de um determinado sistema. Estes elementos *podem ser internos* ao sistema *ou estar em trânsito* pelo mesmo. Qualquer que seja o caso, eles sempre *entram no sistema com certas características* e quando saem possuem *novas características,* ou ainda geram outros elementos na saída, como conseqüência de processos de transformação aos quais são submetidos. Há processos internos de transformação nos sistemas que atuam sobre as características iniciais das entidades em trânsito; em decorrência, tem-se que as mesmas entidades adquirem novas características ou transformam-se em outras entidades.

Capítulo 1 – Abordagem Sistêmica (Teoria dos Sistemas)

A mudança de características pode ser originada pela ação direta de um processo sobre a entidade ou o envolvimento desta como instrumento de um processo; neste caso, o desgaste da entidade implica alteração de característica.

Quando se ingere uma banana (entidade em trânsito pelo sistema digestivo), ela vai mudando suas características à medida que passa por diversos processamentos dentro do sistema. Em algum momento, quando ocorrer um processo de saída do sistema biológico (onde o sistema digestivo é um seu subsistema), os elementos de saída possuirão alguma característica oriunda da banana ingerida. Parte do que era a banana original foi consumida internamente e colaborou para a manutenção do sistema biológico. Nota-se que outras entidades envolvidas no processamento descrito tiveram suas características alteradas; o estômago, por exemplo, durante algum tempo, teve seu espaço interno preenchido.

Outro exemplo similar pode ser encontrado em um veículo. Ao abastecer um veículo, analogamente ao caso da banana, podemos considerar que estamos "alimentando-o". O combustível irá passar por vários processamentos, até que alguma saída do sistema seja expelida, com características para as quais o combustível contribuiu. Também poderá ser observado que algumas peças, na medida em que participam do processamento, sofrerão um lento processo de desgaste. Em algum momento, elas deverão ser substituídas ou sofrer manutenção.

Outro exemplo de entidades pode ser encontrado no sistema educacional, tais como estudantes, professores, livros, administração (funcionários) e equipamentos.

As entidades de um sistema estão relacionadas e interagindo entre si. Estão unidas e comprometidas[7] com o propósito de atingirem o objetivo declarado do sistema. Professores, livros, alunos, direção, enfim, todas as entidades do sistema educacional buscam promover educação, formação.

---

[7]Se não estiverem comprometidas com o objetivo do sistema, certamente ele falhará no todo ou em parte. O sistema é, em última análise, a união vigorosa de suas partes.

As entidades se completam, uma vez que cada uma tem sua especialidade. Para o sistema atingir seu objetivo, estas entidades devem estar em funcionamento harmônico. Se acaso ocorrer alguma falha em uma entidade, pode haver o comprometimento de outra, já que existe um estado de dependência mútua. Como conseqüência final desta falha (dependendo naturalmente da intensidade e natureza), o sistema como um todo pode falhar.

Os sistemas devem estar providos de mecanismos que possibilitem identificar as falhas de suas entidades, permitindo que tais falhas sejam devidamente sanadas antes que venham a causar transtornos ao funcionamento coletivo do sistema.

Observa-se que dentro de um sistema educacional é praxe a existência de um sistema de avaliação. Temos então um sistema dentro de outro: o sistema de avaliação dentro do sistema educativo. Portanto, o sistema de avaliação, pelo fato de estar inserido no sistema educacional, é um seu subsistema. Subsistemas também são considerados entidades do sistema onde se encontram.

Todos os sistemas *conhecidos e verificados* até o momento em que este livro foi escrito possuem alguma interação com o seu meio ambiente (trocam algo com o seu meio ambiente – recebem ou enviam), sendo, portanto, conhecidos como *sistemas abertos*. Mesmo aqueles sistemas às vezes referenciados como "caixas-pretas" (*black box*), na verdade possuem alguma interação com o meio em que estão. O relógio de pulso sem necessidade de "corda" para funcionar é um exemplo. Para seu funcionamento o relógio "alimenta-se" de uma pilha, a qual deve ser inserida nele e provém de outros sistemas (portanto, o relógio é um sistema aberto); é claro que às vezes a pilha pode durar por toda a vida útil do relógio. Temos também que atentar para o fato de que um relógio pode sofrer ajustes, fato derivado da ação proveniente do meio ambiente onde está. Outro exemplo oportuno são as famosas "caixas-pretas" dos aviões (normalmente de cor alaranjada – justamente para chamar atenção pelo contraste oferecido com as demais cores). Na verdade, há uma interação de tais caixas-pretas com os demais sistemas do avião, uma vez que a partir desta interação é que se consegue gravar dados do vôo e comunicações existentes; portanto, trata-se também de um sistema aberto.

Os sistemas fechados, *no rigor de sua definição*, não foram até o momento *observados*; portanto, existem apenas em teoria. Um sistema fechado funciona sem qualquer tipo de interação com seu meio ambiente, é totalmente auto-suficiente; jamais, em momento algum, precisa de algo que esteja fora dele, é capaz de criar sua própria energia e elementos que venha a utilizar, bem como deve também ser capaz de cuidar dos elementos que gera (consumindo-os ou reciclando-os), como, por exemplo, o lixo, sem destiná-lo ao meio ambiente.

As funções de um sistema dependem de sua estrutura. Elas podem ser:

• **Deterministas** – Normalmente sistemas autômatos, como o relógio. No seu estado perfeito de funcionamento, sabe-se exatamente o que acontecerá. Todo engenho está previamente planejado para que se cumpra a rigor um conjunto de tarefas.

• **Probabilísticas** – Normalmente sistemas sociais (onde existam pessoas) ou sistemas biológicos. No seu estado perfeito de funcionamento, você tem uma probabilidade de saber o que poderá acontecer (como o sistema educacional – você não sabe exatamente quantos alunos serão aprovados). Pode-se esperar que uma pessoa, em seu estado perfeito de funcionamento, cumpra com suas obrigações diárias, porém outros fatores poderão influenciar o funcionamento inicialmente previsto (o estado de humor, por exemplo).

1.3. Interdependência

Como foi visto, as entidades buscam atingir o objetivo declarado do sistema ao qual pertencem; contudo, observa-se que, em alguns casos, os sistemas falham, não conseguem atingir seu objetivo ou, ainda, o atingem apenas parcialmente.

Por que tal fato ocorre?

Observa-se que há dois tipos básicos de entidades em um sistema: aquelas que são inerentes (próprias) ao sistema – no caso do sistema educacional, como livros, carteiras, lousa, giz e aquelas que estão em trânsito pelo sistema, como alunos, professores e funcionários. É correto observar que giz e lousa não "nascem" com o sistema, são embutidos lá; porém, uma vez dentro do sistema, tornam-se parte dele, raramente saem, são integralmente consumidos em processos internos.

As entidades em trânsito por um sistema possuem diferentes graus de importância; quanto mais necessárias à sobrevivência do sistema, maior seu grau de importância para o mesmo. Por exemplo, para o sistema biológico humano, uma banana é uma entidade em trânsito, tal qual o oxigênio; porém, ao privar o sistema da ingestão de bananas, é muito provável que não se provoque falência ou morte, o que certamente virá a ocorrer quando o sistema for privado da presença do oxigênio. Portanto, para a sobrevivência de um sistema biológico humano, a entidade oxigênio tem maior relevância do que a entidade banana. Desta forma, as entidades em trânsito possuem maior ou menor importância para o sistema, dependendo de sua relação com a estrutura e finalidade para a qual o sistema existe. A banana, no caso do sistema biológico humano, viria a ter maior grau de importância se em um dado momento viesse a ser a única fonte de alimentação disponível, mas, ainda assim, seu grau de importância seria inferior ao do oxigênio, dada a utilização de ambos dentro da estrutura do sistema.

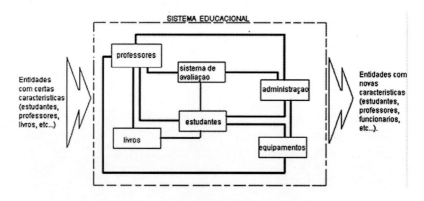

Figura 6 - Sistema Educacional

Capítulo 1 – Abordagem Sistêmica (Teoria dos Sistemas)

As entidades em trânsito pelo sistema são a energia necessária para a sobrevivência do mesmo.

Qualquer que seja a entidade (interna ou em trânsito), verifica-se que sua presença é pertinente à necessidade de conduzir o sistema ao objetivo declarado. Para tanto, cada entidade desempenha um papel dentro do sistema, caracterizando-se aí uma *divisão do trabalho*. Em seu sistema digestivo, a boca tem uma função, o esôfago outra e o estômago outra ainda; porém, juntos, conduzem o sistema digestivo ao seu objetivo: a digestão. Cada órgão é especialista no que faz; muitos deles não têm um substituto ou uma peça *backup*[8]; além disso, um órgão raramente consegue desempenhar o papel que compete a outro.

No sistema de trânsito há várias entidades, cada qual com sua função específica. O semáforo não tem a mesma função da faixa de pedestre. O mesmo vale para as ruas e veículos; porém, todos estão interagindo esperando com isto que o sistema (como um todo) atinja seu objetivo. Se uma destas entidades falhar, poderá haver o comprometimento parcial ou total do sistema.

Em um sistema de informação, não é diferente. No sistema contábil, por exemplo, existe um cadastro de plano de contas que tem sua função, um lançamento do movimento, relatório de balancete, balanço, razão, todos buscando o objetivo declarado do sistema. (Os dados, em um sistema de informação, constituem a entidade em trânsito pelo sistema).

O fato de as entidades serem responsáveis por apenas uma pequena parte do processo no sistema (uma especialização), implica que o desempenho de uma entidade depende da outra, e a isto chamamos de *interdependência*.

Se a boca desempenhar mal o seu papel, é provável que o fato tenha reflexos em alguma parte do sistema digestivo. Se o professor desempenhar mal o seu papel, é certo que haverá reflexos em outros lugares no sistema.

---

[8] Cópia de segurança para que, em caso de falha da original, possa substituí-la.

Em uma indústria de móveis, se a seção de corte desempenhar mal o seu papel, por certo a seção de montagem não conseguirá executar sua tarefa ou a desempenhará com falhas. O produto final trará as conseqüências. Se, no ato do lançamento contábil, não for verificada a existência da conta de débito ou crédito informada, haverá problemas em toda a seqüência do sistema.

Desta faceta da divisão do trabalho vem a idéia de módulos. A boca é um módulo, com sua *especialidade*, o esôfago é outro, o estômago outro e assim sucessivamente.

Uma característica interessante decorrente da *especialidade* existente é que isto gera um contexto de *alienação* quanto ao desconhecimento das entidades sobre o funcionamento global do sistema. Em sistemas sociais isto pode dar-se por questões fúteis, como o desinteresse simplesmente. Ocorre, porém, que nos sistemas existem entidades que "gerenciam", "organizam" e "supervisionam" as demais entidades para que o todo trabalhe harmoniosamente e em sintonia com o objeto do sistema.

Os módulos conhecem apenas parte do processo (são especializados naquilo que fazem) – o objetivo geral só se atinge pela união dos módulos que, para tanto, deverão estar relacionados e interagindo entre si.

1.3.1. A Interdependência Requer Controle ou Administração

As entidades devem funcionar convenientemente, de acordo com a sua finalidade (especialidade), ou comprometerão outras entidades. Se não funcionarem, deverão ser substituídas, reparadas, advertidas ou arrumadas (de acordo com cada estrutura do sistema). Estes reparos ou substituições podem ser feitos mediante a importação de elementos do meio ambiente.

Em um sistema educacional, por exemplo, onde um exemplar de livro teve suas páginas rasgadas (por algum problema operacional), pode-se substituir a entidade livro por outro, mediante a ação de compra de outro exemplar.

Capítulo 1 – Abordagem Sistêmica (Teoria dos Sistemas)

No caso de um pulmão (sistema respiratório) que esteja apresentando problema, um especialista pode optar por extraí-lo, deixando-se apenas um. Enfim, cada sistema, segundo sua estrutura, apresenta facetas pelas quais operações de reparos podem ser realizadas.

Em um sistema de informação, quando for detectada uma falha de programa de computador, o mesmo deve ser avaliado e corrigido, eliminando-se, desta forma, um possível comprometimento do sistema com relação a seus resultados.

Presume-se que os problemas mais freqüentes em sistemas de informação sejam oriundos mais de seu mau uso do que propriamente dos erros de programação, já que tais programas, antes de serem efetivamente utilizados, passam (ou deveriam passar) por uma bateria de testes.

A missão da administração não é apenas coordenar aspectos de reparo. Deve também ter condições de medir ou avaliar o desempenho do sistema, o que pode ser conseguido a partir da observação de suas partes (entidades). Deve ter condições de examinar como estão os processos internos dos sistemas que exigem algum sincronismo entre as entidades ou, ainda, processos de comunicação existentes. A administração desempenha um papel fundamental para manter a dinâmica de equilíbrio do sistema.

Normalmente, os sistemas empresariais possuem um modelo administrativo baseado em uma estrutura (organograma) gerencial, onde existe uma hierarquia, como mostra o exemplo na Figura 7. É claro que um organograma empresarial sofre variações de empresa para empresa. Ele está intimamente ligado ao tamanho da empresa, seu grau de organização e filosofia de gestão; em síntese, depende de sua estrutura global. Onde não há clara e explícita delegação de responsabilidade administrativa, o fluxo de trabalho sistêmico não funciona adequadamente. Não há como simplesmente pulverizar a responsabilidade de gestão sobre todo um grupo de entidades colaborativas; um dentre eles deve ser o líder embora possa haver compartilhamento das tomadas de decisão por meio de consenso.

Nota-se que para cada sistema existe uma natureza de controle e administração vinculada às propriedades e características intrínsecas ao mesmo. Pode-se verificar que, no caso do sistema biológico humano, o cérebro exerce uma série de controles (administração) sobre o sistema, mas é claro que ele não faz isso sozinho; todo segmento de nervos, glândulas e outros colaboram com a administração; trata-se de um organograma administrativo biológico.

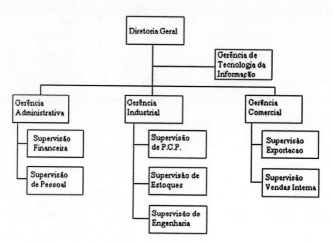

Figura 7 - Exemplo de um organograma simplificado

1.2. Eventos de um Sistema

Eventos em um sistema caracterizam-se por serem ações deflagradas para o funcionamento cotidiano, o que permite manter um estado de equilíbrio funcional.

1.2.1. Importação

A importação de elementos é o aspecto que permite a sobrevivência de um sistema aberto. Ela também é conhecida como entrada, ingestão, *input* ou alimentação. Este evento não existe para sistemas fechados, uma vez que tais sistemas não interagem com seu meio ambiente.

Qualquer sistema aberto é influenciado pelo seu meio ambiente através da importação de elementos deste meio. Quando se faz a ingestão de uma banana, diz-se que o sistema biológico está importando, ingerindo, efetuando *input*, dando entrada de um elemento do meio ambiente através do *subsistema* digestivo.

Um elemento importado do meio ambiente pode ser prejudicial ao sistema. Para prevenirem-se quanto à ingestão de elementos prejudiciais, os sistemas devem ser capazes de detectar problemas com tais elementos no processo de importação, preferencialmente antes da importação. Na impossibilidade de barrar este elemento, os sistemas devem ser capazes de se adaptarem ao elemento.

Poderá haver determinados elementos que normalmente são importados por um sistema e, a partir de um determinado momento, passam a não ser mais encontrados no meio ambiente. Isto pode levar um sistema a buscar outros elementos para suprir tal falta, em geral com características semelhantes àquele que deixou de ser encontrado. Tem-se como exemplo uma indústria de tênis que, pela falta de determinada matéria-prima no mercado, substitui a mesma por outra similar. Um elemento que é importado do meio ambiente e entra no sistema passa a ser uma entidade do mesmo (entidade em trânsito).

A característica dos sistemas de não permitirem o ingresso[9] de elementos do meio ambiente é conhecida como *seleção* de elementos. É por isso que antes de comer uma banana você a "escolhe" – seleciona de acordo com certos padrões. Nos sistemas de informação isto também acontece. Um exemplo pode ser o sistema acadêmico, que só libera a catraca para a entrada do aluno se o mesmo não estiver em atraso com a mensalidade. Em um sistema de contabilidade, ao ser digitada uma conta contábil, é imprescindível checar-se no plano de contas para verificar a existência do código digitado. Quando se digita a data de nascimento de alguém, deve-se checar se a mesma é válida, de acordo com o formato praticado (por exemplo, não deve-se aceitar o dia 31 para alguns meses do ano).

---

[9]Ingestão, importação, input, alimentação.

Para alguns sistemas há outro fator importante na importação de elementos: a necessidade de se ter os elementos importados em certa ordem, ao que chamamos de *classificação ou ordenação* de elementos. Pode-se citar como exemplo o sistema de vestibular, quando os pretendentes a uma vaga são ordenados em uma lista, de acordo com seus resultados. Tal lista, ordenadamente, define quem entrará para o sistema educacional em certo curso por ele oferecido.

Verifica-se, portanto, que a importação de elementos é um fato que viabiliza a sobrevivência de um sistema, muito embora, de forma oposta, também possa ser um fator de risco para o sistema.

Se o meio ambiente passa a fornecer os elementos com características diferentes daquelas que o sistema precisa, então ele deverá barrar a entrada do elemento, trocar de elemento ou adaptar-se à nova realidade – mantendo, com isto, sua sobrevivência. Este processo de inspeção de elementos na entrada deve ser sensitivo e dinâmico.

É certo que o meio ambiente serve como contínua fonte de energia para os sistemas abertos, mas, diante do fato de que ele está incessantemente mudando, além de recurso poderá tornar-se uma ameaça. A incessante mudança do meio ambiente é causada pelos sistemas existentes.

1.2.2. Exportação

Durante o período em que elementos provenientes do meio ambiente transitam dentro de um sistema eles sofrem transformações. Estes elementos, dentro do sistema, chamados de entidades em trânsito, são transformados de várias formas de acordo com os processamentos existentes. As entidades podem ser fundidas, trocadas de ordem, polidas, demolidas, moldadas, somadas, digeridas, separadas, cortadas, coladas, verificadas, decompostas etc.

Capítulo 1 – Abordagem Sistêmica (Teoria dos Sistemas)

Um aluno como entidade de um sistema educacional jamais sairá de lá com as mesmas características que tinha quando entrou, tampouco o professor, mesmo que tenham ficado dentro do sistema por muito pouco tempo e sequer tenham, por exemplo, chegado a entrar na sala de aula. A simples presença dentro do ambiente educacional é o suficiente para causar novas impressões, deduções e posturas.

Em qualquer sistema aberto, as entidades que lá entrarem em algum momento sairão, com características diferentes daquelas que traziam quando entraram ou na forma de novas entidades decorrentes de processos de transformação. *O ato de o sistema expelir elementos ao meio ambiente é conhecido como exportação, saída ou output de elementos.*

No caso da ingestão de uma banana, ainda que ela não conclua toda a trajetória existente no sistema digestivo, como deveria, certamente sairá do sistema biológico após determinada transformação, ainda que breve. Ao sair, irá apresentar–se com novas características. Isto também se aplica aos alunos e professores no sistema educacional e aos dados dos sistemas de informação.

Os elementos exportados pelo sistema vão para o meio ambiente onde ele está inserido. O meio ambiente, por sua vez, é constituído de um ou vários outros sistemas.

Se um elemento com problemas for exportado ao meio ambiente, poderá acarretar graves conseqüências. Imagine um sistema de produção agrícola que coloca seu produto no mercado (meio ambiente), mas que este produto esteja fora de padrões aceitáveis (excesso de pesticidas). Outro exemplo seria um navio (sistema de transporte) deixando vazar certa quantidade de óleo para o meio ambiente. Isto pode gerar problemas gravíssimos *ao próprio sistema* que expeliu os produtos danosos ao meio ambiente, bem como aos demais sistemas que utilizam ou compartilham o meio ambiente.

Alterações no meio ambiente refletem–se por todos os sistemas abertos, uma vez que todos interagem com elementos neste mesmo meio. Até mesmo o próprio sistema que lesa o meio ambiente poderá ser atingido diretamente pela ação maléfica que deflagrou.

Cabe a qualquer sistema, portanto, censurar a saída de elementos. Deve-se fazer uma verificação quanto à possibilidade de o elemento poder ou não sair do sistema (controle de qualidade). Em um sistema educacional de formação profissional, como em uma faculdade de Medicina, por exemplo, não deve deixar sair de lá um aluno que não tenha atingido os requisitos necessários para exercer tal atividade profissional. Um sistema contábil, portanto, não pode permitir a impressão de um balancete que apresente erros na apuração matemática do resultado final. Uma usina de álcool não pode deixar o vinhoto fluir livremente para as margens ribeirinhas. Uma cidade não deve permitir que seu esgoto, sem o devido tratamento, desemboque nos rios que a cerca. No sistema de trânsito, não pode haver emissão de poluentes para a atmosfera. Isto influenciará o meio ambiente; conseqüentemente, todos os sistemas abertos sofrerão alguma lesão.

A exportação de elementos para o meio ambiente é conhecida como saída, resposta, resultado ou output. As saídas, em geral, são partes do objetivo declarado do sistema ou, ainda, resíduos decorrentes do processo para se atingir o objetivo.

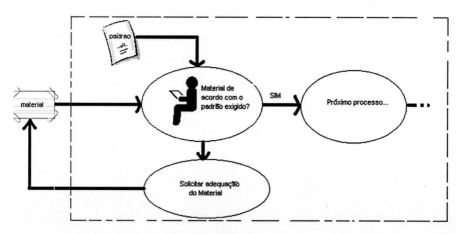

Figura 8 - Exemplo de **feedback**

Capítulo 1 – Abordagem Sistêmica (Teoria dos Sistemas)

É importante observar que as saídas servem para a avaliação total ou parcial do desempenho do sistema.

Se a produção ou resíduo que estão saindo de um sistema possuem características diferentes das estabelecidas, uma de duas situações possíveis está ocorrendo: existem entidades dentro do sistema que estão com algum problema ou trata-se de efeitos referentes a novas adaptações pelas quais passa o sistema.

As saídas de um sistema servem para avaliá-lo (normalmente avaliação parcial). Se algo for exportado por um sistema e estiver fora dos padrões normais ou habituais, pode-se diagnosticar eventuais problemas com alguma entidade que compõe o sistema ou ainda outras deficiências existentes. Vejamos um exemplo: imagine que você tenha comprado um tênis e, apesar de ter sido utilizado dentro de procedimentos corretos, o solado, aparentemente, descolou-se. Não é um padrão usual o solado soltar. Houve algum problema no momento da industrialização do produto. Isto pode ser diagnosticado se for realizado um exame mais detalhado no tênis e seu lote de fabricação. O diagnóstico pode levar a indústria a concluir que a cola utilizada estava com problema ou a operação de colagem daquele tênis, especificamente, foi malfeita. Naturalmente, a presença de outros tênis na mesma situação ajudará a indústria a certificar-se do diagnóstico do problema.

1.2.3. *FeedBack*

Trata-se de um evento dos sistemas que se caracteriza por ser uma resposta ou retorno decorrente de uma avaliação ou inspeção. Uma indústria de tênis, por exemplo, deve possuir atividades de inspeção em vários pontos do setor produtivo. Vamos imaginar uma pessoa encarregada de receber as matérias-primas enviadas pelos fornecedores. Esta pessoa irá inspecionar cada matéria-prima que venha a ser entregue de acordo com um padrão de qualidade inerente (Figura 8). Se a matéria-prima estiver válida, segue adiante; caso contrário ela será impedida de continuar no sistema. Esta atividade deve ser executada considerando-se os padrões estabelecidos; caso contrário, ao utilizar-se um material fora das especificações, pode-se comprometer o produto final que deverá ser colocado no mercado (meio ambiente).

O objetivo do *feedback* é estabelecer-se um controle, a partir de um critério ou padrão. Submete-se algo no sistema a um monitoramento de acordo com um padrão preestabelecido, de maneira que o foco do monitoramento estará dentro do padrão definido enquanto a atividade de monitoramento estiver ativa.

Ao questionar um aluno, o professor ativa um processo de *feedback;* o aluno, diante do questionamento, retornará uma resposta. A resposta será avaliada pelo professor; estando "ok", segue-se adiante; caso contrário, algo precisa ser refeito, explicado novamente, revisto. Tem-se um processo de retroação.

Em uma indústria de móveis, uma peça pode constantemente ser submetida a processos de *feedback*. No corte do material, por exemplo, pode-se ter a avaliação da curvatura e tamanho da peça de acordo com as especificações previamente elaboradas (ficha técnica da peça); se tudo estiver dentro dos parâmetros, a peça segue adiante para montagem; caso contrário, deixa de ser aceita para continuidade no processo, já que, se for adiante, causará problemas nos setores subseqüentes ao setor de corte e, em última análise, o produto final sairá com algum problema para o meio ambiente.

O *feedback* também é conhecido como retroação, retroalimentação, retroinformação, servomecanismo ou realimentação. Ele impõe correções aos sistemas, permitindo o seu equilíbrio (*homeostasia*). Portanto, o equilíbrio ou bom funcionamento é dinâmico, obtido através da auto-regulação ou autocontrole. Normalmente é a parte sensorial dos sistemas, que permite a sua regulação. O aspecto dito sensorial pode ser uma atitude administrativa do sistema, oriunda de seu controle e supervisão.

No desenvolvimento de sistemas de informação para uma empresa, o *feedback* deve ser exaustivamente empregado. Veremos à frente que antes da criação do *software*, é necessário entender o problema que ele deverá resolver na empresa. São muitas as histórias de projetos de sistemas que, ao serem concluídos, não apresentam os resultados esperados pelos usuários; muitas delas, infelizmente, são decorrentes da ausência de *feedback*. Há uma analogia trivial utilizada para demonstrar a importância desta característica em desenvolvimento de sistemas, que pode ser chamada de "a construção de um balanço". Esta analogia também sublinha outros problemas no desenvolvimento de sistemas, porém, no momento, interessa-nos apenas sua parte inicial: conta-se que um analista de sistemas foi procurado para o desenvolvimento de um balanço; o usuário explicou a ele que gostaria de balançar-se de forma livre, com a impulsão do próprio corpo, de uma maneira bem simples. À medida que o usuário falava o que queria, o analista foi imaginando uma solução sistêmica.

Sem se preocupar em utilizar o *feedback* como deveria, o analista acabou tendo um entendimento diferente da idéia que o usuário gostaria de ter transmitido (Figura 9). No caso exposto, poderia ter havido por parte do analista uma checagem de seu entendimento quanto ao assunto, o que seria possível através do *feedback* (questionando-se o usuário: olha, foi isto que eu entendi; está correto? Era isto o que você estava pensando?).

Figura 9 - Falha pela possível ausência de *feedback*

1.3. Homeostasia

As conseqüências da ruptura do equilíbrio interno de um organismo foram primeiramente referenciadas em 1897, por Claude Bernard[10], sugerindo que "é condição indispensável à vida livre e independente a estabilidade do meio ambiente interno", após verificar que as mudanças externas em um ambiente podem perturbar a vida de um organismo e que os mecanismos vitais nele existentes teriam por objetivo conservar constantes as condições de vida no seu interior. A grande colaboração de Bernard foi a noção do "meio interno" e sua busca de estabilidade, em contraste com o universo externo onde tudo é caótico, tendendo para a desordem. Bernard observou a estabilidade de vários parâmetros (variáveis de um sistema) fisiológicos, como a temperatura corporal, freqüência cardíaca e pressão arterial para sua proposição da busca interna de equilíbrio em um organismo.

Em 1928, o termo "homeostasia" foi proposto ainda na fisiologia (parte da biologia que investiga as funções orgânicas) animal pelo fisiólogo americano Walter B. Cannon[11], para designar os processos fisiológicos coordenados que mantinham constante o meio interno mediante numerosos mecanismos fisiológicos. Em 1939, Cannon referiu-se aos "níveis críticos de *stress*", os quais definiu como aqueles que poderiam provocar um debilitamento dos mecanismos homeostáticos.

Conceitualmente, a homeostasia nos sugere que, se uma parte de um sistema sai do equilíbrio, algum mecanismo é acionado para restaurar a normalidade do funcionamento. Este estado contínuo e incessante de desintegração e reconstituição é chamado de Homeostasia – do grego *Homeos* (semelhante) + *Statis* (situação).

Este equilíbrio dinâmico está presente em todos os sistemas e, em geral, é obtido pela ação de vários elementos de retroação ou mecanismos de controle.

---

[10] Para saber mais, procure na internet nos endereços abaixo (acessados em 04/12/06):
http://users.wmin.ac.uk/~mellerj/physiology/bernard.htm
http://en.wikipedia.org/wiki/Claude_Bernard

[11] Artigo entitulado "Organization for Physiological Homeostasis", publicado em 1928

1.4. Morfogênese

Alguns sistemas, dada a sua estrutura, conseguem desenvolver mudanças em si próprios, alterando algumas de suas características básicas, com ou sem a intervenção de elementos provenientes do meio ambiente. Não se trata de uma mudança de comportamento (que também pode estar implícito), mas vai além, conseguindo alterar sua composição ou atributo físico, de maneira que visualmente a alteração é perceptível. A mudança, dependendo do sistema em questão, pode exigir diferentes porções de tempo para se concretizar.

Normalmente, esta característica está presente nos sistemas sociais. As sociedades podem rapidamente gerar mudanças profundas em suas estruturas; por exemplo, a mudança da forma de governo, passando de um sistema presidencialista para um parlamentarista.

Alguns sistemas biológicos também podem apresentar a morfogênese, na medida em que, ao se sentirem ameaçados por predadores ou alguma situação, acionam propriedades que levam à mudança da coloração da qual se revestem, buscando uma camuflagem no meio onde vivem.

Nos sistemas de informação pode-se empregar, a título de exemplo, os programas de vírus mutante. Eles foram desenvolvidos prevendo-se mecanismos que permitem, em situações previamente planejadas, o acionamento de algoritmos que podem promover alterações em suas estruturas básicas, gerando novas formas de si mesmos.

1.5. Entropia

De uma maneira simplificada, fixando a atenção no interior dos sistemas físicos, pode-se dizer que a termodinâmica cuida das trocas de energia na forma de calor entre sistemas. Nestas condições, a finalidade da termodinâmica é encontrar entre as coordenadas existentes relações gerais, coerentes com os princípios básicos da física. O embasamento da termodinâmica se dá através de algumas leis: a lei "zero", referente ao conceito de temperatura; a "primeira", lei que trata a questão da conservação da energia e a "segunda" lei, que define a entropia, que vem do grego *entrope* (transformação), que trata da questão da distribuição desigual da energia em um sistema.

O conceito de entropia foi sugerido pela primeira vez no século XIX, pelo engenheiro francês R. J. Clausius, como medida do grau de restrição ou desordem de um sistema.

Como mencionado anteriormente, as entidades em trânsito pelo sistema são a energia necessária para a sobrevivência do mesmo. Quando há *a falta* destas entidades, diz-se que o sistema entrou em um *estado de entropia*, e isto poderá levá-lo a um maior ou menor grau de restrição ou desordem. Na situação mais extrema, com ausência total de energia circulando, o sistema não tem como funcionar, o que pode, então, provocar sua falência, morte ou desativação.

Portanto, uma escola que teve uma acentuada diminuição de alunos entrou em um estado de entropia. Perceba que a entropia pode dar-se em maior ou menor grau, já que está diretamente relacionada com a ausência ou presença da energia necessária ao sistema.

1.6. Redundância

Vários sistemas apresentam entidades redundantes na sua estrutura. Tal característica traz certa segurança na busca por atingir seus objetivos.

No sistema biológico, utilizando-se uma visão simplista, o subsistema respiratório apresenta dois pulmões (trata-se de uma redundância). Isto é muito positivo, visto que se vier a ocorrer qualquer problema com um deles, o outro conseguirá fazer com que o objetivo seja atingido, embora talvez não com a mesma eficiência. O sistema auditivo possui dois ouvidos, cabendo aí a mesma observação.

Também nos sistemas de informação a redundância está presente. O *backup*, por exemplo, é uma redundância (aliás, extremamente necessária). Dadas as condições da tecnologia atual, uma das formas encontradas de proporcionar-se segurança é o emprego de redundância.

Um sistema deve ter a capacidade de continuar funcionando ainda que parte do mesmo venha a ser lesada ou esteja sob condições adversas e que, neste caso, a redundância de elementos possa vir a ser utilizada para sua estabilidade e continuidade de funcionamento. Em uma análise conceitual, a redundância pode ser um mecanismo de auxilio à manutenção da homeostasia de um sistema.

Nos sistemas de informação, atualmente a redundância é necessária (especialmente para dados e hardware), já que são fatores de risco para o funcionamento do sistema.

O efeito colateral causado pela redundância, particularmente nos sistemas de informação, é a maior necessidade de área disponível justamente para conter o armazenamento da redundância dos dados (replicação), gerando naturalmente maior custo financeiro.

Dependendo do negócio da empresa, deve-se garantir que seu sistema esteja funcionando 24 horas por dia, todos os dias. Neste caso, o *hardware* não pode falhar. Mas, como eles ainda falham, é necessário criar-se um ambiente que supervisione situações possíveis de falhas, de maneira a ativar mecanismos de *backup do hardware* quando tais falhas ocorrerem. Tem–se também, no caso do hardware, a opção de compra de equipamentos que sejam redundantes na maioria de seus componentes críticos, de maneira que se um deles falhar, o outro, automaticamente, entrará em funcionamento. Naturalmente, cada solução aplica–se a uma realidade de negócio e a um bolso.

Capítulo Dois

2

A Informação e as Organizações

"Da mesma maneira que não estavam na universidade os grandes nomes da Renascença, também não ocuparam suas fileiras os inventores do século XX. Ford, Edson, Bell, como Watt antes deles, não tinham espaço em uma universidade que já era científica, mas que não conseguia ser "inventiva". Mesmo na ciência, os grandes saltos do século XX não se originaram dentro de universidades."

Cristovam Buarque – Educador Brasileiro

(Buarque, 1993)

Em um pequeno exercício de abstração pode-se separar as organizações em dois grandes grupos, segundo seus fins. O primeiro grupo a que me refiro são as organizações que, de uma forma geral, estão inseridas em algum contexto de negócio e que, portanto, buscam atingir o lucro. O outro grupo são organizações que, de uma forma geral, são ditas sem fins lucrativos; porém, todos os dois grupos de organizações precisam da informação, ainda que para fins diferenciados.

A quantidade de organizações que compõem o primeiro grupo citado é sem dúvida muito superior à quantidade que compõe o segundo grupo. Portanto, não pode-se menosprezar o fato de que a diretriz para a grande maioria das organizações é que todos os recursos existentes possam atuar de forma a conduzi-las ao lucro.

As informações constituem um tipo de recurso disponível para as organizações. Atualmente é um recurso precioso para quem consegue utilizá-lo adequadamente. A obtenção de informações que sejam relevantes para um negócio dá-se através de algum sistema de informações que tenha sido eficientemente planejado. Ao planejar-se um sistema para gerar informação, um questionamento é necessário: a informação ajudará a obter o controle esperado ou, ainda, a atingir-se lucro? De que forma isto é possível? Ou, ainda, qual a contribuição da informação a ser obtida pelo sistema para o lucro da organização? Em que ou de qual forma a informação poderá contribuir com a organização?

Toda vez que as respostas a estas questões traduzirem-se em um sistema de informação útil, de maneira que seja eficaz no auxílio à tomada de decisões, permitindo a redução de custos ou propriciando alavancar mercado dentro do segmento da organização, está-se planejando algo atrativo.

A informação é um elemento básico, sem o qual não teria sido possível o controle de um simples acervo de uma biblioteca ou mesmo a construção das obras faraônicas estudadas na história. A informação é um elemento que embasa o processo de tomada de decisões, orienta ações, mostra antecipadamente como algo deve ser feito. Informações são oriundas de algum sistema de informação.

Capítulo 2 – A Informação e as Organizações

Mas, para que exatamente serve a informação? Segundo Carvalho (Carvalho, 1998), "só podemos verificar que uma informação é útil e necessária quando ela permite apoiar uma ação. Como? Reduzindo a incerteza dessa ação".

Ao planejar-se a construção de sistemas de informação, também é necessário atentar para o fato de que muitas informações devem ser mantidas por exigências de legislação, significando para as organizações muito mais um custo do que propriamente a possibilidade de apoiar uma ação.

Quanto mais o homem caminhou na sua linha evolutiva, maior foi a quantidade de informações geradas e manipuladas. Esta linha crescente da diversidade e volume da informação também se verifica dentro das organizações atuais. À medida que as organizações crescem, que seus processos administrativos tornam-se mais complexos ou, ainda, por exigência do mercado onde a organização está inserida, o volume de informação a ser tratado é muito grande e a precisão das mesmas é de vital importância.

Neste capítulo procura-se estabelecer claramente a diferença entre os termos dado, informação e conhecimento. Um sistema de informação da organização pode gerar conhecimento ou informações a partir de dados.

Com base no conhecimento ou informações obtidas nos sistemas, as organizações tomam decisões na condução de seus negócios; portanto, é crucial que se deva também conhecer como, genericamente, estas organizações estão estruturadas para tomada de decisão, a fim de que se possa melhor preparar os sistemas de informação, inclusive para serem aplicados como auxiliadores nas tomadas de decisão.

2.1. Dado

Dado é a estrutura fundamental sobre a qual um sistema de informação é construído. Símbolo intencionalmente destacado para representar uma característica ou propriedade da realidade a ser tratada (Pompilho, 1995).

Um dado unitário também é chamado de elemento de dado. Para exemplificar, pode-se apresentar o elemento de dado "peso", conforme segue:

peso = 92,245

Percebe-se que um dado sozinho, dissociado de um contexto, não expressa algo que traga qualquer certeza ou elimine dúvidas de qualquer natureza. No máximo, pode-se deduzir que seja um referencial: peso de algo ou de alguém, como no exemplo anterior.

Por apresentar uma estrutura, podemos fazer uma decomposição, a fim de mostrar as partes que integram um elemento de dado:

Qualquer elemento de dado sempre terá um atributo. O atributo é a parte da estrutura que identifica o dado e não muda com o passar do tempo; é ele que sugere haver um significado para o dado. Já o conteúdo do dado pode assumir valores diferentes, em diferentes momentos no tempo.

Os dados podem ser considerados características ou propriedades básicas de algo (pessoas, documentos, objetos, situações e concatenações destas coisas), cujo conteúdo deve ser unívoco.

Os elementos de dados que sejam propriedades de uma mesma entidade (pessoa, objeto, documento, situação) podem ser agregados de maneira a formar o que é chamado de registro[12] da entidade ou, ainda, tupla[13] da entidade.

---

[12]Nomenclatura utilizada para armazenamento de dados em arquivos. O conjunto de registros referente a uma mesma entidade forma um arquivo daquela entidade.

[13]Nomenclatura empregada para armazenamento de dados utilizando-se banco de dados relacionais. A função é similar à do registro. Várias tuplas de uma mesma entidade constituem a tabela daquela entidade.

Capítulo 2 – A Informação e as Organizações

DADO		OBSERVAÇÕES
ATRIBUTO	VALOR	
Nome	Joaquim Manoel	Nome da pessoa
Data Nascimento	25/12/1959	Data em que a pessoa nasceu no formato dd/mm/aaaa
Sexo	Masculino	Masculino/feminino
Naturalidade	Pimpantum	Local onde a pessoa nasceu
Altura	1,70m	Tamanho da pessoa em metros
Celular	9897-9899	Número do telefone celular da pessoa

Tabela 1 - Exemplo de dados sobre uma pessoa

Na Tabela 1, vários conceitos são demonstrados. O primeiro refere-se ao elemento de dado. Pode-se constatar que a união das colunas *atributo* e *valor* formam um dado. A coluna de atributo possui conteúdo que identifica o atributo utilizado (nome, data de nascimento, sexo, naturalidade, altura e celular). Os atributos não sofrem mudanças no decorrer do tempo, mas em alguns casos, o conteúdo (valor) do atributo pode mudar. Observando-se o elemento de dado "celular", verifica-se que no decorrer do tempo ele poderá vir a ter seu valor alterado. Uma pessoa pode vender, comprar ou trocar o número de seu celular, o que refletirá no conteúdo armazenado pelo atributo correspondente. Mas uma pessoa não poderá mudar sua data de nascimento (considerando que ela esteja correta). Observa-se, portanto, que cada atributo, de acordo com o propósito de sua existência, poderá ou não ter seu conteúdo alterado no tempo.

A Tabela 1 especifica um conjunto de atributos sobre uma pessoa. Esta tabela poderia ser reconstruída conforme mostra a Tabela 2, onde cada linha representa uma *tupla* que reúne atributos que formam uma coletânea de dados sobre pessoas. Cada linha faz referência a uma única pessoa. O conjunto de linhas (ou tuplas) forma um arquivo ou tabela sobre pessoas.

Engenharia de *Software* – Análise e Projeto de Sistemas

Rg	Nome	Data Nascimento	Sexo	Naturalidade	Altura	Celular
14.285.258	José da Silva	21/06/2000	Masculino	Emandi	1,60	9898-7654
12.765.767	Joaquim Manoel	25/12/1959	Masculino	Pimpantum	1,70	9897-9899
13.767.543	Emanuela Gilter	23/01/1974	Feminino	Coaltum	1,65	9192-9394
14.768.769	José da Silva	25/12/1959	Masculino	Pimpantum	1,60	
12.987.879	Carmem Barbosa	12/04/1963	Feminino	Sossuro	1,75	

Tabela 2 - Dados sobre pessoas

Existem atributos, como o Rg da Tabela 2, que se caracterizam por terem conteúdos que não se repetem, considerado o conjunto de Rg existentes. Todos os Rgs têm um número único. Atributos desta natureza servem para identificar as entidades das quais sejam características. No caso de uma pessoa, o Rg funciona como um identificador, individualizando uma pessoa dentro do conjunto de pessoas existentes.

2.2. Informação

Os dados já não mais isoladamente no seu estado primitivo, mas organizados em registros ou tuplas, podem ser convertidos em informação por meio de algum mecanismo de estruturação ou de decodificação. Este mecanismo ou decodificação objetiva reunir alguns dados de interesse, sob a ótica de uma análise. Os dados reunidos passam a apresentar um significado, de tal maneira que podem ser interpretados pelas pessoas, produzindo informação. A informação sempre tem um contexto. Ela reduz a incerteza sobre um determinado estado de coisas, mostra um sentido consistente sobre algo (Tonsig, 2006).

Capítulo 2 – A Informação e as Organizações

Para se obter a informação, processos devem ser acionados. O processo é um mecanismo que envolve desde a forma como os dados estão agregados, suas restrições, relações até procedimentos de extração destes dados. Para se gerar informação, no mínimo, é necessário conhecer antecipadamente o contexto essencial para o qual ela servirá. Com base neste aspecto, buscam-se os dados necessários, efetuam-se as agregações e relacionamentos, de maneira a permitir que os processos possam fornecer o significado esperado.

Com relação ao significado esperado, pode-se, a título de exemplo, examinar a frase: "O total de 92,245 kg foi o peso máximo transportado pela bicicleta infantil KMX em janeiro de 2002". Trata-se de uma informação do peso máximo transportado por determinada bicicleta em um período. A frase apresentada foi resultado da aglutinação de vários dados encontrados em uma base de armazenamento. Um processo especialmente feito para apresentar este resultado percorreu uma base de armazenamento e extraiu de lá os dados necessários, agregando-os na forma amigável de uma frase inteligível pelo usuário.

Ainda com relação ao exemplo anterior, algumas questões devem ser respondidas pelo analista de sistemas: antes de desenvolver o processo de extração da informação, questiona-se "quem precisa de tal informação? Para quê? Até quando ela será utilizada?". Busca-se aí a exigência ou não de ter-se um custo de desenvolvimento do processo. Normalmente o esforço para se obterem determinadas informações, avaliando-se custo/benefício, não se justifica; acabam sendo processos que irão onerar muito além do custo direto, os demais custos poucos mensuráveis, tais como processamento e performance global do sistema.

2.3. Conhecimento

O conhecimento é um conceito num nível mais alto de abstração. Ele fornece a capacidade de resolver problemas, inovar e aprender baseado em experiências prévias. Envolve a percepção sistematizada do que existe, o aprendizado do passado

Engenharia de *Software* – Análise e Projeto de Sistemas

e de experiências semelhantes, a compreensão de funcionamento e aplicação de sistemas associados aos nossos objetivos e, finalmente, a criatividade proativa.

De acordo com o dicionário Aurélio, "ato ou efeito de conhecer", "informação ou noção adquiridas pelo estudo ou pela experiência", "prática da vida; experiência", "discernimento, critério, apreciação" ou "consciência de si mesmo; acordo" (Ferreira, 1993).

Portanto, o conhecimento compreende a informação, mas envolve também a experiência e depende do enfoque de quem está lidando com determinada informação. O êxito do conhecimento em reconhecer determinada situação, ou em explicar a forma como as coisas acontecem, é um critério importante na validação desse conhecimento.

Ao retomar o exemplo anteriormente citado: "O total de 92,245 kg foi o peso máximo transportado pela bicicleta infantil KMX em janeiro de 2002", representando uma informação da quantidade transportada por determinada bicicleta, e, em parte decorrente deste fato, *concluir-se* que: "Esta quantidade transportada é um recorde", haveria aí um reconhecimento de que esta quantidade foi uma excelente marca advinda do conhecimento sobre fatos passados, sobre a estrutura e o meio de transporte em questão.

2.4. Qualidade da Informação

A qualidade da informação pressupõe a qualidade do dado, do sistema de informação e do ambiente computacional. Todos os elementos participantes de um contexto de TI (Tecnologia da Informação) são peças mutuamente dependentes, de onde a informação se origina. Não é possível ter-se qualidade no contexto onde um dos elos tenha problemas (novamente, voltamos à questão da definição de sistemas).

A informação que se consegue extrair de um sistema é também fruto de um levantamento de requisitos que deve ser realizado antes da construção,

Capítulo 2 – A Informação e as Organizações

readaptação ou customização do *software*; portanto, para se exigir qualidade na obtenção de informação a partir de um sistema, é pressuposto que tenha existido qualidade desde o levantamento de dados que originou o sistema. Se isto não for verdadeiro, as estruturas do sistema, em algum momento, serão insuficientes ou estarão mal construídas para atender a todas as funcionalidades esperadas, o que poderá gerar a necessidade de manutenção ou novas customizações. Também é esperado que exista um acompanhamento das mudanças de requisitos (normalmente os usuários sinalizam tais mudanças, mas o ideal seria antecipar-se a isto) para que se possa aprimorar o *software* de maneira que ele sempre esteja provendo a funcionalidade esperada; senão, a não adaptação diante de novas realidades será fator gerador da obsolescência do *software*.

Um sistema de informação de qualidade pressupõe um sistema que cumpre seus objetivos, é gerenciável e é passível de manutenção e de aprendizado por uma pessoa que não tenha feito parte do grupo original que o projetou.

É necessário estar atento à questão da qualidade da informação, uma vez que para satisfazer as metas empresariais se faz necessário o alinhamento dos recursos de tecnologia da informação com as necessidades do negócio da empresa (Gurbaxani, 1996), usualmente chamado de 'governança' em TI.

2.5. Sistemas de Informação

Enquadrado no conceito de sistemas, conforme exposto no Capítulo 1, o sistema de informação pode ser considerado um conjunto de elementos interdependentes, ou um todo organizado, ou partes que interagem formando um todo unitário e complexo. Basicamente, suas entidades principais são os arquivos ou tabelas de dados e os programas que manipulam tais dados.

Sistema de informação é um subsistema das organizações e é agente de otimização/integração (ou espera-se que seja) dos processos da empresa. As organizações estão sempre mudando; nada é perene no mundo dos negócios, especialmente na época atual, em que a inconstância do mercado ganha velocidade impressionante. Assim, um sistema de informação apresenta-se como um agente que auxilia a dinâmica de mudanças organizacionais, que, juntamente com outras tecnologias e processos, pode ser fator de vantagem competitiva para os negócios da empresa (Xavier & Gomes, 2000).

Como os sistemas de informação podem prover informações para a tomada de decisão, apoiar ou mesmo tomar decisões, as organizações têm desenvolvido grandes expectativas quanto a eles, o que pode resultar em *algumas concepções errôneas a respeito dos sistemas de informação*, sua aplicação e uso:

- *Os sistemas como elementos fundamentais para a tomada de decisão (errado)*

Não se pode esperar que em organizações em que os sistemas de informação constituem uma babel anárquica, eles possam de alguma forma contribuir no processo de tomada de decisões. Ainda é comum ver-se uma grande parte das organizações sem integração dos sistemas de informação, o que impede um cruzamento ou reunião de dados que serviriam para apoio à tomada de decisões. Também acontece que em muitas organizações uma parte considerável de informações corporativas não está armazenada diretamente nos sistemas corporativos da empresa, mas em sistemas satélites em geral não integrados ou ainda em planilhas e editores de texto. Reunir todas estas informações de maneira que sejam úteis é um grande desafio. A reunião e disponibilidade dos dados da organização podem ser obtidas por meio da utilização de algum sistema de informação ERP (Enterprise Resource Planning). Um ERP é uma arquitetura de *software* que facilita o fluxo de informações entre todas as atividades de uma empresa. Tais informações não encontram-se ilhadas em *software*s departamentais, mas constituem um todo integrado. Portanto, ERP não é Empresa Rodando Planilha, como podem pressupor alguns.

Capítulo 2 – A Informação e as Organizações

• *Melhores serão as decisões quanto mais informação existir (errado)*
Esta questão possui algumas facetas que merecem uma análise criteriosa. Existem pessoas que ainda não sabem qual a melhor maneira de usar uma informação para tomar decisões. As pessoas devem ser treinadas para isto. Ainda verifica-se que as melhores decisões têm crédito voltado para o desempenho de quem as tomou e não exclusivamente das informações utilizadas (há outros fatores envolvidos que influenciam o resultado: coragem, iniciativa, criatividade etc.). Em alguns sistemas falta uma boa parte das informações relevantes de que as pessoas precisam, ou que consideram que deveriam ter; em outros, há uma superabundância de informação irrelevante. Fora isto, deve-se tomar cuidado com os imensos relatórios que simplesmente ficarão sem uso, abandonados sobre uma mesa ou guardados em um armário qualquer, já que ninguém irá percorrer suas volumosas páginas para tomar qualquer decisão. Também não adianta ter a informação certa se não soubermos o que fazer com ela, ou simplesmente, formos ignorá-la.

• *As pessoas não precisam entender a totalidade dos sistemas de informação (errado)*
Como poderão saber o motivo pelo qual desenvolvem certas atividades no sistema e quais serão as conseqüências de um eventual erro, refletindo-se em última análise em dados que serão utilizados para a tomada de decisão? Se as pessoas não entendem a globalidade de um sistema, não saberão sobre a contribuição delas para o todo e também não saberão dizer por que desenvolvem determinadas atividades. Além disso, não conseguirão fazer sugestões construtivas para a evolução de qualidade do sistema, não estando aptas a apontar melhorias e indicar problemas nas informações geradas.

- *A peça mais importante de um sistema de informação é a informação (errado)*

A essência que movimenta ou alavanca o negócio da organização também se baseia no conhecimento coletivo e competências das pessoas que lá trabalham. As pessoas tomam as decisões finais. Elas alimentam os sistemas de informação. Elas trazem as experiências muitas vezes não registradas nos débeis sistemas de informações disponíveis. As pessoas, em muitos casos, são o termômetro de mercado e possuem a sensibilidade ou clareza quanto à previsão futura de fatos do mercado, contrariando, às vezes, orientações oriundas da mineração de dados, que apenas varre o passado e, com base nele, faz conclusões e/ou projeções futuras.

2.6. As Organizações

Existe, como pode ser verificado, uma diversidade muito grande de sistemas. Dentre eles, podemos separar aqueles que são os naturais e os artificiais (criados pelo homem). É claro que tanto a um quanto ao outro, aplica-se toda a abordagem sistêmica.

Vamos encontrar um grupo de sistemas artificiais, que, pela sua natureza, são em geral chamados de sistemas de informação, justamente porque seu maior objetivo é gerar informações, através do armazenamento, exclusão e recuperação de dados em um meio que os comporte (em geral arquivos ou banco de dados).

Os sistemas de informação são criados para organizações, considerando dois aspectos: os componentes da empresa e o nível de decisão na empresa. Os componentes da empresa correspondem aos diversos setores ou departamentos que executam as diferentes funções necessárias ao seu funcionamento. Não são necessariamente departamentos físicos da organização, referem-se às funções executadas. São divisões lógicas do trabalho, que caracterizam determinado contexto de controle.

Capítulo 2 – A Informação e as Organizações

Não é toda organização que possui um departamento de recursos humanos (RH) fisicamente estruturado, mas, certamente, em algum momento terão que ser tomadas providências quanto à contratação de um funcionário, ou seja, são exercidas funções características daquele setor.

Existem diferenças com relação a como se organiza determinado setor nas empresas. Enquanto em uma empresa um setor pode existir fisicamente em um local, como o departamento financeiro, em outra empresa este setor fica fisicamente separado em subáreas, como Contas a Receber, Contas a Pagar e Tesouraria.

Embora avaliar a estrutura funcional (departamentos) seja importante, o foco no desenvolvimento de sistemas de informação deve ser o de examinar e entender detalhadamente os processos geradores da informação. Na grande maioria dos casos, mais de um departamento participa ou é afetado por um mesmo processo. Considere, por exemplo, o processo de recebimento de itens comprados em um supermercado: não é apenas o departamento que cuida do estoque que irá ter reflexos no processo, mas também o departamento contábil/fiscal, o departamento financeiro (contas a pagar) e o próprio departamento de compras (com a respectiva baixa do pedido). Portanto, os processos são fluxos de trabalho interdepartamentais geradores de informações para a organização e, baseado neles é que devemos realizar o levantamento de requisitos para um sistema.

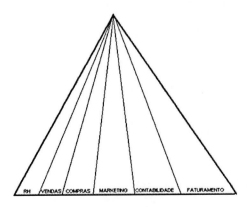

Figura 10 – Componentes de uma empresa (Dias & Gazzaneo, 1989)

Os níveis de decisão obedecem a uma estrutura de hierarquia existente nas organizações, mas podem ser generalizados como nível estratégico, tático e operacional (Dias & Gazzaneo, 1989). Quando se fala em tais níveis, apresenta-se uma hierarquização para a exigência de uma unidade de comando na organização; com efeito, para a tomada de decisões, sublinham-se seus propósitos e efeitos e não quem participa da hierarquia.

As decisões que são geradas em uma estrutura hierárquica existem em qualquer organização, independentemente de seu tamanho. Mesmo nas microempresas, onde eventualmente exista uma só pessoa, todos os níveis de decisão citados estão presentes.

Nas organizações, em algum momento, uma pessoa estará tomando decisões cujos efeitos serão duradouros, como, por exemplo, reformar ou construir um prédio físico para funcionamento da empresa. Trata-se, no caso, de uma decisão em nível estratégico. Na seqüência, após ter-se tomado uma decisão estratégia, ela originará subdivisões ou pequenas outras decisões subseqüentes (decisões táticas), a fim de planejar em médio prazo a execução das tarefas necessárias (para as etapas de reforma ou construção do prédio, por exemplo) e, no dia a dia, existirão pequenas decisões de rotina ou coordenação que irão pôr em prática efetivamente as decisões no nível tático (supervisão do andamento referente às decisões táticas).

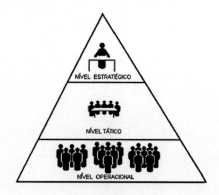

Figura 11 - Níveis de decisão de uma empresa

Capítulo 2 – A Informação e as Organizações

As decisões estratégicas se dão nos altos escalões da empresa e geram atos cujo efeito é duradouro e, uma vez deflagrados, dificilmente se consegue reverter. Apontar quem toma este tipo de decisão é algo que depende muito do tamanho e da organização da empresa. As decisões estratégicas são tomadas com vistas a um planejamento de longo prazo e, portanto, são vitais para a organização. Em organizações maiores, normalmente tais decisões são tomadas pelos diretores ou proprietários.

As decisões táticas se dão nos escalões intermediários da empresa e geram atos de efeito a prazo mais curto, tendo, porém, menor impacto no funcionamento da organização. Normalmente elas visam mais gerenciar do que por em prática decisões estratégicas. São decisões tomadas por gerentes ou responsáveis por áreas na empresa. Estas áreas devem estar bem integradas e conhecer o propósito de decisões estratégicas tomadas, para que possam conduzir bem, sem desvio de foco, as decisões táticas. Então é essencial para as organizações uma coesão e transparência no processo de comunicação, entre os níveis de decisão.

As decisões operacionais são aquelas que visam dar resposta imediata aos problemas do dia a dia, seguindo as orientações táticas ou gerenciais. Trata-se mais de uma coordenação das atividades diárias, desenvolvida pelos supervisores, coordenadores ou responsáveis pelos departamentos.

É visível que o tipo de decisão que é tomada em cada nível requer um diferente grau de agregação da informação. Os diferentes níveis de decisão requerem diferentes visões da mesma informação, o que pode ser conseguido com processos que detalham ou sintetizam tais informações mediante parametrizações que devem ser informadas.

Um Analista de Sistemas deve estar atento a esta estrutura que invariavelmente molda todas as empresas e seu impacto nos sistemas, de cujo desenvolvimento irá participar.

Suponha, como exemplo, o relatório de faturamento de uma empresa. Para o nível operacional desta empresa, é necessário que exista o detalhamento de tudo que o foi faturado (*cada nota fiscal emitida*), já que neste nível podem ocorrer situações de conferência ou algum tipo de checagem de valores. No nível mais acima, para decisões táticas, estas mesmas informações poderiam ser necessárias *sumarizadas por regiões, ou unidades da federação, ou representantes*, enfim, uma visão que permita a um gerente acompanhar o desempenho mais geral, sob a ótica de sua unidade de controle. No nível estratégico, estas mesmas informações poderiam ser apresentadas *sob outra perspectiva, como, por exemplo, sumarizadas por período*.

Todos os envolvidos no processo de faturamento viram os mesmos dados, porém sob diferentes ponto de vista (sintetizadas, detalhadas, ou agrupadas), de acordo com o contexto de cada um quanto à posição de decisão dentro da empresa. Dispensa comentário o fato de que os valores mostrados em cada visão devem estar consistentes. Observe que os níveis de decisão encontram-se também setorizados, conforme mostra a Figura 12.

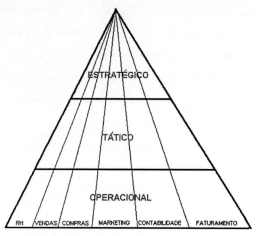

Figura 12 - Níveis de decisão setorizados

Há grandes empresas que exigem uma organização setorial que inclui até mesmo níveis de diretoria para as áreas; por exemplo, uma Diretoria de RH, uma Diretoria de Marketing e assim sucessivamente. Vê-se ocorrer de forma setorizada (verticalizada, na figura 12) o processo de tomada de decisão, tendo-se os níveis estratégico, tático e operacional (Dias & Gazzaneo, 1989).

Capítulo 2 – A Informação e as Organizações

Ao se planejar o desenvolvimento ou customização de *software* para uma empresa, deve estar presente a preocupação de se propiciar recursos para cobrir os três níveis de decisões, bem como permitir elos de integração entre os departamentos. Suprir todos os setores da empresa com o recurso de *software*, em todos os níveis de decisão e integrados entre si, é a arquitetura em que se baseiam os *softwares* chamados de *Enterprise Resource Planning* (E.R.P.). Eles buscam cobrir todas as necessidades setoriais da empresa, mantendo as informações disponíveis para quem dela precisar, propiciando visões da informação segundo os níveis de decisão. Uma informação que é registrada no sistema por um determinado setor é compartilhada por toda a organização e, em função da integração, não necessita ser realimentada em outros setores que dela necessitem. A visão da informação é corporativa, naturalmente restringindo-se o acesso a quem possa utilizá-la. Analisando os dados armazenados, a empresa poderá desenvolver percepções e entendimentos a seu respeito e a respeito do mercado onde atua, buscando maior competitividade (em geral utilizando-se um *software* BI – Business Inteligence).

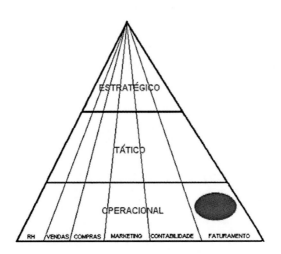

Figura 13 - Abrangência de um software departamental

Na Figura 13, a elipse no setor de faturamento indica a existência de um *software*; porém, o *software* desenvolvido cobre apenas as atividades que favorecem decisões operacionais dentro do departamento. Trata-se de um *software* departamental, cuidando de apenas um nível de decisão na empresa. Sob a ótica de gestão empresarial, é o pior tipo de *software* que alguém pode possuir. É um fabuloso "tapa-buraco", atendendo a apenas um departamento, com visões restritas, desintegradas e operacionais. Por incrível que pareça, ainda encontram-se muitos destes tipos de desenvolvimento no mercado. Fuja deles.

A Figura 14 já apresenta uma situação melhor do *software* em comparação ao visto na Figura 13, uma vez que todos os níveis de decisão estão contemplados pelo *software*. O *software* foi criado especialmente (uma verticalização, especialização) para o setor de faturamento, mas já tem uma flexibilidade quanto às visões de negócios exigidas dentro do segmento, embora ainda não seja corporativo com as integrações necessárias.

Em qualquer organização, os sistemas de informação deverão ser uma ferramenta para gerenciamento, independentemente da área em que estiverem sendo aplicados. Um *software* deve sempre servir à empresa, e não apenas a nichos criados internamente.

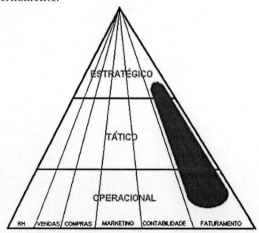

Figura 14 – Software abrangendo todos os níveis de decisão

Capítulo 2 – A Informação e as Organizações

As organizações necessitam adaptar–se rapidamente às mudanças verificadas em seu meio ambiente para continuarem a serem competitivas e sobreviverem no mercado. As mudanças rápidas e constantes no meio ambiente, no que diz respeito a serviços, suprimentos, ações de concorrentes, exigência de consumo, práticas de preços, atingem a organização de maneira que ela é levada a rever continuamente suas estratégias do negócio (mecanismos para manter a homeostasia do sistema, Capítulo 1). As organizações são sistemas abertos que interagem em um meio ambiente complexo, via consumo, transformação e oferta de produtos e serviços. Para que a organização esteja apta a ter um desempenho desejado diante das adversidades, deve ser extremamente flexível, de forma a reestruturar rapidamente processos existentes atendendo às exigências impostas pelo meio. Os *softwares* devem colaborar para que isto aconteça, não podem ser o 'freio de mão'.

Espera–se que as organizações, ao escolherem seus recursos de tecnologia, considerem o fato de que estes venham a propiciar, quando necessário, uma gama de articulações, flexibilização e rapidez na extração de informações para as tomadas de decisões, que permitirão ajustes a fim de manter a *homeostasia* da organização e sua sobrevivência no mercado.

O padrão tecnológico ou Tecnologia da Informação (TI) refere–se a todo aparato de recursos envolvidos com a informação: *software*, hardware e pessoas. Quão ágil deve ser uma equipe de desenvolvimento de *software* e infra–estrutura tecnológica para propiciar a flexibilidade que a organização precisa? Quais são os pré–requisitos para ter–se esta equipe ou, ainda, para não tê–la? E com relação a terceiros, qual o pronto atendimento, qualidade, flexibilidade e disponibilidade esperados para reparos ou customizações?

Estas questões envolvem custo e benefício. Os *softwares* criados são recursos significativamente dispendiosos para serem subutilizados, negligenciados ou esquecidos. As organizações irão sempre (ou pelo menos, deveriam) buscar o retorno significativo do investimento feito no padrão tecnológico que têm, muito embora, na maioria das vezes, seja extremamente difícil mensurar tal retorno. É importante esta avaliação. Há quem reconheça ser a informação tão importante quanto a matéria-prima, capital ou trabalho de uma organização; porém, nem sempre os cuidados necessários com o planejamento estratégico dos sistemas de informações se revestem desta importância.

Os recursos de TI de uma organização devem passar por um *rigoroso planejamento* antes de sua aquisição, dada a importância de que se revestem. Deve-se lembrar que serão tais recursos que irão dar suporte ao ciclo de negócios e tomadas de decisão dentro da organização, não devendo-se considerar apenas os expressivos valores que deverão ser investidos.

O início do caminho deste planejamento é bifurcado. A empresa optará por terceirização ou por manter uma equipe interna? Quais são os custos e benefícios em cada uma das alternativas? Quais são as características de cada um destes caminhos? De que forma a empresa terá que proceder após escolher o caminho que irá seguir?

Em cada uma das alternativas há características próprias a serem verificadas, com seus transtornos e benefícios. Não se pretende responder a estas questões, já que, sob nosso ponto de vista, as respostas são individuais a cada caso empresarial, não havendo uma resposta coletiva. Podemos auxiliar, com o tópico que segue.

2.7. As Organizações e a Terceirização da área de TI

A terceirização é um neologismo, criado pela empresa gaúcha Riocell, e corresponde a uma tradução livre da expressão inglesa *outsourcing*. A terceirização é uma idéia antiga, consolidada logo após o início da Segunda Guerra Mundial, com as indústrias bélicas americanas, as quais tinham que se concentrar no desenvolvimento de armamentos e passaram a delegar algumas atividades às empresas prestadoras de serviços. Por terceirização entende-se a transferência, para terceiros, de parte das atividades de uma empresa (Leite, 1995).

Capítulo 2 – A Informação e as Organizações

Não se considera um modismo da área de informática o processo de terceirização. A terceirização já existe desde a década de 60, quando, com maior ênfase, os computadores passaram a ser aplicados nas áreas industriais e comerciais. As empresas que prestavam os serviços de terceirização eram normalmente chamadas de "Bureaux", que possuíam o *Hardware* e *Softwares* necessários aos serviços contratados; as empresas contratantes apenas levavam seus "movimentos" ou documentos, os quais eram transcritos e processados. Nesta época, o *Hardware* tinha um custo muito alto, restringindo o número de empresas que o possuía.

Com o avanço tecnológico, as prestadoras deste padrão de serviço foram gradativamente saindo do mercado, ou mudando seu perfil, mais especialmente com o advento dos microcomputadores no início da década de 80. Paralelamente a este fato, foram surgindo outras empresas, cujo foco de prestação de serviços era o desenvolvimento de sistemas a serem executados nas instalações da contratante, a qual passara a ter seu próprio *hardware*.

Esta tendência acentuou-se com o passar do tempo, haja vista a necessidade de sobrevivência das empresas no mercado globalizado, onde devem manter o foco naquilo que as tornam competitivas (Pressman, 1995).

Hoje, a terceirização é vista como técnica moderna de administração. Eventualmente ela é adotada pela comodidade de se seguir uma tendência popularizada, e não pela consciência das vantagens corporativas que ela proporciona, ignorando-se, inclusive, análises mais criteriosas acerca dos impactos e riscos que invariavelmente acompanham o processo, que por vezes não se apresenta com o sucesso tão propagado.

A decisão pela terceirização da tecnologia da informação, onde se inserem a infra-estrutura e os sistemas de informação, também leva em consideração a premissa de serem os fornecedores fontes cruciais, providas com *as recentes experiências e capacidades tecnológicas, além de um suporte rápido e eficiente.* Desta forma, é a fonte necessária para satisfazer as metas empresariais que incluem o alinhamento dos recursos de tecnologia da informação com as necessidades do negócio da empresa (Gurbaxani, 1996).

2.7.1. Razões para Terceirização

O que se espera da terceirização é que ela traga soluções eficazes, visando agilidade e flexibilidade das organizações, para evitar problemas causados pelas variações de mercado, e para o aumento da competitividade.

Alguns fatores são apresentados como vantagens obtidas pelo processo de terceirização: especialização dos serviços, competitividade, busca de qualidade, controles adequados, aprimoramento do sistema de custeio, esforço de desenvolvimento profissional, agilidade nas decisões, menor custo, maior lucratividade e crescimento (Chia, 1999).

Normalmente as organizações possuem razões distintas para terceirizar; contudo, em geral, a redução de custos tem sido um dos principais motivos. Outras razões comuns são acelerar o processo de reengenharia (normalmente via aquisição de algum *software* E.R.P.), acessar as mais recentes tecnologias e reduzir riscos diante das oscilações rápidas do mercado.

Outro aspecto mencionado como motivo da terceirização é o *curto tempo da implantação* das mudanças, pois de uma empresa que só presta serviços de tecnologia *espera-se encontrar profissionais com maior especialização e contínua preparação*, ao passo que, para obter esse nível de conhecimento de uma equipe interna, haveria não só o dispêndio de um custo como também um tempo maior (Scaglia, 1999).

O processo de terceirização envolve diversos aspectos nem sempre claros para as empresas que desejam terceirizar setores ou serviços em TI. Qualidade e confiabilidade, por exemplo, têm sido itens pouco avaliados. Com o objetivo de redução dos custos fixos, as empresas têm se lançado à busca de parceiros para áreas estratégicas e, sem preocupar-se com variáveis da parceria (como o relacionamento, por exemplo), acabam por gerar grande insatisfação com o modelo de negócio estabelecido e, em alguns casos, preferem voltar ao modelo anterior (insourcing), isto é, retornam ao investimento, treinamento, soluções internas junto a uma equipe de TI.

Capítulo 2 – A Informação e as Organizações

Na terceirização há uma estreita relação entre *"relacionamento x tempo x custo"*. Sobre o relacionamento, as empresas que irão contratar um serviço devem fazer uma reflexão interna para que tenham bem definidos o que é essencial neste tópico, para não se tornar uma armadilha do modelo de negócio. Vejamos, por exemplo, algumas armadilhas que podem surgir:

a) Contrariamente ao esperado, nem sempre se encontra nos terceirizados de tecnologia "a maior especialização e contínua preparação". Verifica-se que muitas empresas colocam nos atendimentod de "help desk" (que é o contato imediato a que se recorre quando um problema surge na empresa contratante do serviço) profissionais iniciantes, desprovidos de maior conhecimento e experiência e, assim, começam alguns transtornos relativod ao relacionamento do serviço prestado, consumindo maior tempo para resolução de problemas. Por outro lado, algumas empresas de tecnologia entendem que um profissional iniciante ganhará a experiência desejada estando ali, no "front".

b) No sentido inverso ao item a, algumas empresas possuem o profissional qualificado para o pronto-atendimento; ocorre, porém, *que só determinado sujeito conhece* o negócio para poder solucionar o problema e, para seu azar, no dia que você precisa, o sujeito está em algum lugar, cujo contato não é possível naquele momento.

c) Em processos a serem alterados ou implantados, o trabalho de mapeamento, adequações, consultoria e/ou customizações pode gerar um cenário que apresenta inicialmente um baixo custo e, à medida que o tempo avança, vai gerando um dispêndio de valores que, quando finalmente somados ao projeto, mostram um numerário muito acima daquilo que se esperava nas piores das previsões.

Os contratos estabelecidos junto aos terceirizados devem prever todos estes detalhes, com normas rígidas de qualidade, métricas e metas de resultados. Os terceirizados precisam ser gerenciados com avaliações contínuas para se apurar a eficácia e a eficiência dos serviços prestados.

Com relação às empresas americanas, em pesquisa realizada em 1998 (Outsourcing, 1998), foram detectadas as seguintes razões para a terceirização:

- Aceleração de ganhos obtidos pela reengenharia de processos
- Acesso a métodos e tecnologias com padrão mundial de qualidade
- Realocação de recursos para funções associadas ao foco da empresa, transferindo atividades, antes executadas internamente, para um prestador de serviços
- Redução de custos de operação por meio das economias indiretamente obtidas pela transferência de atividades a prestadores de serviços
- Redução de riscos associados a investimentos em tecnologia

Há uma clara tendência no mercado de *outsourcing* para a *divisão dos serviços por diversos prestadores (multisourcing)*, o que não se verificava cerca de cinco anos atrás, em que as empresas buscavam soluções de terceirização entregando todos os serviços para uma única companhia. Hoje, contratam-se empresas de acordo com sua *especialidade* (Scaglia, 1999). Deste fato, também conhecido como 'verticalização' do *software*, decorre um efeito colateral. Caso não se tenha o cuidado de pensar no modelo corporativo a cada aquisição de um novo *software* ou incorporação de um novo terceiro, a empresa começa a criar a chamada 'cocha de retalhos'... Compra-se um retalho e 'costura-se' o mesmo no todo... Em geral, ocorre retrabalho, integração inadequada, processos sofríveis e até mesmo inconsistência de dados.

A opção de terceirização não é privilégio de grandes corporações. Há muitas ofertas de negócio para pequenas e médias empresas, especialmente no que diz respeito à terceirização de sistemas de informação com adoção de solução *Enterprise Resource Planning* (E.R.P.).

Capítulo 2 – A Informação e as Organizações

2.7.2. Gestão e Qualidade na Terceirização

A terceirização, como qualquer outro processo, por si só não é sinônimo de sucesso. A decisão de contratar empresas de fora para fazer trabalhos na área de TI, executados por equipes próprias, não é simples. *A terceirização em TI não deve ser feita segundo os mesmos critérios adotados para terceirizar outros serviços*, haja vista a complexidade técnica, os riscos envolvidos e a penetração dos sistemas de informação em praticamente todas as áreas da empresa (Leite, 1995).

Assim, qualquer que tenha sido a motivação para se terceirizar, é necessário que o processo seja cercado de cuidados e precedido de um planejamento, já que o desenvolvimento e a implantação de projetos de sistemas ou infra-estrutura de TI sofrem a influência de inúmeros fatores técnicos, organizacionais e gerenciais que, combinados, conduzem a um complexo quadro de decisões envolvendo a gerência de tecnologia, recursos humanos, prazos e custos (Kugler & Fernandes, 1990). Se a terceirização tiver como premissa apenas a diminuição dos custos, corre-se um grande risco de não atingir os resultados esperados; assim, os projetos devem estar alinhados com a estratégia de negócios das companhias.

Em nível do *software*, em algum momento os executivos das organizações irão se defrontar com a necessidade de uma decisão entre produzir ou terceirizar. As etapas envolvidas para esta decisão são definidas pela posição crítica do sistema e seu custo *final*. Para tanto, algumas diretrizes podem ser aplicadas (Pressman, 1995):

- Desenvolva uma especificação funcional e de desempenho do sistema de informação desejado. Defina as características mensuráveis, sempre que possível.
- Estime o custo interno para desenvolver e a data de entrega.
- Escolha três ou quatro opções externas com um perfil que melhor atenda às especificações.

Engenharia de *Software* – Análise e Projeto de Sistemas

- Desenvolva uma matriz de comparação que confronte entre tarefas–chave nas alternativas em pesquisa. Realize *Benchmark* para comparar as alternativas candidatas.

- Avalie cada alternativa baseada na qualidade apresentada, suporte do fornecedor, direcionamento do produto ao negócio da empresa e reputação do fornecedor.

- Observe detalhadamente a aderência das alternativas para com a atividade fim da organização.

- Contate outros usuários de cada uma das alternativas e solicite suas avaliações.

A análise final deve ser conduzida em função das seguintes condições:

- A data de entrega do produto precede aquela desenvolvida internamente?

- O custo da aquisição somado ao custo de customização será menor do que o custo para o desenvolvimento interno?

- O custo do suporte externo, incluindo adequações do produto diante de novas realidades, será menor do que o custo interno?

Ao optar–se pela terceirização, deve haver um acordo claro sobre prazos e custos, considerando, inclusive, as incertezas que o contratado possa ter sobre o tamanho e complexidade do projeto no momento inicial da preparação da proposta para o contratante. Aspectos levantados na avaliação do produto, tais como possíveis necessidades de customização, devem estar claramente especificados no contrato que certamente se firmará. Há questões que devem ser examinadas antes de se fechar um contrato e que não estão diretamente relacionadas ao produto em si, mas à estrutura do fornecedor, tais como:

- Existe um suporte adequado quanto ao auxílio dos clientes?

- As solicitações de resolução de problemas levam, em média, quanto tempo para serem atendidas?

- O fornecedor tem um histórico de iniciativas quanto à melhoria de seu produto?

- A tecnologia empregada pelo fornecedor está atualizada?

Capítulo 2 – A Informação e as Organizações

Para a fase de implantação espera-se que exista a formação de um grupo de trabalho para o projeto, o qual deve variar de acordo com o problema envolvido (grau de dificuldade e interface entre áreas). Neste grupo, além do pessoal técnico devem estar os usuários pertinentes a cada segmento do projeto. Dependendo da dimensão do projeto, às vezes é interessante que exista um terceiro (não pertencente à organização) que supervisione ou faça parte do time de coordenação das atividades. Este terceiro estará mais próximo da diretoria, e sua tarefa básica será a cobrança dos cumprimentos de prazos e tarefas estabelecidos em cronograma. No grupo de implantação deve-se identificar responsáveis tanto na área técnica quanto na usuária e atribuir-se tarefas, tudo mediado por um cronograma em que estejam previsto pontos de avaliação de progresso (*milestone*). Um *milestone* é um referencial, que assinala que se atingiu um ponto dentro do desenvolvimento do projeto, servindo para medir o progresso do mesmo, ajustando-se prazos-limite quando necessário (Shiller, 1993).

2.7.3. Reflexos e Riscos

Apesar dos vários cuidados que se venha a tomar para a escolha e implantação de sistemas de informação terceirizados, alguns fatores contribuem para contratempos ou riscos ao sucesso do projeto:

- erros de execução
- entendimento errado do problema
- má documentação da solução
- má assistência em correções e modificações
- subcontratados da fornecedora que não têm bom desempenho
- pouca sensibilidade para a cultura, tradição e estratégia de negócio da contratante
- mudança nos conceitos de gestão em prática na organização

A identificação destes aspectos faz parte do controle do projeto. O controle é empregado por um gerente para administrar os recursos do projeto, enfrentar problemas e dirigir o pessoal envolvido no projeto (Pressman, 1995).

Na Tabela 3, têm-se o resultado de uma pesquisa realizada em 1992 no Brasil, pela Coopers & Librand, junto a 105 empresas industriais, onde se identificam alguns contratempos enfrentados (Leite, 1995).

Problema enfrentado pelas empresas	% Empresas que tiveram o problema
Dificuldade de estabelecer sistemas e controle internos	13
Perda do controle sobre informação do preço e qualidade	16
Fornecedor não-empreendedor	21
Resistência interna à mudança	23
Fornecedor sem padrão de qualidade	31
Fornecedor não se adapta à cultura e procedimentos da empresa	37

Tabela 3 - Resultado de pesquisa no Brasil, junto a 105 empresas com terceirização

Percebe-se, na Tabela 3, que a maior incidência de problemas levantados refere-se ao fato de que o "fornecedor não se adapta à cultura e procedimento da empresa". O problema citado é o típico caso a ser identificado *antes* de se fechar qualquer contrato para implantação. Se houver muitas características internas em uma organização, tais como controles e processos, que fogem aos conceitos de gestão encontrados nos *software* existentes no mercado, ou, ainda, se a organização pertence a um nicho de mercado cujos processos não são contemplados nos *software* E.R.P., o melhor que se faz é optar pelo desenvolvimento personalizado. Quem faz a opção por comprar um pacote[14], ainda que seja um *software* E.R.P., deve ter consciência de que o fornecedor criou um *software* genérico, seguindo alguns conceitos de gestão, e que não sairá fazendo alterações para personalização, salvo se vier a ser uma contribuição importante ao *software* existente ou houver um retorno financeiro significativo.

---

[14] Software genérico para atender a um ou vários nichos de mercado, sem que o desenvolvimento tenha sido planejado para uma empresa específica, pejorativamente chamado de "software de prateleira".

2.7.4. Soluções E.R.P. (Enterprise Resource Planning)

Atualmente, por vezes, uma solução de terceirização implica na aquisição de um *software* E.R.P., que nada mais é do que um pacote integrado de gestão empresarial. A aquisição deste pacote normalmente exige a contratação de terceiros para sua implantação, e após isto, a manutenção muito provavelmente ficará também com empresas externas. Assim, uma empresa que opta por pacote E.R.P. estará adotando a terceirização pelo menos na área desenvolvimento/manutenção do *software*. Raramente uma empresa fornecedora permitirá alterações em seu produto por parte de seus clientes. As alterações a que se refere são a criação e agregação de novos recursos funcionais ao *software* e/ou a ampliação de sua base de dados. É comum que os fornecedores de um produto E.R.P. disponibilizem mecanismos de extração de dados ou criação de relatórios.

Os *softwares* E.R.P. procuram, de forma integrada, modelar e processar as informações dos sistemas organizacionais; porém, na época de grandes velocidades estratégicas e inovações a que estamos sendo submetidos, podem ocorrer uma das situações a seguir (Chia, 1999):

- A organização possui necessidades ainda não cobertas adequadamente pelo pacote.
- O sistema E.R.P. pode ter funcionalidades superiores às necessidades reais da organização.

Outro aspecto a ser avaliado cuidadosamente pela gerência, no tocante a custo e prazos, são as chamadas customizações. Customização é um neologismo em português para uma definição em inglês: "*to make or change (something) according to the buyer's or user's*" (Chia, 1999). Trata-se da criação ou alteração da funcionalidade de um ou mais programas de acordo com a necessidade legal ou operacional dos usuários. É, em última análise, uma forma de manutenção adaptativa, que visa incrementar funcionalidades aos pacotes; ou ainda o oposto, decrementar funcionalidades, especialmente quando a mesma é muito complexa ou de formato pouco operacional.

A decisão para implantação de *software* E.R.P. não deve ser tomada diante de uma *circunstância de pressão* ou de *urgência* pelas empresas; é preciso isolar este ambiente caso exista. *Esta situação favorece apenas posições políticas de executivos,* e o marketing eficaz de alguns fornecedores em nada contribui para a escolha do melhor *software* ao negócio da empresa.

As organizações devem ficar atentas para as mudanças que podem ser exigidas com a implantação de um *software* E.R.P., no sentido de que provocará impactos desde o modelo de gestão praticado, a estrutura organizacional e os modelos de processos executados. Não adianta ter-se um cuidado extremo na escolha do *software*, adquirindo-se o mais aderente ao tipo de negócio da organização, e, na seqüência, ignorar-se o projeto de implantação ou simplesmente tê-lo mal elaborado.

É variável o tempo para implantação de um *software* integrado (pode durar de 6 a 24 meses ou mais – tudo depende da aderência do produto ao nicho do negócio e do alinhamento com as diretrizes da empresa). Poderá envolver equipes multidisciplinares compostas por especialistas em tecnologia da informação, analistas de negócios e consultores com capacitação em investigação e modelagem de processos, além, é claro, dos usuários da organização.

2.7.5. Situação Atual e Tendência

Atualmente, no mercado de *outsourcing*, verifica-se a presença do modelo *multisourcing* (já citado anteriormente) e também a aplicação do conceito de *Application Service Provider* (ASP), às vezes também referenciado como *outhosting* ou *netsourcing*.

A idéia básica é o aluguel de aplicações, pelo tempo que for necessário, cuja utilização se dá via *Internet* ou outro meio similar de comunicação. A empresa usuária não tem despesas com *hardware*, *software* e nem com mão-de-obra interna especializada. Tem-se aí a transformação do *software* em serviços *online* prestados através de um meio de comunicação, onde toda infra-estrutura tecnológica de desenvolvimento e funcionamento do aplicativo será do provedor de serviço da aplicação, cabendo ao cliente apenas os pontos para comunicação e o pagamento do aluguel.

Já existem várias iniciativas decorrentes deste conceito; porém, é necessário salientar de imediato alguns aspectos cruciais a serem transpostos (Scaglia, 1999):

• Segurança de dados

A base de dados corporativa passa a estar disponível por um meio de comunicação (*Internet* ou similar) e fica sujeita a todo o tipo de corrupção inerente a esta estrutura. Portanto, os cuidados, neste caso, vão muito além de apenas impedir a invasão do *site* por pessoas não autorizadas.

• Velocidade do tráfego dos dados corporativos

É evidente que muitas transações corporativas não rodam com a velocidade de tráfego hoje existente na *Internet,* considerando-se que os dados estarão armazenados no provedor de serviço. Existem formas de se lidar com isto: linhas privadas ou mesmo redes virtuais privadas. Outra saída para esta questão, que já está ganhando forma bem definida, é a *Internet2.* No Brasil, o projeto *Internet2* está sob os cuidados da Rede Nacional de Pesquisa (RNP) do Ministério da Ciência e Tecnologia. Seguindo a tendência das redes acadêmicas no resto do mundo, a RNP encontra-se em nova fase de expansão da rede acadêmica brasileira, com a finalização de um novo *backbone* de rede, de alto desempenho, a RNP2. Através dessa estrutura, a RNP busca disponibilizar a infra-estrutura necessária para que também as empresas utilizem a *Internet2.*

• Questões da adequação dos aplicativos a cada organização

Talvez, dos três tópicos, este seja o de mais fácil resolução. Mesmo assim, isto empregará alto grau de organização e operações complexas.

A decisão de terceirização deve ser tomada de uma forma criteriosa, especialmente em se tratando de sistemas de informação, já que hoje eles podem ser um diferencial competitivo à organização. Antes da opção pelo processo de terceirização, é necessário que a organização responda: Por que terceirizar os sistemas de informação? E depois: Quais sistemas terceirizar?

Ao optar pela terceirização, é importante a escolha do(s) parceiro(s) e seu grau de comprometimento, respaldando essa relação em mecanismos de co-responsabilidade diante dos resultados que se espera atingir.

Capítulo Três

3

A Engenharia de Software

"Suponha-se, entretanto, que Deus decidisse que o universo devesse terminar num estado altamente ordenado, mas que não se incomodasse com o estado em que ele teria começado. Em tempos primordiais o universo estaria provavelmente num estado desordenado. Isto significa que a desordem diminuiria com o tempo. Ver-se-iam xícaras quebradas reunindo seus cacos e pulando de volta para a mesa."

Stephen Hawking - Físico Teórico Inglês

(Hawking, 1988)

Grande parte dos objetos utilizados atualmente pelo homem é construída empregando-se componentes. Tais componentes são partes que, uma vez agregados convenientemente, geram uma arquitetura utilizável com uma aplicação definida. Uma televisão, por exemplo, é um objeto que representa a agregação de componentes: placas de circuito, tela, botões, capa plástica, conversor de tensão e outros. Um determinado componente de uma TV pode ser utilizado em diferentes modelos, o que representa uma grande vantagem para a indústria, já que desta forma, entre outros fatores, consegue-se diminuir custos. A peripécia é possível porque a arquitetura de uma TV é previamente planejada, avaliada, especificada e documentada.

A bicicleta é outro exemplo de utilização de componentes, com vantagens, aliás. Digo isto porque além de atender aos requisitos da existência de componentes, em muitos casos, encontra-se a situação: "monte você mesmo". Gabriela e Giovana, minhas filhas, ficaram entusiasmadas com esta característica; "ajudaram" na operação de montagem de sua própria bicicleta. Bastou abrir a caixa, colocar os componentes espalhados pelo chão e na seqüência ir agregando-os de acordo com um panfleto de instruções; o mais incrível foi que ao final obteve-se a bicicleta tal qual estava anunciada. O tempo de montagem foi de alguns minutos. Depois veio o grande momento: testar a bicicleta montada. Esta parte foi a mais fácil. Sob minha supervisão, Gabriela não se intimidou, sentou-se e saiu pedalando (dois componentes ajudaram: as rodinhas laterais de apoio para ela não cair, já que era apenas aprendiz). Acompanhei minha filha por alguns metros (bem, talvez tenham sido quilômetros), afinal era um novo produto, montado pelo próprio usuário e tendo a segurança como requisito primordial. Não foram verificados problemas, realmente era muito confiável. Enfim, pode-se constatar que a bicicleta extrapolou os conceitos; ela hoje é não somente uma arquitetura fácil de se montar como também permite fácil utilização e, dentro de seu contexto, muito segura. Atendeu plenamente às nossas expectativas.

Capítulo 3 – A Engenharia de *Software*

Softwares deveriam ser criados como a bicicleta, frutos de um processo de engenharia.

Objetos que são frutos do trabalho de engenharia constituem-se soluções economicamente viáveis para problemas práticos, obtidas do conhecimento científico sobre um determinado domínio tecnológico, que podem partilhar de soluções anteriores (reutilização).

Segundo definição do SEI (*Software Engineering Institute*), "engenharia é a aplicação sistemática do conhecimento científico na criação e construção de soluções para problemas práticos a serviço do gênero humano", e engenharia de *software* é "uma forma de engenharia que aplica os princípios da Ciência da Computação e matemática para alcançar soluções com melhor custo-benefício para o problema do *software*" (SEI, 1990). Para o IEEE, Engenharia de *Software* trata-se da aplicação sistemática, disciplinada, quantificável para o desenvolvimento, operação e manutenção do *software* (IEEE, 1990).

O *software* como fruto de engenharia é o grande objetivo que se busca, a fim de conseguir obter-se um produto confiável, funcionando de maneira eficiente e economicamente viável. Por funcionamento eficiente deve-se considerar que o *software* deverá atender às necessidades do usuário, sob a ótica dele. Um *software* se caracteriza por um conjunto de componentes abstratos (estruturas de dados e algoritmos) encapsulados na forma de procedimentos, funções, módulos, objetos ou agentes, podendo estar interconectados entre si, compondo uma arquitetura de *software*, que deverá ser executada em sistemas computacionais.

Os fundamentos científicos para a engenharia de *software* envolvem o uso de modelos abstratos e precisos que permitem ao engenheiro especificar, projetar, implementar e manter sistemas de *software*, avaliando e garantido sua qualidade. Além disso, a engenharia de *software* deve oferecer mecanismos para se planejar e gerenciar o processo de desenvolvimento.

Por muitos anos, tem-se vivido uma verdadeira anarquia no desenvolvimento de *software*. É ainda mais freqüente do que se imagina a presença de empresas desenvolvendo e entregando aos seus clientes *software* apresentando defeitos, mal-estruturados, consumidores de recursos de máquina e, principalmente, que não atendem completamente às necessidades reais dos usuários. Também são freqüentes os casos de empresas que atrasam absurdamente a entrega de *softwares*, quer sejam um novo desenvolvimento ou customizações. Muitas destas empresas que desenvolvem *software* (talvez a maioria), não utilizam qualquer tipo de método formal na gestão do projeto e documentação do produto.

Atualmente o *software* é desenvolvido em cenários que envolvem alto grau de complexidade e normalmente tratam uma gama muito grande de variáveis, que são intervenientes nos processos automatizados; portanto, é fator fundamental o planejamento, como parte integrante da aplicação de um modelo de desenvolvimento. Os paradigmas da engenharia de *software* propiciam *métodos e técnicas* que mostram exatamente *como deve-se proceder* para construir *software*. Por método pode-se entender *um caminho* a ser percorrido em etapas, onde se aplica um conjunto de técnicas (*formas* de se "caminhar pelo caminho"), o que permitirá a construção de um *software* eficiente e seguro.

Decorrentes de aprimoramento das melhores práticas, hoje existem vários métodos para o desenvolvimento de *software*.

Por que utilizar um método? Uma possível resposta a esta questão seria que "o objetivo básico do estabelecimento de um método padronizado de desenvolvimento de sistemas é obter maior consistência no trabalho, melhor qualidade oferecida ao usuário, maior facilidade no treinamento de novos analistas, eliminação das perdas acarretadas por caminhos sem saída e, sem dúvida, melhor controle dos resultados obtidos no desenvolvimento de sistemas" (Ballestero Alvarez, 1990).

Capítulo 3 – A Engenharia de *Software*

O fato de se utilizar um método, qualquer que seja, traz vantagens que não são verificadas de outra forma, tais como trabalho sistematizado, documentos padronizados, melhor controle no desenvolvimento, uniformidade de linguagem e maximização dos resultados.

Ainda sobre o método, para Roger Pressman (Pressman, 1995), "Os métodos envolvem um amplo conjunto de tarefas que incluem: planejamento e estimativa de projeto, análise de requisitos de *software* e de sistemas, projeto da estrutura de dados, arquitetura de programa e algoritmo de processamento, codificação, teste e manutenção".

Assim como um engenheiro civil ou um médico seguem determinados procedimentos diante de diversas situações quanto às suas atividades profissionais, também um desenvolvedor de *software* deve seguir procedimentos na construção de um sistema de informação. Se tais procedimentos não existirem, a construção de *software* estará legada ao caos; portanto, um método visa proporcionar procedimentos a serem seguidos em cada etapa do desenvolvimento de um *software*. Para cada etapa de um determinado método aplicam-se uma ou várias técnicas.

Na década de 60, a acentuada quebra da hegemonia da aplicação de computadores nas áreas militares e acadêmicas, com a ascensão da aplicação na indústria, além de outros fatores, como o surgimento de novas linguagens de programação (COBOL, por exemplo), resultou em um aumento na demanda pela criação de *software*.

O desenvolvimento do software naquela época ocorria de maneira informal, sem aplicação de qualquer método, e dependia totalmente de quem o construía, caracterizando-se mais por ser uma "obra de arte" do que propriamente um produto de formalismo técnico. Os profissionais que desenvolviam o *software*, por sua vez estavam, envolvidos com a realidade da tecnologia em si e não propriamente com os problemas que deveriam ser resolvidos. Havia características do hardware que mereciam muita atenção nos projetos a serem desenvolvidos e, não raramente, eram restritivas, especialmente aquelas pertinentes ao dimensionamento de recursos (espaço a ser utilizado em disco, por exemplo), já que o hardware era o item de maior custo. À medida que tais *softwares* eram desenvolvidos e crescia o número de sistemas baseados em computadores, passou-se a verificar que os desenvolvimentos eram marcados por atrasos e falhas na maioria dos projetos, que resultavam em metas não atingidas, custos imprevisíveis e sistemas de difícil manutenção.

Em 1968, constatada a situação caótica em que se encontrava o desenvolvimento de *software*, que ficou conhecida como a "crise do *software*", foi realizada em Garmish, Alemanha, uma conferência internacional como uma tentativa de se encontrar caminhos que viessem a melhorar o desenvolvimento de *software*. A conferência foi promovida pelo grupo de estudo em ciência da computação, do comitê de ciências, da Organização do Tratado do Atlântico Norte (OTAN), figurando como principal organizador o Professor Fritz Bauer, que escolheu deliberadamente para título da conferência a frase "Engenharia de *Software*", por ser provocativa, implicando a necessidade de um *software* que fosse concebido segundo critérios, que tivesse fundamentações teóricas, por meio de práticas disciplinadas, ou seja, que fosse criado segundo processos formais da engenharia.

A conferência terminou sem uma proposta concreta; porém, fomentou a discussão em torno do assunto (comentou-se pela primeira vez sobre a componentização do *software*) e passou a criar uma consciência da urgência de padrões. Com o passar do tempo, dentre as propostas que surgiram, a primeira a ter maior difusão e prática foi o modelo estruturado.

O modelo estruturado contemplava um desenvolvimento que inicialmente abordava os processos existentes. Partia de uma visão macro (marco zero), enxergando a totalidade do sistema a ser desenvolvido e posteriormente fracionava esta totalidade em visões menores. Partia do todo para as partes, de cima para

Capítulo 3 – A Engenharia de *Software*

baixo (*Top-Down*). Os dados do sistema eram contemplados posteriormente, quando o problema chegava às visões menores do problema.

Com o passar do tempo, os dados se apresentavam com estruturas e relacionamentos mais complexos e seu volume aumentava vertiginosamente; aliado a isto, ainda se verificava que o custo do armazenamento de dados era alto. Estas características colocaram os "dados em evidência" por um período na história, o que acabou acarretando algumas concepções errôneas, que infelizmente ainda hoje se propagam.

No período histórico em que os dados foram as "vedetes" dos sistemas, especialmente na década de 70, constata-se que houve a maturidade dos Sistemas Gerenciadores de Bancos de Dados (SGBD), em particular com a enorme propagação dos SGBDR (Sistemas Gerenciadores de Banco de Dados Relacionais). Também, neste mesmo período (1976), surge um aparato de singular representatividade para um modelo de dados, o diagrama entidade–relacionamento (Tonsig, 2006).

Com o modelo estruturado de um lado, sustentando uma forma de criação de sistemas a partir dos processos e, de outro, uma corrente de profissionais que viam na organização de dados o aspecto mais importante a ser tratado em uma empresa quando de sua informatização, chegou-se a um panorama em que não havia consenso sobre como os sistemas deveriam ser construídos. Embora tenham existido propostas que tentassem conciliar os dois grupos de profissionais, como a da Engenharia da Informação[15], a preocupação com o armazenamento de dados, a "novidade" de ter-se um diagrama que conseguia expressar dois momentos de representação de um modelo (lógico e físico) e as facilidades de implementação através de um SGBD fizeram prevalecer o foco sobre a modelagem de dados. Este é o aspecto errôneo que ainda hoje se propaga; muitos acreditam que a primeira

---

[15] Julga que, para informatizar uma empresa, existam quatro aspectos a serem considerados: pessoas, tecnologias, atividades e dados. Todos estes aspectos com peso igualitário.

coisa que se deva fazer com relação à criação de um sistema é o seu modelo de dados, deixando para depois a modelagem dos processos. Não bastassem estes aspectos, para ajudar a continuidade da difusão errônea do conceito, uma variante das ferramentas CASE[16] (LOWER–CASE), que aborda apenas o gerenciamento da modelagem de dados, se propagou rapidamente, facilitando ainda mais e dando subsídios para a perpetuação da idéia de quais dados devem ser primeiramente trabalhados. Não raro, as empresas que buscam ter alguma referência sobre os sistemas desenvolvidos possuem um modelo de dados e, sobre os processos, mal possuem uma lista onde consta a relação de programas que compõem o sistema.

Em torno de 1984, surge a proposta do método da análise essencial, por Sthepehn Mcmenamim e John Palmer (Mcmenamin & Palmer, 1991), que incorpora o conceito de que os dados são adjacentes aos processos e dependentes destes. Os primeiros elementos de um sistema de informação a serem identificados são os processos existentes e quem os utiliza. Um sistema concebido pelo método essencial deve responder a estímulos de eventos do negócio e apresentar funcionalidades à disposição de usuários, não interessando a princípio, como e onde estão os dados. Busca-se inicialmente a interação entre pessoas com alguma responsabilidade frente às atividades dos sistemas, bem como às atividades propriamente ditas. Os dados acabam sendo uma conseqüência ou necessidade decorrente da existência dos processos. Pelos processos se chega aos dados. Novos dados serão agregados àa medida que os processos assim o exigirem.

No final da década de 80, decorrente do conceito que já era aplicado em algumas linguagens de programação, como a SIMULA (1967) e SMALLTALK (1970), surgiram as primeiras propostas para a Análise Orientada a Objetos (Rumbaugh, 1994), (Coad, 1992), (Booch, 1993). A idéia era permitir que mais naturalmente se representassem os acontecimentos do mundo real que tinham algum envolvimento com o sistema a ser desenvolvido. O método tenta auxiliar

---

[16]Computer Aided System Engineering – Engenharia de Sistemas Auxiliada por Computador. Teoricamente, o objetivo destes softwares é auxiliar na construção da totalidade de um sistema e não apenas parte dele.

Capítulo 3 – A Engenharia de *Software*

o processo de abstração daquela porção de realidade que deve ser informatizado, pela aplicação de um conjunto de diagramas apropriados.

No início dos anos 90, havia uma grande quantidade de métodos orientados a objetos que foram criados, frutos da aceitação do modelo orientado a objetos aplicado ao desenvolvimento de sistemas. Diante desta quantidade excessiva de métodos propostos, o mercado passou a não conseguir identificar qual deveria utilizar, qual seria aquele que iria se estabelecer como um padrão. Em 1997, por iniciativa da OMG (*Object Management Group*), foi proposta uma seleção para a escolha de um método que viria a ser adotado como um padrão para o mercado. A proposta vencedora foi apresentada pela *Rational Software Corporation* e recebeu o nome de UML (*Unified Modeling Language*).

Atualmente, o eco daquela primeira conferência sobre Engenharia de *Software* ocorrida em 1968 ainda nos perturba. Embora se tenha caminhado muito (avançando-se), sob o ponto de vista das padronizações e conseqüentes vantagens oferecidas pelo conceito de engenharia, o que falta, ainda, efetivamente, é que se pratique o que se prega. Os métodos e respectivas ferramentas foram criados e padronizados. Alguns, mesmo o modelo orientado a objetos, possuem mais de uma década de maturação e têm sofrido ao longo dos anos contribuições e ajustes, adequando-se às novas realidades dos negócios. Assim, o que falta é simplesmente colocar algum método em prática e, definitivamente, abandonar o descaso do desenvolvimento anárquico e suas conseqüências.

Existem inúmeros relatos e levantamentos de risco que mostram as desastrosas conseqüências do desenvolvimento inadequado de *software*, como se verifica a seguir.

"Em 22 de julho de 1962, o foguete espacial Mariner I foi lançado em uma missão para Vênus, numa primeira tentativa humana de exploração de planetas. O foguete desviou de sua rota e o controle terrestre deu a ordem para explodi-lo. Posteriormente, uma investigação revelou que o *software* apresentava erros. A omissão de um simples hífen em um programa de computador tinha passado despercebida e tinha provocado o fracasso de toda a missão. O custo para o contribuinte fiscal americano foi de 18,5 milhões de dólares" (Martin & Mcclure, 1991)[17].

Há uma página[18] na *Web*, mantida pela NASA, que documenta casos de riscos, acidentes e incidentes relacionados ao *software*. Por meio dela podem-se encontrar outras páginas que complementam o assunto.

Um caso muito divulgado pela mídia envolveu o Therac-25, um sistema de radioterapia computadorizado, que teve outros modelos precedentes, como o Therac-20. O *software* utilizado foi criado por uma única pessoa, utilizando linguagem de programação *assembly*. Ele era responsável pela monitoração do estado da máquina, inclusive com a missão de detectar possíveis falhas no hardware, obtenção externa (via digitação) dos parâmetros para tratamento desejado e ajuste e calibragem da máquina de acordo com os parâmetros informados.

O *software* "evoluiu" a partir do Therac-6, no ano de 1972, até o Therac-25, no ano de 1976, para o qual, apesar de ser outra máquina, com diferentes recursos e características, foram carregadas a estrutura do programa existente e várias sub-rotinas. O Therac-25 teve o hardware e *software* testados separadamente; porém, a documentação do *software* era mínima e não tinha um plano de testes. Onze unidades destas máquinas foram colocadas em uso, sendo cinco nos Estados Unidos e seis no Canadá. Seis acidentes envolvendo *overdose* de radiação nos pacientes que se tratavam com o sistema ocorreram entre 1985 e 1987. O modelo foi desativado em 1987 para uma reestruturação, incluindo proteções de hardware contra erros de *software* (proteção que existia no Therac-20, onde o problema não foi constatado). As investigações[19] concluíram que não havia um erro de lógica no programa, mas a falta de atendimento a novos requisitos do hardware, além de outros fatores ligados à qualidade do *software*, como a possibilidade deste detectar falha em si mesmo.

---

[17] O fato também é apresentado em http://ic.arc.nasa.gov/ic/projects/safety-maint/monitoring.system.failures.html

[18] http://ic.arc.nasa.gov/ic/projects/safety-maint/nasa.accidents.html

[19] Extenso material pode ser encontrado em http://courses.cs.vt.edu/~cs3604/lib/Therac_25/Therac_1.html

Capítulo 3 – A Engenharia de *Software*

Outro fato divulgado em uma notícia[20] na *Web* foi que uma empresa de telefonia fixa admitiu que ocorrera uma pane em seu sistema que atingiu 104.815 linhas, por 35 minutos, em três cidades de uma determinada região e esclareceu que "um problema de falha de *software* em uma das centrais digitais... A central tem três processadores de chamadas, e outros três de reserva. Num determinado momento, o principal processador, que toma conta das ligações interurbanas nas três cidades e as locais dos prefixos, apresentou problema e precisou passar para o reserva. Mas ele entrou em autodiagnóstico e não chamou o reserva". Imaginam-se (já que os casos não foram constatados), nesta situação, as empresas que atendem a clientes via fone. Num *disk-pizza*, por exemplo, qual pode ser o prejuízo em 35 minutos de indisponibilidade causada por *software*? Pior, qual a situação de pessoas que naqueles momentos precisariam acionar um telefone de emergência (polícia, bombeiros ou ambulância)?

3.1. Características e Tipos de *Software*

Exceto os excluídos, sobre os quais não há um número preciso, todas demais pessoas "plugam" seus eletrodomésticos na tomada e os utilizam com grande naturalidade; sabem que o funcionamento de tais aparelhos depende da existência de um elemento chamado energia elétrica. Algumas destas pessoas (creio que a grande maioria) tem noção e acredita que a energia elétrica é um fenômeno resultante do movimento ordenado dos elétrons. Embora as pessoas não "estejam vendo" o movimento ordenado dos elétrons, sentem seus efeitos e observam situações decorrentes deste fato, em geral com algum objeto "plugado" na tomada. Vamos chamar a tomada, nestes casos, de *interface*. Ela é o ponto divisor em que de um lado encontra-se o recurso (energia elétrica) e do outro o usuário; trata-se da face visível e de interação com o usuário referente ao

---

[20]http://www.uol.com.br/tododia/ano2000/novembro/dia11/cidades.htm

fornecimento de energia elétrica. A tomada tem uma característica importante: é de fácil utilização, amigável ao usuário.

Sob a ótica do usuário, podemos comparar o *software* ao movimento ordenado de elétrons. A analogia não é absolutamente exata sob alguns aspectos, mas efetiva sob ponto de vista do entendimento de conceitos.

O *software* não é uma entidade corpórea[21]. Trata-se de uma entidade lógica e não-física; portanto, não se desgasta, ou seja, não sofre, com o uso ou o passar do tempo, qualquer tipo de corrosão decorrente de sua própria atividade. O usuário não "vê" um *software* em execução (tal qual não vê o movimento dos elétrons), mas poderá verificar ou sentir os efeitos da sua existência, além de poder enxergar e interagir com sua interface, caso exista. A interface oferece meios para informar e obter recursos gerados pelo *software*, devendo ser amigável, de fácil utilização, adequada às características das situações e usuários envolvidos.

As finalidades para as quais um *software* foi construído podem mudar e, portanto, diz-se que o *software* não atende mais aos quesitos ou requisitos atuais, não pelo desgaste do *software*, mas pela mudança da realidade à qual ele atendia. Não há um consenso sobre categorias genéricas que poderiam ser aplicadas para enquadrar os *software*s que são desenvolvidos; porém, decorrente da prática atual do mercado, pode-se atribuir uma classificação conjugando-se o ambiente e a finalidade para os quais ele se destina:

- Software básico. Este *software* é desenvolvido para atender às funcionalidades básicas de um hardware, dando suporte a outros *software*s que irão ser utilizados naquele hardware; portanto, não fornecem um benefício direto a usuários finais. O *software* básico estabelece uma série de procedimentos que visam tornar operacional um hardware, dando-lhe os elementos básicos para seu funcionamento. Normalmente, um

---

[21]Não é provido de um corpo visível e palpável.

Capítulo 3 – A Engenharia de *Software*

software básico atende a determinada estrutura de hardware, gerenciando compartilhamento de recursos, operações concorrentes, administração de processos. Alguns exemplos são drivers, compiladores e rotinas de um sistema operacional.

• **Software aplicativo.** Para que se possa utilizá-lo são necessários um hardware e um *software* básico que lhe dêem suporte. Se dispuséssemos estes elementos em camadas, segundo uma rede de pré-requisitos, teria-se o panorama mostrado pela Figura 15. O *software* aplicativo é aquele destinado a tratar diretamente problemas do usuário final. Têm-se, por exemplo, os *software*s comerciam e industriais. Um *software* para cuidar dos aspectos financeiros de uma organização, ou dos aspectos pertinentes ao RH, ou um *software* corporativo (que cuida da empresa como um todo), onde os usuários alimentam dados e extraem informação são exemplos de *software* aplicativo. O *software* aplicativo pode ser agregado a um sistema de computação por outras pessoas (terceiros) que não o fabricante do hardware. Em um mesmo hardware poderá ter-se *software* aplicativo criado por fornecedores diferentes, com linguagens de programação e armazenamento de dados diferentes. O *software* aplicativo, para sua execução, é carregado a partir de uma memória auxiliar, normalmente unidades de disco rígido (*hard disk*). Esta memória pode ser apagada por comandos disponibilizados no *software* básico ou até mesmo pela ação do *software* aplicativo.

• **Software embutido.** Pode assumir características de *software* básico, *software* aplicativo ou ambos simultaneamente. Em geral, o software embutido cuida de toda a operacionalidade de um dispositivo e reside em uma memória só de leitura (*read-only*). Tais dispositivos vão desde um simples relógio de pulso, um *palm*, *chips* com funções de controle em automóveis, celulares, fornos de microondas etc.

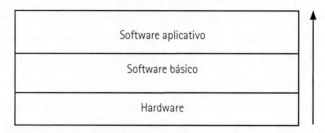

Figura 15 - Camadas de software sobre o hardware

Existem outras propriedades ou referências que se fazem ao software; porém não caracterizam a criação de nova categoria ambiente/finalidade, já que podem estar pulverizadas nas categorias já mencionadas, podendo ser tanto um software básico, aplicativo ou embutido. Observam-se, por exemplo, as menções que seguem:

• Software de tempo real (*real time*). Refere-se ao imediatismo de resposta decorrente de sua atividade de monitoração, análise ou controle, que tanto pode ser parte de um software básico quanto um aplicativo.

• Software "inteligente". Refere-se ao uso de algoritmos e recursos, normalmente oriundos da área de Inteligência Artificial, que favorecem funções que são direcionadas para a solução de problemas específicos. Por exemplo, a estratégia de empregar-se uma "rede neural artificial" em função de monitoramento de um sistema operacional, onde, a partir de certos padrões esperados, ela possa estar apontando, antecipadamente, possíveis irregularidades no funcionamento do mesmo. Uma outra situação ainda com redes neurais, agora aplicada em um software aplicativo, é o reconhecimento de formato de peças para um sistema de controle de qualidade. Algoritmo genético e agentes de software são, entre outros, recursos que podem vir a ser empregados por estes software.

Capítulo 3 – A Engenharia de *Software*

- **Software especialista.** Refere-se ao software especialmente desenvolvido para uma área do conhecimento, ou negócio restrito, onde exige-se alto grau de especialização, que apresente funções que cuidem das especificidades daquela área, funcionando, inclusive, como um assistente técnico no auxílio ao usuário. Estes softwares podem incorporar software inteligente e, neste caso, pode-se dizer que se trata da "inteligência aplicada a uma especialidade". Encontram-se exemplos deste tipo de softwares em aplicações na área de saúde (diagnósticos a partir dos sintomas), na área agrícola, na indústria (CAM) e nas áreas de engenharia (CAD, CASE).

3.2. Paradigmas do Desenvolvimento de Software

Qualquer que seja o método que vier a ser escolhido para o desenvolvimento de um software, estará espelhado em um *ciclo de vida de desenvolvimento*. Este ciclo de vida pode ser entendido como um roteiro de trabalho, constituído em geral de macroetapas com objetivos funcionais na construção de um software, onde também é possível visualizar-se a interdependência existente entre as macroetapas. Genericamente, o desenvolvimento de um software, qualquer que seja o modelo empregado, compreende três grandes fases: requisitos, projeto/desenvolvimento e implantação/manutenção.

Na fase de requisitos, encontra-se grande parte do fator de sucesso do desenvolvimento de um software. A primeira atividade nesta fase deve ser o estabelecimento claro das linhas fronteiriças do *software* que deverá ser desenvolvido. O que exatamente espera-se que seja feito? Qual a abrangência do *software*? A determinação exata destas linhas de delimitação é uma tarefa muitas vezes nebulosa. "Realmente, é difícil dizer onde começa e onde termina determinado sistema. Os limites (fronteiras) entre o sistema e o seu meio ambiente admitem certa arbitrariedade. O próprio universo parece estar formado de múltiplos sistemas que se interpenetram. É possível passar de um sistema para outro que o abrange, como também passar para uma versão menor nele contida." (Chiavenato, 1983)

Uma vez que se tenham bem traçados os limites daquilo que deverá ser desenvolvido, e certificando-se que este é o mesmo entendimento que tem o cliente/usuário, mergulha-se dentro deste contexto na busca de informações sobre quais processos são executados, quais dados são manipulados. É uma fase de investigação, em que tudo deve ser questionado: Por que se faz aquilo daquela forma? Quais são as restrições que existem nos procedimentos e dados utilizados? Trata-se de uma intensa busca, da qual o Analista de Sistema deverá sair quase um especialista no assunto, conhecendo os pormenores existentes, visto que isto refletirá na construção do *software*.

A fase de projeto/desenvolvimento é aquela em que efetivamente o analista e programadores irão construir o *software* propriamente dito. O Analista de Sistemas, sabendo *o que* deve ser desenvolvido e *como* os processos e dados são utilizados, visto que foi realizado o levantamento de requisitos, faz as especificações técnicas detalhando a solução que ele criou para atender ao usuário/cliente. Em seguida, os programadores codificam os programas em alguma linguagem de programação e os testam na sua individualidade e coletivamente. Uma vez que todo o sistema foi testado, é liberado para uso.

A última fase refere-se à implantação/manutenção. A implantação requer algum cuidado além do técnico, já que será nesta fase que se manifestarão forças de resistência ao *software*, caso elas existam. A manutenção do *software* permanecerá durante toda sua vida útil. Uma manutenção de *software* pode ocorrer basicamente motivada por três fatores: a correção de algum problema existente no *software*, sua adaptação decorrente de novas exigências (de legislação, por exemplo) e algum melhoramento funcional que seja incorporado ao *software*.

3.2.1. Modelo Balbúrdia

Não creio que alguém já tenha feito referência ao modelo, muito embora todos o tenham citado e criticado. Normalmente esquece-se de atribuir uma diagramação para os sistemas desenvolvidos na informalidade, geradores do caos. Também é possível enquadrar esta forma de desenvolvimento em um ciclo de vida, uma vez que, genericamente, segue-se um roteiro.

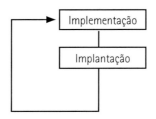

Figura 16 - Modelo Balbúrdia

O *software* é construído sem qualquer tipo de projeto ou documentação. Normalmente é verificado em organizações que são administradas por crise, onde não existe planejamento, ou naquelas onde a sucessão de fatos vai propagando ações de correção de rumo ou impondo ajustes ao *software* para a atender novos requisitos, sempre em clima de urgência, motivados por vários fatores, sobressaindo-se o político. Em tempo de implantação, não raro o *software* já sofre diversas correções decorrentes de novas comunicações ou ajustes, que foram esquecidos, já que não há um levantamento de requisitos adequado. Há um *retrabalho contínuo* que se estabelece mesmo na fase de implantação, onde o usuário irá sugerir várias mudanças que remeterão o trabalho de volta à implementação. Assim, o *software* entra em um *loop de gestação* (implementação - implantação), até que atinge uma maturidade ideal para uso.

É estranho considerar que nas organizações onde encontramos o modelo balbúrdia nunca há o tempo necessário para fazer corretamente um desenvolvimento de *software*; porém, sempre se encontra tempo para corrigir o que foi feito errado (em função da ausência de planejamento) ou a omissão (esquecimento) de informação. Por que não fazem certo na primeira vez, em vez de gastarem duas vezes o tempo necessário? Para estas organizações é imprescindível a mudança de cultura no desenvolvimento de sistemas.

3.2.2. Modelo Cascata

No modelo cascata, o desenvolvimento de um *software* se dá de forma seqüencial, a partir da atividade de verificação da viabilidade do desenvolvimento. Para cada etapa cumprida, segue-se a etapa imediatamente posterior, dando a idéia de uma cascata (Figura 17) .

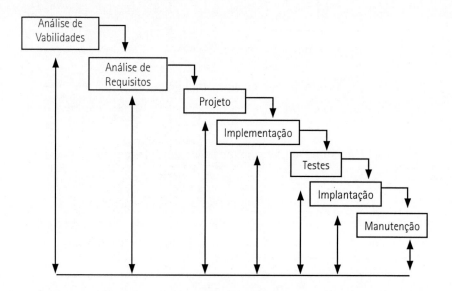

Figura 17 - Modelo Cascata

Na primeira etapa, após um levantamento macro a respeito do *software* a ser criado, que investigará sobre os recursos que serão necessários, faz-se uma avaliação da viabilidade de desenvolvimento, focando-se três aspectos: técnico, econômico e operacional.

Os aspectos técnicos dizem respeito a recursos de hardware e *software* disponíveis que serão necessários: computadores existentes, linguagens de programação, quantidade de licenças de uso, bancos de dados etc. Verificam-se quantitativamente as novas necessidades de aquisição. O aspecto de viabilidade econômica atribui uma estimativa de custo do desenvolvimento considerando os valores de todos os recursos necessários. A viabilidade operacional refere-se à análise de mudanças de procedimentos e impactos que a criação do *software* pode trazer ou exigir da organização. Dependendo das dimensões desta exigência, pode-se decidir pela inviabilidade da construção do referido *software*.

Uma vez que na fase de viabilidade tenha se optado por desenvolver o software, inicia-se a fase seguinte, um minucioso levantamento de processos e dados (requisitos) para que se possam levantar as funcionalidades que deverão estar presentes no software a ser construído, de maneira que venha a atender às necessidades dos usuários. Também devem ser consideradas neste levantamento as regras que norteiam o negócio, restrições e desejos do usuário. Esta fase deve gerar uma documentação formal resultante da abstração e entendimento da realidade.

Concluída a fase de análise de requisitos, inicia-se o projeto, onde faz-se uma especificação técnica do software, utilizando formalismos de algum método. Esta especificação deve ser detalhada passando a considerar questões de interface com o usuário e armazenamento dos dados, chegando-se à documentação dos programas de computador que devem ser desenvolvidos.

Após concluída a documentação dos programas que deverão existir, para atender às funcionalidades requeridas, passa-se para a fase de implementação, em que os programas são codificados em alguma linguagem de programação.

Concluída a codificação dos programas, estes deverão ser submetidos a testes e simulações. Primeiramente realizam-se os testes individuais dos programas e, detectando-se qualquer problema, procede-se à correção. Após a realização dos testes individuais, deve-se testar o conjunto, já que pode-se detectar problemas que não se manifestarão de outra forma. Além disso, deve-se checar se há necessidade de alguma integração com outros sistemas e providenciar tal teste e ajustes.

A fase de implantação refere-se à liberação dos programas (ou sistema) para utilização. Coloca-se o sistema em produção. Esta fase deve iniciar com um treinamento dos usuários envolvidos, para que adquiram a cultura e entendam a funcionalidade do sistema que irão manipular.

A última fase refere-se à manutenção que, invariavelmente, existirá em qualquer sistema. Ocorrerão mudanças em função de novas exigências, ajustes de erros que serão encontrados ou ajustes exigidos pelos usuários.

3.2.3. Modelo Incremental

O modelo incremental é uma variante do modelo cascata.

A fase de projeto existente no modelo cascata foi decomposta em projeto lógico e projeto físico. Esta abordagem permite que as atividades do projeto possam ser subdivididas e que ocorram em paralelo.

Capítulo 3 – A Engenharia de *Software*

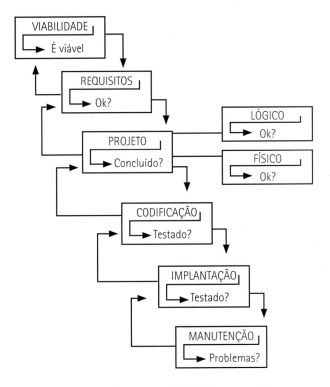

Figura 18 - Modelo Incremental

Com relação a formalismos, o ciclo de vida cascata para modelos de desenvolvimento de software é o mais antigo e, em função deste fato, também chamado de modelo clássico; porém, tem-se constatado que o desenvolvimento de sistemas não se realiza através de um fluxo seqüencial, conforme proposto por este ciclo de vida. Além disso, verifica-se que a busca de requisitos não ocorre somente em um momento inicial do projeto, sendo na maioria das vezes impossível conseguir-se a totalidade de requisitos como exigência antecipada de um ciclo de vida, e omitindo-se a possibilidade de não retornar mais a eles. Outra característica que é incompatível com a realidade atual refere-se à programação e especialmente aos testes, os quais somente ocorrerão ao final de todo processo, onde um erro sutil pode vir a exigir semanas de verificação para que se possa eliminá-lo e, com isto, atrasar eventuais cronogramas.

3.2.4. Prototipação

O modelo de prototipação surge para tentar atender a dois grandes aspectos pertinentes ao desenvolvimento de software: o primeiro diz respeito à velocidade de desenvolvimento, no sentido de propiciar-se ao usuário uma visão mais real do software que se está projetando. Esta característica permite ao usuário/cliente "enxergar" as telas e relatórios resultantes do software, com os quais ele terá alguma interação. O segundo aspecto relevante da prototipação é o envolvimento direto do usuário à medida que o desenvolvimento do software evolui. O usuário deve ser envolvido para opinar sobre as telas e relatórios do software, de maneira que se consiga torná-lo quase que co-autor do desenvolvimento, responsabilizando-o também, desta forma, pelo sucesso final do software, uma vez que terá tido participação ativa na montagem do mesmo.

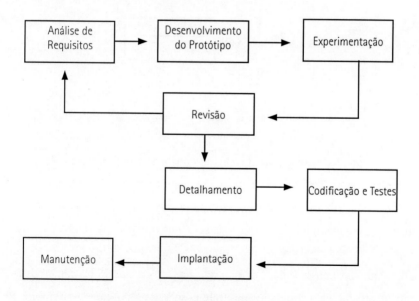

Figura 19 - Modelo Prototipação

Capítulo 3 – A Engenharia de *Software*

Protótipo é o desenvolvimento de software que inicialmente cuida apenas das características de interface com o usuário, resguardando-se para uma segunda etapa demais procedimentos internos de checagem de manipulação de dados. Esta característica torna os protótipos um produto de experimentação rápida, já que o usuário começa a observar rapidamente os resultados do desenvolvimento, ainda que incompleto. Trata-se de um esboço simplificado do produto a ser atingido, permitindo uma correta avaliação de todos seus aspectos e permitindo correções e adaptações à medida que o protótipo evolui para o produto final.

Há quem defenda que o protótipo não deve evoluir para um produto final, mas que, uma vez amadurecido, apresentando as características aprovadas pelo usuário, em vez de ter um enxerto de funcionalidade, deve ser apenas o esboço ou piloto de um novo desenvolvimento.

Neste paradigma tudo também começa pela análise de requisitos, mas também com foco voltado para a construção e validação da interface. Uma primeira fase de desenvolvimento utilizando o modelo de prototipação tem a intensa participação do usuário/cliente que, inclusive, faz a experimentação dos módulos que são desenvolvidos.

Uma vez que o usuário/cliente tenha checado as interfaces e a dimensão de todo o projeto, pode-se seguir para uma fase posterior, com a devida aprovação do usuário/cliente. Na fase posterior, acrescenta-se ao protótipo toda a funcionalidade que não havia sido embutida quando ele construído inicialmente, ou, de posse da interface funcional, aprovada pelo usuário, parte-se para um novo desenvolvimento. Nesta fase gasta-se um pouco mais de tempo, já que o volume de código a ser gerado é ainda alto, visto que toda a consistência de dados não foi ainda desenvolvida. Além disso, deve-se começar a realizar testes rigorosos de unidade e conjunto, a fim de que se possa liberar o software para uso.

Alguns pontos problemáticos devem ser lembrados quanto a este paradigma. O primeiro refere-se ao entusiasmo que um usuário pode ter, achando que pelo fato de que as interfaces estão rapidamente sendo construídas quase imediatamente ele terá à sua disposição o sistema sonhado. É importante que exista um trabalho anterior que previna este comportamento. Outro aspecto refere-se à pressão que existirá, a fim de que concessões de implementações ocorram para a urgência da implantação, sugerindo-se que o protótipo seja evoluído e entre rapidamente em funcionamento.

3.2.5. Modelo Espiral

O modelo espiral foi proposto pelo Dr. Berry Boehm (Boehm, 1988) e conseguiu aglutinar as melhores características existentes nos modelos antecessores, apresentando uma dimensão radial cujas atividades iniciais encontram-se no centro da espiral, e à medida que o desenvolvimento do software avança, percorre-se a espiral do centro para fora. Verifica-se que há a sobreposição de 4 importantes atividades, representadas pelos quadrantes na Figura 20.

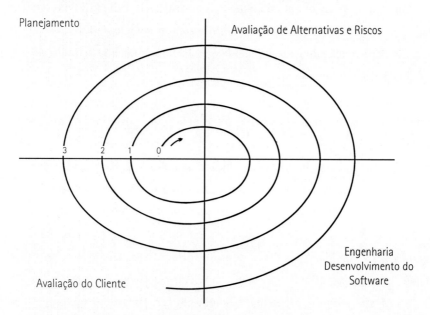

Figura 20 – Modelo Espiral

Capítulo 3 – A Engenharia de *Software*

À medida que se avança pelo modelo ocorre uma iteração e o software vai evoluindo para estágios superiores, normalmente com aumento da complexidade. Cada iteração está provida das atividades determinada pelos quadrantes, que são, na seqüência: planejamento, avaliação de alternativas e riscos, desenvolvimento do software propriamente dito e avaliação do cliente. Atualmente, para o desenvolvimento de software, este ciclo de vida do desenvolvimento é o que mais concretamente retrata a realidade.

Pode-se dizer que o modelo espiral induz a um desenvolvimento evolucionário do software (o que também se verifica no modelo de prototipação), sem perder a abordagem de execução de etapas sistemáticas, mas que se sobrepõem a cada iteração do modelo, como representado na Figura 20, pela numeração de 0 a 3, representando, cada qual, um ciclo no modelo. Embora o exemplo tenha apresentado apenas 3 ciclos, na realidade o limite é indefinido, dependendo de cada desenvolvimento.

O primeiro quadrante do modelo espiral refere-se às atividades de Planejamento, onde se determinam os objetivos do software e avaliam-se e reavaliam-se requisitos para seu desenvolvimento, além de identificarem-se eventuais restrições existentes. Também está representado neste quadrante o levantamento das regras do negócio e, particularmente no momento 0 (zero), há um esforço maior, com dedicação de maior tempo para o levantamento dos requisitos iniciais, gatilho propulsor do início dos ciclos na espiral.

No segundo quadrante tem-se uma avaliação de riscos no desenvolvimento do software, onde procuram-se avaliar alternativas frente a reações do cliente e outros riscos decorrentes do levantamento de requisitos do sistema. Os riscos avaliados possuem natureza e origem diversas, dependendo do momento cíclico dentro da espiral.

No terceiro quadrante encontram-se as atividades de desenvolvimento do software propriamente dito, em um processo de modelagem evolutiva que vai agregando funcionalidades ao software, liberando módulos para a iteração seguinte.

No quarto quadrante, os resultados que vão sendo obtidos são apresentados e avaliados pelo usuário/cliente. É a parte em que o modelo espiral incorporou os conceitos do modelo de prototipação. Há uma participação ativa do usuário/cliente opinando sobre o produto que está em fase de desenvolvimento.

Todas as atividades dos quadrantes vão se sobrepondo a cada iteração, de onde o produto vai evoluindo até atingir sua forma final.

3.2.6. Modelos Mistos e Característica Genérica

Para a criação de modelos mistos podem-se pegar os modelos existentes e gerar derivados. Pode-se fazer uma combinação dos modelos existentes. Não existe um formato previamente definido para esta abordagem que seja consensual. Poderíamos gastar folhas e mais folhas deste livro apresentando-se possibilidades de arranjos para a criação de modelos mistos, mas isto seria um exercício de futilidade.

O importante de se constatar quer seja na criação de modelos mistos quer seja nos modelos anteriormente apresentados e, possivelmente, em novos paradigmas que virão a existir, é que tais modelos apresentam três grandes fases genéricas: requisitos, projeto/desenvolvimento e manutenção. Parece que esta característica é perene, embora seja perigoso tal afirmativa em tecnologia; apenas o futuro poderá nos confirmar. Em todos os modelos apresentados, pode-se verificar que estão caracterizados por uma generalização da qual não se consegue fugir, mesmo analisando os períodos históricos do desenvolvimento, considerando-se a evolução de métodos, técnicas e linguagens, um retrato imutável que poderia-se chamar de metamodelo dos ciclos de vida de desenvolvimento (Figura 21).

Capítulo 3 – A Engenharia de *Software*

Figura 21 – Fases genéricas dos modelos

3.3. Gerência de Projetos de Software

A gerência de projetos é uma atividade complexa e multidisciplinar e, como tal, requer no mínimo uma contextualização em dois aspectos: conhecimento da área de aplicação e práticas gerenciais (administração). Em projetos de software, a responsabilidade da gerência deve ser a de entregar o projeto de acordo com os requisitos, prazo e orçamento estabelecidos. Não é uma tarefa fácil, como veremos.

O trabalho de gestão de projetos de software varia muito, dependendo da organização e do produto de software envolvido (Sommerville, 2003). Apesar disso, não posso considerar impossível uma descrição de aspectos básicos que envolvem o trabalho do gestor de projetos.

Figura 22 - Contexto de Atividade Gerencial

O conhecimento e/ou prática administrativa são fundamentos pelos quais uma pessoa conseguirá subsídios que permitirão que se desenvolvam atividades de coordenação, supervisão e administração de um projeto. Considera-se que estes subsídios incluam uma capacidade de liderança e facilidade de comunicação pessoal, característica indispensável em projetos de software, uma vez que a o ambiente de trabalho pode incluir uma diversidade de pessoas, com características e formação bem diferenciadas. O gerente de projetos deverá ser um líder. Terá de gerir recursos, em situações não favoráveis na maioria dos casos. Além disso, deverá fomentar a motivação necessária nos envolvidos e cuidar que o projeto siga na direção traçada, no tempo determinado.

Para conseguir conviver com riscos e incertezas, levando o projeto à direção traçada no tempo determinado, o gerente deverá ter capacidade de negociação. A negociação é um processo pelo qual se busca um acordo acerca de determinada situação; invariavelmente a tentativa de conquista do consenso pode envolver a concessão ou flexibilização de aspectos pertinentes à situação.

Capítulo 3 – A Engenharia de *Software*

Se existe uma negociação implica que há um fato a ser transposto para a seqüência de determinado trabalho dentro do âmbito do projeto, quer seja durante o planejamento do projeto ou durante a execução deste. Em qualquer caso se verifica um entrave ao andamento do processo, cabendo ao gerente de projeto um primeiro passo no sentido de extinguir o problema, a fim de que o projeto continue a caminhar.

Em geral, a atividade gerencial se dá através de processos iterativos, dada a necessidade da elaboração progressiva que abrange o ciclo de vida de um projeto. Para um projeto, o ciclo de vida determina seu início e fim, já que é pressuposto que um projeto tenha uma data de conclusão conhecida antecipadamente, em momento de planejamento. Cada atividade gerencial pode exigir a aplicação de conhecimentos, habilidades e técnicas administrativas que visam fazer cumprir os requisitos relacionados ao objetivo do projeto em um determinado momento no tempo.

O conhecimento sobre a área de aplicação para a qual o projeto está sendo elaborado é muito desejável. Pode ocorrer que, por circunstâncias diversas, uma pessoa tenha que gerir uma área sobre a qual não tem qualquer afinidade (conhecimento ou prática), estando fadada ao insucesso caso não busque, no mínimo, algum conhecimento sobre a área ou o apoio de algum profissional. Embora todas as áreas apresentem genericamente aspectos comuns, conhecer a especificidade pode levar um gerente a conseguir identificar características que promovam uma sinergia nos envolvidos com o objetivo do projeto. O conhecimento das especificidades de uma área também ajudará a diminuir a insegurança que em momentos inoportunos poderão atrapalhar decisões que deveriam ser tomadas.

Algumas áreas de aplicação do projeto, dadas suas características, podem envolver a observância de certos regulamentos ou padrões. Estes regulamentos ou padrões fazem referência à características do produto ou serviço que obrigatoriamente devam estar presentes quando projetados. O gerente deve ter o cuidado de buscar tais informações junto às áreas envolvidas no projeto, onde normalmente os técnicos são conhecedores de tais diretrizes.

O projeto, objeto do gerenciamento, é o meio pelo qual determinada organização busca realizar algum plano de criação de um produto ou serviço; trata-se de um empreendimento global único, demarcado no tempo (tem início e fim previamente planejados). Um projeto elaborado para a criação de alguma coisa (uma bicicleta, por exemplo), nunca será igual a um projeto anterior utilizado para os mesmos fins. O projeto envolve recursos que devem ser administrados, que, em geral, podem ser pessoas, equipamentos e tempo.

3.3.1. Software como Produto de um Projeto

O empreendimento global da construção de um software deve ser totalmente acompanhado por atividades de gerenciamento. Desenvolver software, sob a ótica de um produto, não significa simplesmente checar requisitos, desenvolver projeto, codificar e testar programas; trata-se de um conjunto muito mais extenso de atividades que começam antes de qualquer envolvimento técnico.

Como foi visto no início deste capítulo, as questões técnicas têm passado, nos últimos anos, por uma grande evolução; porém, ainda verifica-se a construção de software com os mesmos problemas que se verificavam anteriormente, evidenciando que não se tem colocado em prática os recursos de engenharia que se conquistou. Esta situação tem sido atribuída à ausência de gestão de projetos ou ainda a gestões caóticas, que acabam relegando para segundo plano a adoção de um ambiente de engenharia aplicada ao desenvolvimento de software.

Não há, até o momento, uma pesquisa que aponte quais são os fatores referentes à não-adoção de uma prática de engenharia para o desenvolvimento de software; há, contudo, um senso comum oriundo dos círculos de profissionais da área, que propiciam algumas pistas factíveis de confirmação e que devem ser vistas com reserva:

Capítulo 3 – A Engenharia de *Software*

• Muitos gerentes, submetidos a um ambiente vicioso de imediatismo das corporações, acabam por considerar a adoção de técnicas de engenharia como um entrave ao bom desempenho de suas funções, já que teria-se um estado mais "burocrático" para a obtenção de resultados. Alguns profissionais técnicos compartilham desta opinião e se vêem diante da máxima: "primeiro a sobrevivência, depois a obrigação". E assim, debilmente, vão sobrevivendo.

• Algumas organizações não dispõem, no gerenciamento da área de desenvolvimento de software, de uma pessoa que tenha a mínima vivência ou conhecimento, que permita enxergar a importância da adoção do ambiente de engenharia. Sequer sabem, em alguns casos, que poderiam cobrar este procedimento de sua equipe.

• Alguns gerentes justificam que teriam que encontrar profissionais com domínio deste ou daquele método (adotado pela empresa) e, considerando as condições geográficas e recursos de pessoal, aliados aos custos envolvidos, descartam qualquer iniciativa neste sentido, optando por continuar o desenvolvimento de software empregando o modelo da balbúrdia.

Resumidamente, todo empreendimento do desenvolvimento de software, sob a ótica das responsabilidades envolvidas, pode ser observado na Figura 23.

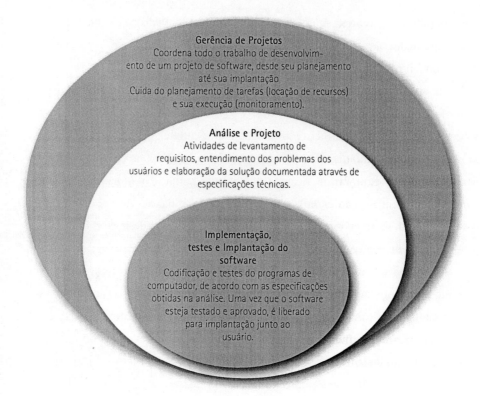

Figura 23 – Empreendimento do desenvolvimento de software

Na Figura 23 observa-se que a elipse maior contém as demais e refere-se à fase de gestão de projetos de desenvolvimento de software. Engloba um elenco de recursos, posturas e acompanhamentos que visam controlar as atividades, custos e prazos envolvidos. Mantém sob sua guarda e supervisão todas as demais funções do desenvolvimento de um software. Toda atividade de desenvolvimento de software começa pelas atividades gerenciais.

A atividade de gerenciamento preferencialmente deve ser executada por um profissional ligado à área de Tecnologia da Informação, mas nada impede que uma outra pessoa com experiência gerencial possa exercê-la, ressalvado que, neste caso, haverá situações em que o gerente precisará do apoio do pessoal

Capítulo 3 – A Engenharia de *Software*

técnico (por exemplo, em reuniões em que são citados detalhes da tecnologia – configurações de dispositivos, capacidade, velocidade, linguagens, sistemas operacionais, aplicativos etc.).

O processo de gerência de um projeto de software deve inicialmente estabelecer um conjunto de objetivos que o software, quando pronto, deve atingir. Esta primeira atividade é chamada de determinação do *escopo do software*. É uma atividade delimitadora, que estabelece horizontes até os quais o desenvolvimento do software deve explorar. Inclui-se nesta fase a macrodefinição de funções do software, a quantificação estimada de usuários, uma visão prévia do ambiente computacional (hardware e software) e um breve descritivo da amplitude do software (até onde ele fará o quê). Esta primeira visão contextualizada, ainda sintética na sua expressão, será explorada em detalhes posteriormente quando se começar efetivamente o levantamento de requisitos e a análise do sistema propriamente dito, servindo como parâmetros de partida para o trabalho do desenvolvimento do software.

Acompanhando esta primeira fase, paralelamente, deve haver uma criteriosa avaliação de viabilidade (econômica, técnica e operacional) no desenvolvimento do software. Uma vez que se tenha concluído pela viabilidade do desenvolvimento do software, a fase seguinte será planejar todas as atividades que deverão ser executadas para se atingir o objetivo inicialmente traçado.

As atividades são constituídas de uma série de ações que, no conjunto, geram um resultado. Estas atividades são executadas por pessoas, que devem ser informadas do "por que" devem fazer aquilo, de quanto tempo dispõem para o desenvolvimento da atividade, onde e como devem fazer.

Deve-se cuidar da administração dos prazos estabelecidos para cada atividade, o gerenciamento dos recursos previstos (pessoas e equipamentos) e a convivência com riscos e incertezas, o que eventualmente exigirá alguma intervenção junto ao plano inicialmente traçado.

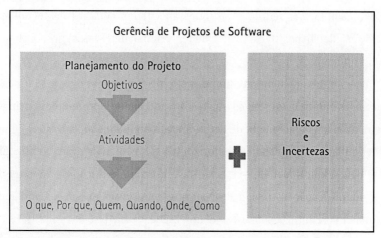

Figura 24 - Gerência de projeto de software

3.4. Processo de Gerência de Projeto de Software

O que segue é um detalhamento de fases, organizadas em etapas subseqüentes, que podem ser aplicadas por qualquer profissional que venha a exercer a gerência de um projeto de desenvolvimento de software. Não se trata de uma receita administrativa, mas de alguns ingredientes que podem tornar a receita mais saudável.

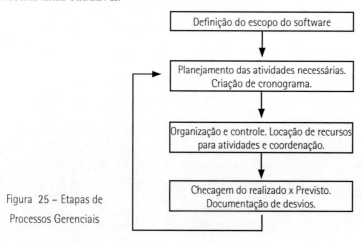

Figura 25 – Etapas de Processos Gerenciais

Capítulo 3 – A Engenharia de *Software*

3.4.1. Definição do Escopo do Software

A primeira atividade de gerência de projetos deve ser o estabelecimento de um conjunto claro de objetivos e requisitos iniciais do projeto, bem como a obtenção de outras informações que permitam decidir sobre a conveniência de realizar-se ou não o desenvolvimento do projeto.

Ao estabelecer este conjunto de objetivos (o que o software deverá fazer) através dos requisitos iniciais, consegue-se uma visão da amplitude do trabalho a ser realizado; portanto, uma visão macro. É necessário que os objetivos estejam claros para todos os envolvidos; não se deve ir adiante com o projeto apenas com uma vaga idéia do que se deseja. Deve haver uma definição clara da abrangência do software que será desenvolvido, estabelecendo-se as necessidades de recursos para uma estimativa assertiva de custo.

No conjunto de objetivos o foco é a descrição da funcionalidade do software, quais são as principais funções que o futuro software deverá oferecer. Não se deve perder tempo com especificações detalhadas neste momento inicial; cuida-se apenas de macrocitações. Quando vier a fase de análise de sistemas[22], de posse da descrição destas funcionalidades, irá cuidar-se do detalhamento, em uma atividade de *decomposição funcional*.

Deve ser estabelecida (ou estimada) a quantidade de usuários envolvidos, ambiente computacional, exigências de hardware e software e integrações com outros sistemas.

É certo que toda estimativa apresenta um grau de incerteza e conseqüente risco.

Para buscar-se auxílio na elaboração de algumas estimativas, o gerente pode lançar mão de algumas técnicas sistemáticas, as quais não serão objeto de abordagem neste livro, mas fica sua menção para aqueles que desejarem pesquisá-las:

---

[22] Em detalhes adiante, no item 3.5.

Engenharia de **Software** – Análise e Projeto de Sistemas

- Estimativas de linhas de código e pontos por função
- Modelo de custo construtivo (*COCOMO - Constructive Cost Model*)
- Estimativa de *Putnam*
- Modelo de pontos por função

É de se esperar que as informações iniciais obtidas possam vir a constituir um "contrato de desenvolvimento" ou, ainda, em algum documento que se apresente como uma *Proposta de Desenvolvimento de Sistema.*

Este contrato ou proposta de desenvolvimento tem grande importância, pois deve funcionar como uma estrada de mão–dupla. Ele assegura ao cliente/ usuário as funcionalidades que se planeja dar ao software bem como garante a quem irá desenvolver quais são os limites do desenvolvimento, já que o escopo explícito e acordado tem intrínsecas e devidamente documentadas as necessidades e desejos do usuário. Em um primeiro instante, sugere–se que o documento seja apenas uma mera proposta de desenvolvimento; contudo, deve evoluir para um contrato. Desde que os objetivos e a abrangência do sistema estejam claros para todos e sejam consensuais, é importante que se registre o fato por meio de um processo formal.

Como objetivo principal da proposta tem–se um descritivo geral das funcionalidades exigidas para o software e quais os *pré-requisitos* para que o mesmo venha a funcionar adequadamente. Estes pré–requisitos podem, por exemplo, envolver o comprometimento do cliente quanto à disponibilização de recursos para o projeto, que podem envolver desde a locação de mão–de–obra, salas e outras infra–estruturas até a aquisição de equipamentos tecnológicos em determinado prazo. Além disso, a proposta irá expressar valores referentes ao projeto de desenvolvimento.

Como conteúdo do documento, sugere–se uma descrição global dos aspectos pertinentes ao sistema ou problemas atuais, deficiências e conseqüências para a organização. Em seguida, podem–se abordar aspectos importantes do software que será desenvolvido, mostrando como se pretende atacar os problemas

Capítulo 3 – A Engenharia de *Software*

existentes. Pode-se também expressar quais são os requisitos do software e as vantagens de sua aplicação quando pronto. Enfim, com o conteúdo descritivo da proposta, espera-se que o usuário/cliente encontre subsídios que permitam avaliar a viabilidade do desenvolvimento do software proposto.

Para que a proposta de desenvolvimento cumpra seu objetivo, ela deve ser:

• Clara, ter palavras simples e fazer abordagens gerais.

Deve-se evitar detalhar situações problemáticas ou as soluções encontradas. Isto pode tornar enfadonha a leitura do documento. O documento deve ser simples e objetivo. Problemas e soluções são mencionados apenas de forma macro.

• Não deve ser tendenciosa.

Cuidado com abordagens que envolvam apenas visões parciais sobre determinado assunto. A imparcialidade deve imperar. Levante mais de um ponto de vista sobre a mesma questão e apresente um texto equilibrado.

• Realista e viável.

Tudo o que se pensar em termos de solução ou recursos a serem aplicados deve ser tecnicamente possível, além de igualmente realista com relação às condições do cliente. Outros problemas que não são técnicos devem ser também avaliados, tais como a viabilidade operacional de se utilizar o sistema.

Quando se tratar de um software com grande abrangência, a proposta de desenvolvimento já deve contemplar a formação de um comitê gestor do processo, que acompanhará todo o trabalho desde os primeiros passos, da fase de levantamento de requisitos até a implantação do último módulo desenvolvido.

Caso se esteja desenvolvendo algo mais simples, talvez a criação de um comitê seja dispensável, uma vez que os problemas políticos internos do cliente serão mais fáceis de ser gerenciados, com poucas resistências, visto o envolvimento de uma menor parcela de usuários.

3.4.2. Planejamento

Pode-se considerar o início de um planejamento bem-feito, aquele que primeiramente definir quais atividades devam ser realizadas. Mas isto não pode ser feito de qualquer forma, compreendendo uma documentação robusta. Considera-se que devam constar na definição da atividade um descritivo sobre ela (O QUE), devidamente justificada (POR QUE), uma vez que as pessoas precisam saber o motivo da existência de tais atividades, quais recursos humanos (QUEM) serão alocados nas mesmas, em que ordem (QUANDO) estas devem ser realizadas, quais técnicas (COMO) ou recursos devem-se empregar e o local (ONDE) de sua realização.

Esta matriz O QUE x (POR QUE, QUEM, QUANDO, COMO, ONDE) permitirá estimar QUANTO será despendido em cada atividade, nas fases e no projeto como um todo, em termos de TEMPO e CUSTO.

Na prática, o planejamento não é tão cartesiano como aparenta. O grau de complexidade e *precisão* depende do estágio em que se está planejando. Nos estágios iniciais, ele é mais simples e impreciso, nos estágios mais avançados mais complexo e detalhado. Ao longo do desenvolvimento, o objetivo do planejamento é um alvo móvel.

O quê? Atividades	Por quê?	Quem fará?	Quando?	Onde?	Como? (ferramentas e métodos)	Quanto custa ?	Quanto tempo ?

Tabela 4 - Exemplo de Tabela de Planejamento

Capítulo 3 – A Engenharia de *Software*

Há outras formas visuais de se apresentar um planejamento, embora não exista um critério estabelecido sobre isto, apenas o fato conhecido de que as imagens melhor contribuem para o entendimento, quer sejam desenhos, gráficos ou fotos. Uma estruturação do planejamento em forma de organograma, por exemplo, contribui visualmente para uma análise do planejamento elaborado. No exemplo da Figura 26, encontra-se, genericamente, o planejamento de etapas da produção de um calçado:

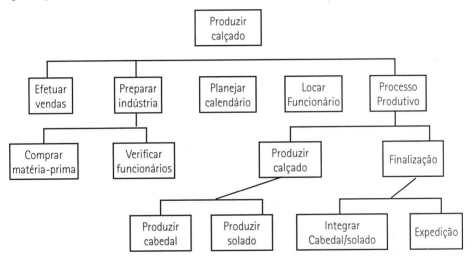

Figura 26 - Produção genérica de um calçado[23]

Na Figura 26, tem-se como primeira etapa na produção de um calçado a operação de venda, representada pelo retângulo na parte superior esquerda do organograma. Está-se considerando que deve haver vendas para que posteriormente exista produção. No exemplo, não ocorre produção para o estoque.

O calçado objeto do organograma de fabricação, no exemplo, é um tênis. O cabedal refere-se à parte superior de um tênis, cujos materiais primeiramente são cortados e depois costurados (pesponto). O solado é a parte inferior do tênis, que pode ser composto de sola, entressola e soleta. Estas duas partes são, geralmente, produzidas separadamente e depois unidas, quando então o tênis fica pronto para ser expedido. Para efeitos didáticos, procuramos fazer a representação simplificada de uma produção de calçados, tomando-se por base o tênis. Produzir calçados, entretanto, é algo muito mais complexo do que leva a crer a idéia apresentada.

Engenharia de *Software* – Análise e Projeto de Sistemas

A segunda etapa no organograma mostra uma fase chamada de preparação da indústria, que está composta por comprar matéria–prima e verificar funcionários. São duas atividades que podem ser realizadas em paralelo, conforme sugere o organograma. A compra da matéria–prima se dá em função dos modelos que foram vendidos. Cada qual exige certa quantidade de uma gama de matérias-primas.

A verificação de funcionário consiste em um balanceamento que revela existir ou não a mão–de–obra apropriada para a produção desejada. Na seqüência, o calendário compatibiliza todos os recursos existentes necessários à fabricação do produto, e também ocorre a alocação de funcionários para cada atividade. Em seguida, ocorre o processo produtivo propriamente dito. Primeiramente, produz-se o cabedal em paralelo com o solado. Posteriormente, o solado é integrado ao cabedal, gerando–se o produto acabado, o qual segue para a expedição.

Ainda, pode–se empregar visualmente outras formas que demonstram o planejamento realizado, lançando–se mão de estruturas textuais indentadas, organizadas em itens e subitens (Figura 27).

1. Efetuar Venda
2. Preparar Imdústria
   2.1 Comprar Matéria-prima
   22. Verificar funcionários

3. Planejar Calendário
4. Planejar Funcionários

5. Produzir Calçado
   5.1 Processo Produtivo
       5.1.1 Produzir Cabedal
       5.1.2 Produzir Solado
   5.2 Finalização
       5.2.1 Integrar Cabedal e solado
       5.2.2 Expedição

Figura 27 - Exemplo de um planejamento textual

Um bom planejamento de atividades deve ser mais detalhado do que os apresentados em exemplos anteriores, devendo incluir a duração e seqüência (rede de pré-requisitos ou dependência funcional) das atividades. Não adianta saber apenas o que existe para ser feito. É importante que se saiba quanto tempo cada atividade irá consumir, ainda que seja de uma forma estimada.

Uma maneira razoável de incluírem-se estas características seria aplicar-se uma visualização das atividades de forma tabular, conforme o exemplo que segue.

Atividades Existentes

(a) Efetuar Venda

(b) Comprar matéria-prima

(c) Verificar funcionários

(d) Planejar calendário

(e) Locar funcionário

(f) Produzir cabedal

(g) Produzir dolado

(h) Integrar cabedal/dolado

(i) Expedição

Anterior	Atividade	Posterior	Duração
-	(a)	(b) (c) (d)	3
(a)	(b)	(f)(g)	2
(a)	(c)	(e)	2
(a)	(d)	(h)	1
(c)	(e)	(f)(g)	1
(b)	(f)	(h)	3
(b)	(g)	(h)	2
(f) (g)	(h)	(i)	1
(h)	(i)	-	1

Tabela 5 - Forma tabular de planejamento

O mesmo planejamento existente na Tabela 5 pode ser expresso segundo a proposta do diagrama de Gantt, que proporciona a visão do seqüenciamento das atividades e aquelas que podem ser executadas em paralelo, conforme segue:

ATIVIDADES	01	02	03	04	05	06	07	08	09	10	11	12
(a) Efetuar venda												
(b) Comprar matéria-prima												
(c) Verificar funcionários												
(d) Planejar calendário												
(e) Locar funcionário												
(f) Produzir cabedal												
(g) Produzir solado												
(h) Integrar cabedal/solado												
(i) Expedição												

Tabela 6 - Diagrama de Gantt

Verifica-se que o diagrama de Gantt leva vantagens sobre a forma tabular de planejamento, uma vez que a visualização apresentada facilita a leitura de seu conteúdo. O diagrama de Gantt pode ser melhorado para que passe a incorporar a locação de recursos, e assim se passa a visualizar um planejamento mais completo.

Atividades Existentes

(a) Efetuar venda

(b) Comprar matéria-prima

(c) Verificar funcionários

(d) Planejar calendário

(e) Locar funcionário

(f) Produzir cabedal

(g) Produzir solado

(h) Integrar cabedal/solado

(i) Expedição

Capítulo 3 – A Engenharia de *Software*

RECURSOS HUMANOS	01	02	03	04	05	06	07	08	09	10	11	12
	(a) ▬▬▬											
VENDEDOR												
COMPRADOR				(b) ▬▬								
DEPTO ENGENHARIA				(c) ▬		(e) ▬						
PLANEJAMENTO				(d) ▬								
SETOR INDUSTRIAL						(f) ▬▬▬▬						
						(g) ▬▬			(h) ▬	(i) ▬		

Tabela 7 - Diagrama de Gantt com alocação de recursos

No diagrama da Tabela 7, a primeira coluna refere-se aos recursos humanos que são os responsáveis pelo desenvolvimento de atividades. A partir da segunda coluna, todas encontram-se numeradas, dando uma idéia de ordenação. A numeração poderia ser substituída por data, tendo-se desde a data inicial do cronograma até a data final prevista. Desta forma, fica fácil a visualização dos períodos planejados para cada atividade existente. Na área à frente de cada recurso humano e abaixo das colunas que marcam a ordenação estabelecem-se tarjas, cujo comprimento indicam a duração da atividade.

3.4.3. Organização / Coordenação

A tarefa de organizar e coordenar um projeto requer vários requisitos em relação à pessoa que irá desenvolver a atividade. Momentaneamente, pense na montagem de um grupo para limpeza dos entulhos de um bairro de uma cidade: Dado um grupo de pessoas que possam ser selecionadas e estabelecendo a meta comum, qual será o melhor papel para cada indivíduo? (Todas irão varrer? Quem carregará o caminhão com os entulhos? Quem irá dirigir o caminhão? Quem supervisionará?). Como as responsabilidades devem ser divididas? Como motivar estas pessoas? Todas elas deverão ser motivadas da mesma maneira? Possuem igual interesse? Como gerar uma sinergia?

Não existem, *a priori,* respostas para estas questões dissociadas de um contexto de onde aplicá-las (pessoas com seus interesses, visão de mundo, qualificação, experiências diferenciadas). Portanto, a tarefa de coordenação não é fácil (para um técnico, pior ainda, se não tiver um mínimo de formação voltada para ciências humanas/administrativas).

Com relação ao trabalho da organização/coordenação de projetos, alguns pontos podem ser destacados de maneira a permitirem um referencial:

• Combinar conhecimentos técnicos de cada pessoa com as tarefas que ela vai realizar.

Capítulo 3 – A Engenharia de *Software*

Espera-se de uma coordenação o bom senso de atribuir a cada indivíduo apenas aquelas tarefas que ele seja capaz de realizar, de acordo com a vivência e conhecimentos técnicos que possui. Atribuir funções para alguém que não esteja apto a realizá-las possui apenas duas possíveis interpretações: ou se está tentando "derrubar", "arruinar" ou "ceifar" tal pessoa ou a gerência não conhece as pessoas que têm; ambas as situações são intoleráveis.

• Designar cada pessoa para apenas uma tarefa de cada vez.

Muitas pessoas têm problemas para coordenar suas atividades diárias, especialmente quadto se vêem diante de uma imensa relação de atividades que deverão conduzir. Procure identificar estas pessoas. Não adianta passar para elas de uma única vez todas atividades que devem realizar. Elas vão se apavorar, e a produção, com certeza, irá cair. Passe uma tarefa de cada vez e estipule um prazo para a sua realização. Mantenha a coordenação sob sua guarda. À medida que a pessoa for reportando o término da atividade passe para outra. Às vezes encontraremos pessoas que não irão se assustar diante de uma grande lista de coisas a serem feitas, mas nem sempre terão o bom senso de estabelecer uma ordem de pré-requisitos em que as atividades devem ser desenvolvidas; portanto, cuide disto.

• Obtenha não apenas o envolvimento, mas o comprometimento das pessoas.

Novamente um dito popular é extremamente valioso: a corrente quebra em seu elo mais fraco. Todas as atividades existentes são importantes para o resultado final. Um problema em uma atividade atinge o todo e não apenas a atividade em si. A noção deste contexto é essencial para que as pessoas possam valorizar o que fazem, de maneira que percebam o elo que são na corrente.

3.4.3.1. Fatores Humanos na Coordenação de Projetos

Embora às vezes se empregue a sentença de forma demagógica, gerando certo desgaste, é fato que as pessoas são o mais importante recurso em projetos de sistemas; depois, certamente, deve ser o tempo.

Serão também as pessoas que irão julgar a utilidade dos software desenvolvidos; portanto, é fundamental que se entenda um pouco de fatores humanos (psicologia da personalidade, motivação, comunicação).

Conhecer seus colaboradores (do grupo técnico ou usuários) é extremamente importante. As pessoas em uma organização desenvolvem suas atividades juntas, estruturadamente. Esta estrutura tem interferência na forma como as pessoas se relacionam dentro da organização.

Como o processo de comunicação é muito empregado para a construção de software, ter um excelente relacionamento com as pessoas é fundamental. Os usuários desempenham funções, onde cabe uma série de atividades. Diante deste fato, o analista necessita identificar atividades que sejam particulares a uma determinada função e aquelas atividades que sejam comuns a diferentes funções existentes na organização. Esta atividade exigirá intenso relacionamento com as pessoas envolvidas.

Ao trabalhar com pessoas, sempre que possível deve-se considerar alguns aspectos-chave:

- Trabalhar em grupos pequenos
- Praticar a liderança técnica por competência
- Manter o local de trabalho adequado

Se observados os itens citados, espera-se atingir alguns benefícios:

- Redução de problemas de comunicação
- Padrão de qualidade
- Aprendizado mútuo
- Sociabilização do trabalho

3.4.4. Avaliação do Progresso

O responsável pelo projeto ou a pessoa que estiver supervisionando o andamento dos trabalhos relativos a um projeto terá que, de alguma forma, obter uma medição do andamento do projeto, de acordo com pontos de controles especificados (*Milestones*).

Estes pontos de controle servirão para inspeção do andamento do projeto, quando eventuais problemas existentes poderão passar por uma análise ou ser antecipadamente identificados, caso não tenham ainda se manifestado, para que se possa contorná-los, possibilitando ao projeto seguir segundo as diretrizes traçadas. Outro ponto importante é a capacidade de se detectar eventuais atrasos, o que permitirá a identificação dos fatos geradores e o realinhamento das atividades para superação do problema.

O controle de avaliação de progresso do desenvolvimento de um software pode dar-se de duas formas:

• Informal.

No dia-a-dia do gerente, por meio de interação casual com os membros da equipe, verifica-se como está o andamento do trabalho. Um controle informal efetivo minimiza a freqüência e a sobrecarga (*overhead*) de reuniões e relatórios.

• Formal

Requer reuniões periódicas para inspeção dos pontos aferidos no decorrer de um período. Estas reuniões podem ter duas conotações:

Revisões Gerenciais – reuniões realizadas em cada ponto de controle com todo o grupo de desenvolvimento; gerando um relatório de progresso (com a narrativa do ponto atual e justificativa)

Revisões Técnicas – voltadas para aspectos específicos dentro das etapas existentes, envolvendo apenas os profissionais diretamente ligados com aqueles aspectos, tendo por objetivo eliminar problemas de transcurso, mantendo um registro sobre isto – relatório técnico.

Um exemplo de pontos de inspeção para avaliação de progresso pode ser observado na Figura 28, onde se vê um planejamento de acordo com o diagrama de Gantt, cujos itens em itálico indicam pontos de controle.

Para o desenvolvimento de uma reunião de avaliação de progresso que se caracterize por ser de revisão gerencial, pode-se planejá-la utilizando-se uma pauta *default*. Como exemplo de uma sugestão de pauta tem-se o que segue:

- Atividades desenvolvidas
- Fases e atividades em curso
- Problemas encontrados
- Soluções propostas
- Atividades a ser desenvolvidas
- Ocorrência de contingências
- Considerações sobre os prazos
- Providências
- Conclusão da reunião

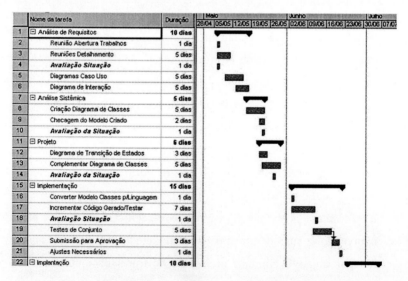

Figura 28 - Pontos de inspeção no planejamento (diagrama gerado com MS Project)

Capítulo 3 – A Engenharia de *Software*

Para reuniões de avaliação de progresso que sejam revisões técnicas o enfoque dado é outro. Neste caso, também é possível estabelecer um roteiro padrão. Naturalmente, o roteiro serve como diretriz e, tanto quanto necessário, outros itens deverão ser acrescentados e itens existentes poderão ser alterados.

- Posicionamento (situação atual)
- Problemas ocorridos (motivos)
- Dificuldades
- Fatores imprevistos no planejamento
- Sugestões
- Próximos passos

Para a coordenação ou a gerência de projeto, o principal aspecto destas reuniões é assegurar-se de que os desenvolvedores estejam construindo um software que satisfaça os requisitos existentes. É necessário checar se está havendo algum tipo de desvio face ao plano originalmente traçado. O segundo aspecto, e não menos importante, refere-se aos prazos. As atividades previstas estão a contento (atendem ao planejamento)? Quais são as dificuldades? Existem fatores imprevistos? Quais são as perspectivas do ponto atual até a próxima reunião? Deve-se dar ênfase a esta questão de maneira a comprometer o grupo de desenvolvedores com o resultado.

3.4.5. Revisão e Registro Histórico

Revisar um projeto é o processo de fazer mudanças a fim de resolver os desvios do planejamento. Estes desvios são levantados nas reuniões de avaliação de progresso do desenvolvimento do software. Desvios sempre ocorrem motivados por diferentes fatores. A habilidade de um gerente em lidar com a situação é o que determinará o bom andamento do projeto. A revisão do projeto permite ao gerente a reconstrução, reordenação ou inclusão de novas atividades. A rastreabilidade dos motivos dos desvios é importante para que possam ser combatidos; além

Engenharia de *Software* – Análise e Projeto de Sistemas

disso, é necessário registrar tais motivos e suas conseqüências, bem com as providências que foram tomadas. Em alguns casos, estas providências envolvem pré-requisitos que ficam a cargo do usuário/cliente, o que é imprescindível que se registre. No futuro, quando o cliente detectar um atraso final do projeto, pode ser que ele próprio tenha sido a origem do problema.

As revisões em projetos podem ser originadas por vários motivos:
• Perda de prazo para o término de tarefas
• Tarefas malfeitas
• Tarefas não realizadas
• Mudanças imprevistas de pessoal
• Corte de recursos inicialmente previstos
• Acréscimo de novos elementos ao escopo inicial

Uma vez que os desvios, suas causas e providências tomadas sejam registrados, tem-se um histórico, ou conhecimento de adversidades do projeto. Este recurso permitirá que em projetos futuros se possa considerar o que aconteceu e ajudará no sentido de que os fatos não se repitam.

Outra faceta importante do registro é o histórico do projeto. Quando chegar-se próximo ao fim previsto de alguma etapa com algum eventual atraso, pode-se checar se houve tropeços no transcurso que justifiquem tal atraso.

3.5. Problemas em Projetos de Software

Independentemente da atuação gerencial em projetos de software, ou do planejamento estabelecido, existem algumas características que merecem uma atenção especial, para que não se comprometa o desenvolvimento do software.

3.5.1. Rápida Evolução Tecnológica

Quando um software estiver em fase de planejamento, algumas das questões relacionadas à rápida evolução tecnológica na área poderão constituir-se em nós que amarrarão certas decisões. Algumas destas questões podem ser estudadas de forma a tornarem-se uma política da empresa, independentemente do projeto do software (tais como a renovação do parque de computadores).

- Proliferação desordenada de microcomputadores

É comum encontrarem-se nas organizações computadores das mais diversas origens de fabricação, porém tendo como parâmetro de compra única e exclusivamente o valor financeiro da operação. Pouco se pensa em padronização da configuração no momento da compra. Equipamentos homogêneos em termos de configuração permitem um ambiente de flexibilidade quando ocorrem problemas com uma das máquinas.

- Vida útil do Hardware

Falta, nas organizações, um planejamento de médio prazo que previna a estagnação tecnológica, por meio de uma renovação de equipamentos, ainda que de forma parcial. Muitas vezes renovam-se determinados componentes do hardware e esquece-se de outros que possuem uma vida útil definida por fábrica, como, por exemplo, os discos (HD). Deve-se ter cuidado com o falseamento de análises de recursos; por exemplo, com o crescimento do volume de dados armazenados, sem qualquer estratégia para liberação da área utilizada, pode-se ter a falsa idéia de que um determinado equipamento chegou ao seu limite de processamento ou disponibilidade de recurso de armazenamento.

Engenharia de *Software* – Análise e Projeto de Sistemas

• Grande quantidade de software não–integrado

Ainda há várias organizações onde a forma como se desenvolveu a informatização fez com que passassem a existir diversos sistemas de forma não–integrada. Sabe–se que a ausência de integração gera retrabalho, o que leva à possibilidade de inconsistência de dados na organização, além de erros de transcrição. A ausência de integração deve ser combatida.

• Aumento dos níveis de expectativa devido à divulgação instantânea das inovações

Normalmente, um usuário/cliente ao ouvir determinadas notícias na área onde se divulga o estado da arte de certas tecnologias, cria uma expectativa frente a um desenvolvimento de software em andamento, pelo fato de o mesmo poder vir a dar possibilidade de aplicação daquela tecnologia ou equivalente. É interessante sempre ressaltar junto ao usuário/cliente todas as características tecnológicas envolvidas em um projeto para minimizar certas expectativas criadas pelas propagandas bem elaboradas de produtos imaturos.

• Ferramentas de desenvolvimento muito recentes, ainda não consolidadas

A expectativa sobre novas tecnologias que às vezes se verifica com um usuário também pode ser observada junto aos responsáveis de desenvolvimento de software quanto a ferramentas de apoio ao desenvolvimento e outros recursos (linguagens, bancos de dados etc.). Deve–se tomar algum cuidado para não tentar aplicar diretamente novos recursos não dominados ou consolidados nos projetos em andamento. Novos recursos devem ser dominados primeiro pela equipe , para só depois integrarem o rol de desenvolvimento.

3.5.2 Pessoas

No que tange ao relacionamento pessoal, especialmente nos aspectos inerentes ao desenvolvimento de software, vamos encontrar muitos cenários diferenciados que vão desde relacionamentos hostis até relacionamentos de entusiasmo. As questões do relacionamento não fazem distinção sobre quem está envolvido, uma vez que existe um universo de diferenças entre as pessoas que deve ser ponderado.

Não nos propomos neste livro a realizar qualquer exame mais detalhado de aspectos psicológicos ou sociológicos que envolvem relacionamento interpessoal, mas tencionamos levantar alguns aspectos para os quais se deve estar atento.

A relação interpessoal, especialmente no processo de comunicação, será amplamente utilizada para quem for desenvolver um software. Alguns fatores inseridos neste contexto devem ser sublinhados para um exame mais detalhado:

• Parcela de usuários que não sabem expressar o que realmente querem ou necessitam.

É notório que empresários, gerentes e usuários em geral possuem uma dimensão muito clara de problemas decorrentes da ausência ou mau uso da informação. Contudo, nem sempre conseguem antecipadamente visualizar um caminho ou forma de transporem o problema existente. Às vezes, imaginam uma saída e ao invés de solicitarem uma opinião a respeito, acabam por impor a solução encontrada como se fosse ela a mais absoluta resolução. Normalmente erram. Não consideram a solução corporativa, pensam, em geral, em uma das facetas do problema, que dão respostas imediatas ao problema em pauta.

É importante examinar todas as vertentes de uma solução para adequação corporativa e instigar as pessoas em seu limite de conhecimento a opinarem sobre as questões que envolvam possíveis soluções, com o objetivo de reunir-se um maior número de dados possíveis antes de se decidir por um caminho.

- Desenvolvimento de software exige muita comunicação

O processo de comunicação interpessoal envolve alguns pontos que são muito frágeis. Ao repassar os conceitos decorrentes deste processo, verifica-se que uma fonte emissora (pessoa) deseja comunicar algo que em um primeiro momento é cognitivo. Esta mensagem que a fonte emissora deseja passar é codificada através de signos de uma linguagem e transmitida por via oral ou por outro meio que comporte o processo. A mensagem, portanto, é enviada da fonte emissora até uma fonte receptora (outra pessoa), a qual ouve ou lê e decodifica os signos recebidos, criando para si um entendimento cognitivo daquilo que foi transmitido. Este processo pode ter como garantia de entendimento da parte do receptor o mecanismo de *feedback*. O receptor considera o que ele entendeu e questiona o emissor acerca daquele entendimento; caso o retorno seja afirmativo, considera que o conteúdo entendido foi aquele que o emissor teve a intenção de transmitir.

Este processo de checagem é importante porque, em qualquer linguagem, palavras tem diferentes significados, além de estarem também vulneráveis a um leque de sentimentos e impressões pessoais que invariavelmente propiciam.

Processos de comunicação podem ocorrer em outras dimensões que não sejam interpessoais. Pode-se ter um grupo de pessoas em processo de comunicação. Empiricamente percebe-se que quanto maior o número de participantes, mais sujeita a ruídos estará a mensagem que se deseja transmitir.

- Desenvolvedores e usuários não aceitam facilmente mudança no seu próprio domínio (paradigma de comportamento).

Esta característica é inerente a resistências que temos para mudanças de uma forma geral. Nós nos acostumamos muito facilmente com a mesmice do cotidiano. Isto eventualmente traz alguma segurança, uma vez que dominamos aquilo que fazemos na forma como trabalhamos. Mas devemos estar atentos a novas formas de se fazer melhor aquilo que *achamos* que é bemfeito.

Capítulo 3 – A Engenharia de *Software*

- Conflito, o caldeirão borbulhante

Não há qualquer empreendimento ou organização constituídos de pessoas que não tenha vivenciado aspectos conflitantes. Conflitos sempre existirão. Mediar e interferir nestas situações é importante atribuição da gerência, porém é fundamental entender que a empresa deve sair fortalecida de episódios que se caracterizem pelo conflito, buscando, no "borbulhar das idéias" decorrentes dele, respostas a seus problemas.

3.5.3. Outros Problemas Gerenciais

Para um gerente de projetos existirão problemas que se podem chamar de "desleixo da previsibilidade". São fatos corriqueiros e conhecidos, porém negligenciados quando o assunto é planejamento de desenvolvimento de software; e pior, o que parece ser um mero detalhe posteriormente revela-se com enorme potencial de implodir um projeto em andamento. Por exemplo:

- Férias de elementos da equipe
- Disponibilidade insuficiente de recursos de hardware
- Hardware insuficiente em seus recursos ou extremamente ultrapassado
- Indisponibilidade temporária de pessoal para outros projetos
- Realinhamento de prioridades da organização

Outra atividade que envolve a gerência de projeto diz respeito à seleção de pessoas. Em geral, nos aspectos concernentes aos critérios técnicos e desempenho na função, o gerente sempre opinará junto com o Departamento de Recursos Humanos da empresa para identificar uma melhor opção.

O dilema sempre será a identificação do profissional que atenda às exigências e pré-requisitos que a empresa tenha estabelecido. Há várias abordagens que devem ser consideradas quando o assunto é a identificação de um novo profissional. Como assegurar-se de que a pessoa atinja bons níveis dentro do modelo tridimensional: conhecimento x experiência x dinamismo.

O conhecimento é imprescindível, salvo se a empresa que irá contratar o profissional se predispuser a desenvolver a formação básica necessária para a função. Isto acontece, às vezes. A experiência também é uma abordagem relativa, depende muito do foco que a empresa dará a função. Dinamismo e empenho são desejáveis qualquer que seja o caso, pois são "o tempero" da atividade.

3.5.4. Acompanhamento da Evolução do Projeto

Não há fórmulas mágicas para evitar atrasos em projetos de sistemas; uma dica seria evitar os riscos, caso seja possível identificá-los com alguma antecedência. Um bom planejamento ajuda, desde que também venha a existir um bom gerenciamento, intervindo sempre que necessário.

A única maneira de monitorar o progresso de um projeto é por meio do estabelecimento de marcos ou pontos de controle. Marcam-se determinados pontos (*milestones*) ao longo das fases e atividades que compõe o projeto que permitirão verificar se as etapas que se passaram de acordo com o planejado foram 100 % concluídas ou não.

3.6. Atividades da Análise de Sistemas

O processo de criação de sistemas de informação dentro de uma organização traz inúmeras implicações, que vão desde mudanças nas rotinas de trabalho até reestruturações organizacionais, com toda a problemática que daí, invariavelmente, decorre.

A tarefa de construir estes sistemas de informação é uma das mais complexas e, em última análise, *é um processo de solução de problemas.* Segundo Tom DeMarco (DeMarco, 1989), "análise é o estudo de um problema, que antecede à tomada de uma ação... estudo de alguma área de trabalho ou de uma aplicação, levando quase sempre à especificação de um novo sistema".

Capítulo 3 – A Engenharia de *Software*

A análise de sistemas consiste nos métodos e técnicas de investigação e especificação da solução de problemas, a partir dos requisitos levantados, para criação e implementação de software em algum meio que o suporte. Mas, que são estes "problemas" para os quais se têm que dar solução? Para muitas pessoas, qualquer coisa representa um problema e, na maioria das vezes, o termo é empregado como sinônimo de questão. Assim, toda vez que se fizer uma pergunta se terá um problema e, certamente, não parece ser esta a essência da palavra. É claro que esta idéia de que uma questão é um problema vem de nossas aulas de matemática, mas o fato de não se saber a resposta não caracteriza a questão como um problema, já que a resposta pode existir. Ao ser impossível responder-se a um questionamento, pelo não saber, ou pela ausência de conhecimento a respeito, enfrenta-se uma nova situação: a presença de um mistério. Pode-se considerar mistério como sinônimo de problema? Não; pelo contrário, às vezes configura-se em uma solução.

Na vida empresarial, análoga à vida das pessoas, enfrentam-se muitas necessidades, cuja satisfação é fator decisivo para que as empresas continuem a existir no mercado. Este conceito de necessidade é fundamental para se entender o significado essencial da palavra problema. Se o carro parou e *tenho* de utilizá-lo, já que *preciso* ir a algum lugar *com ele*, efetivamente tenho uma situação problemática; logo, vou ter que pensar como resolvê-la, uma vez que, conforme Rubem Alves (Alves, 1991), "o que não é problemático, não é pensado". Enfim, a essência do termo problema é a *necessidade*; se tenho necessidade, tenho um problema (de facílima resolução ou não)

Logo, quando um usuário diz que possui um problema, entenda-se que ele possui uma necessidade que, se satisfeita, será fator de preservação da continuidade de seus negócios.

Assim, uma questão em si não caracteriza o problema, nem mesmo aquela cuja resposta é desconhecida; mas uma questão cuja resposta se desconhece e se *necessita* conhecer; certamente está-se diante de uma situação problemática. Algo que eu não sei não é um problema *a priori*, mas quando eu preciso saber, tem-se um problema.

Na trajetória de resolverem-se problemas (atender a necessidades) com relação às informações nas organizações, aplicando-se o computador para o processamento de dados, o homem abriu para si novos campos de atuação profissional.

Como colocar o computador para solucionar os nossos problemas ou até mesmo tomar decisões? Atualmente esta necessidade requer que seja criado um software. No processo de criação do software deverão ser levados em consideração o problema a ser resolvido, os desejos do usuário quanto aos resultados esperados, os dados que serão manipulados e a melhor forma de se disponibilizar os recursos para prover estes quesitos.

A criação do software envolve atividades que vão desde um "simples" relacionamento humano até o mais complexo pensamento abstrato, quando o profissional de projeto do sistema tiver que documentar sua solução, em um primeiro momento cognitivo, para especificações técnicas de acordo com um método. Este profissional é o Analista de Sistemas, muitas vezes também chamado de Engenheiro de Software ou Desenvolvedor (normalmente quando absorve as atividades de análise, projeto e programação).

O Analista de Sistemas é o elo entre os usuários e o grupo técnico de codificação dos programas (Programadores). Os usuários possuem algum problema (necessidade) com relação à informação que, em geral, pode ser resolvido via utilização do computador; os Programadores possuem o conhecimento para "dizer" ao computador *como* fazer as coisas, e o analista é quem define *o que* deve ser feito.

Quem desenha a solução para o problema do usuário é o Analista de Sistemas, empregando, para tanto, um método.

Analisar e projetar sistemas eficientes é a principal tarefa de um Analista de Sistemas, que tem como pré-requisito a tarefa de *descobrir* o que um sistema

Capítulo 3 – A Engenharia de *Software*

deverá fazer. Sugere-se que as atividades de análise sejam feitas por uma pessoa e, na seqüência, a partir das especificações geradas na análise, uma outra pessoa (projetista) desenvolva as atividades de projeto (interfaces, agregação de rotinas administrativas); porém esta é uma realidade distante. Ao conjunto de necessidades a serem atendidas pelo sistema que será construído, usualmente, chama-se de *requisitos* do sistema. O grande problema relacionado aos requisitos é que, de certa forma, tornam o analista ou a pessoa que fará o levantamento de requisitos um artista (o que não é bom, já que se pretende um ambiente de engenharia), visto que o usuário nem sempre consegue expressar todas necessidades que possui frente ao sistema que deverá ser construído. Portanto, descobrir os requisitos do sistema é uma tarefa de investigação e de muita criatividade.

Segundo Pressman (Pressman, 1995), o Analista de Sistemas deve ter algumas capacidades que são exigências no desempenho da atividade:

• Compreender conceitos abstratos, reorganizá-los em divisões lógicas e sintetizar 'soluções' baseadas em cada divisão

• Absorver fatos pertinentes de fontes conflitantes ou confusas

• Entender os ambientes do usuário/cliente

• Aplicar elementos do sistema de hardware e/ou software aos elementos usuário/cliente

• Comunicar-se bem nas formas escrita e verbal

Um aspecto muito importante que envolve a atividade do Analista de Sistemas, diferentemente da atividade do Programador, é o fato de que o analista estará constantemente relacionando-se com os usuários/clientes, sendo esta uma das mais preciosas fontes para levantamento de informações. O Analista de Sistemas deverá entender e avaliar as necessidades e expectativas de cada usuário, a fim de que estas sejam organizadas e especificadas seguindo uma formalidade técnica.

Projetar um sistema não é uma simples tarefa computacional de "automação" de processos existentes. Transcende de longe esta visão, já que os problemas inerentes ao projeto de um sistema incluem aspectos econômicos, administrativos, ecológicos, psicológicos, sociológicos, industriais, além, é claro, dos computacionais.

A criação do software que compõe um sistema envolve atividades e áreas multidisciplinares, onde estão envolvidas pessoas com diferentes formações, diferentes pontos de vista e diferentes interesses. O Analista de Sistemas tem de ser capaz de lidar, ao mesmo tempo, com um grupo de usuários, outros profissionais de informática e um corpo administrativo (gerentes/diretores), cada qual trazendo formações, pontos de vistas, vivências, experiências e maturidade totalmente distintas.

Figura 29 - Contexto do ambiente de trabalho do Analista de Sistemas

Os usuários normalmente estarão preocupados em dinamizar seu serviço, tornando-o automático e extremamente rápido, aumentando a confiabilidade de resultados, ou ainda, estarão com medo da informatização, às vezes até obstruindo o trabalho do Analista de Sistemas.

O pessoal técnico em geral está envolvido com aspectos de desempenho, bits, bytes, estruturas de dados, técnicas de randomização, topologia de hardware e diversidade de recursos em TI.

Por fim, na administração, têm-se os executivos preocupados com todo o gasto que vai ser feito para se ter o sistema rodando para os usuários, incluindo custos de manutenção (TCO - Custo Total de Propriedade) e o tempo de retorno sobre todo o investimento feito para um determinado projeto, incluindo desde o investimento inicial até as atividades não-tecnológicas (ROI - Retorno sobre o Investimento).

Por causa deste contexto, onde se encontra uma diversidade surrealista, é necessário que o Analista de Sistemas, tanto quanto possível, busque formação ou treinamento que lhe propiciem atingir ou aperfeiçoar as características apresentadas pela Figura 30. É claro que se trata de um quadro ilustrativo, já que é ilusório pensar-se que uma pessoa venha a ter o domínio ou o desenvolvimento total das características apresentadas; porém, por mais absurdo que possa parecer, todas elas são necessárias ao desenvolvimento da atividade da análise de sistemas, sendo empregadas em momentos distintos da atividade.

Figura 30 - Características desejáveis em um Analista de Sistemas

Para uma boa atuação como Analista de Sistemas, é conveniente observar algumas diretrizes de conduta, que servirão para facilitar o trabalho:

- Procurar ser aceito profissionalmente, em todos os níveis hierárquicos da empresa
- Tentar entender o que o usuário "quer dizer" e não o que "se pensa" que ele quer dizer
- Escutar muito primeiro, falar muito pouco depois! (desenvolver *duas grandes orelhas* e apenas *uma pequena boca*)
- Estar sempre familiarizado com os últimos progressos da tecnologia de informação e compreender como aplicá-los (ou não) na própria empresa ou na empresa dos clientes
- Ser capaz de explicar conceitos complexos em termos simplificados
- Não se esconder em jargões da informática; falar a linguagem da empresa
- Conhecer a área de negócio para a qual se desenvolverá sistemas, passando boa parte do tempo com o usuário
- Sugerir soluções inovadoras aos requisitos de informação e desenvolver com clareza, analisando sempre a relação custo / benefício e utilizando alternativas viáveis

3.7. Análise de Requisitos

Fora o fato da não-adoção dos critérios de engenharia para desenvolver-se um software, os requisitos estão associados aos principais problemas que envolvem atualmente a área.

Faz parte do objetivo da análise de sistemas a captura de todos os requisitos para o software que será desenvolvido, independentemente do método que será utilizado. Uma compreensão correta sobre a dimensão (abrangência) e

Capítulo 3 – A Engenharia de *Software*

o funcionamento dos processos existentes na organização, bem como os dados manipulados, será fundamental como subsídio no projeto de um software bem-sucedido. O levantamento de requisitos também é chamado de levantamento de dados, coleta de informações e análise de domínio do problema.

A análise e especificação de requisitos de software envolve atividades que determinarão os objetivos de um software e as restrições associadas a ele. Nesta etapa deve-se também estabelecer o relacionamento entre os objetivos e restrições do software, para que ocorra uma especificação precisa.

A análise e especificação de requisitos é uma das primeiras atividades da análise de sistemas, podendo se estender após a elaboração do documento de especificação do sistema e do planejamento do desenvolvimento, quando serão refinados os requisitos do software.

Análise e especificação são atividades interdependentes e devem ser realizadas conjuntamente. A análise é o processo de observação e levantamento dos elementos do domínio no qual o sistema será introduzido. Devem-se identificar as pessoas que terão algum contato com o software, quer seja para sua execução, quer seja para o fornecimento indireto de informações que alimentarão o sistema. Também devem ser checadas todas as atividades que estão envolvidas no sistema (quem faz, por que faz, se existem outras formas de se fazer). Não deve-se esquecer dos dados que são gerados ou utilizados pelas atividades.

A especificação é a descrição sistemática e abstrata do que o software deve fazer a partir daquilo que foi analisado. Ela apresenta a solução de como os problemas levantados na análise serão resolvidos pelo software que será desenvolvido. Visa descrever de maneira sistemática quais as propriedades funcionais e os dados necessários para se resolver o problema do domínio. A especificação é também a forma de comunicação sistemática entre a equipe de desenvolvimento do software.

3.7.1. O que são requisitos?

Compreender a natureza dos problemas que uma organização tem para serem resolvidos com ajuda de software pode ser muito difícil; conseqüentemente, é difícil estabelecer com exatidão o que um sistema deverá fazer. *As descrições das funções e restrições são os requisitos para os sistemas*; e o processo que envolve a descoberta dos requisitos, sua análise e documentação é a chamada análise de requisitos ou engenharia de requisitos (Sommerville, 2003).

Os requisitos compõem o conjunto de necessidades estabelecido pelo cliente/usuário do sistema que definem a estrutura e o comportamento do software que será desenvolvido. Como itens de requisitos têm-se os dados, os processos, as restrições existentes de acordo com o negócio, as pessoas envolvidas e o relacionamento entre todas estas coisas. Assume-se que os requisitos são as premissas que determinarão a capacidade necessária a um software para que este possa:

- Permitir que o usuário resolva problemas inerentes ao negócio da empresa, dentro de certo domínio.
- Atender às necessidades ou restrições da organização ou dos outros componentes do sistema.

Na atividade de levantamento de requisitos, observa-se que existirão duas abordagens a ser consideradas: os requisitos diretos e os requisitos indiretos.

Os requisitos diretos também são chamados de *requisitos funcionais* e referem-se à descrição das diversas funções que clientes e usuários querem ou precisam que o software ofereça. Os requisitos diretos definem a funcionalidade desejada do software. Funcionalidade refere-se a comportamento, ou seja, funções, ações ou operações que poderão vir a ser realizadas pelo sistema, seja por meio de comandos dos usuários ou pela ocorrência de eventos internos ou externos ao sistema.

Capítulo 3 – A Engenharia de *Software*

São exemplos de requisitos funcionais:

• O software deve ter recursos para permitir o cálculo do faturamento diário, semanal, mensal e anual por cliente. Deve ainda propiciar o recurso para que, se necessário, totalizar estes valores por unidades da federação.

• O software deve emitir relatórios de atrasos no recebimento parametrizável por intervalo de datas.

• O software deve permitir ampla consulta sobre os dados dos pedidos do cliente, inclusive via *World Wide Web* (WWW)[1].

A especificação de um requisito direto deve prever *o que* se espera que o software faça (resultado), sem a preocupação de *como* ele será construído internamente para que tal ocorra.

Os requisitos indiretos (ou *não-funcionais*) referem-se às qualidades globais de um software, como a fácil manutenção que deve ser propiciada, a segurança, a facilidade de uso, o desempenho e o baixo custo. Às vezes, conciliar dois requisitos indiretos não é tarefa fácil. Por exemplo, no quesito segurança, um gerente pode ter solicitado que os dados sejam armazenados em unidades que permitam recuperação garantida em caso de alguma falha do hardware. Uma das alternativas seria agregar-se uma unidade de espelhamento para gravação do dados (os dados são gravados simultaneamente em unidades distintas); havendo problemas em uma delas, a outra assume. Mas isto tem um custo. O executivo responsável pelas finanças na empresa pode não querer despender do montante necessário para o fim definido. Há um conflito de interesses. O Analista de Sistemas deve sugerir que gerente e executivo financeiro tenham uma conversa sobre o assunto, de onde deve sair uma decisão sobre a questão.

São exemplos de requisitos não-funcionais:

• O acesso aos recursos do software deve ser restrito a pessoas autorizadas.

---

1 A World Wide Web (WWW) é um serviço existente na Internet (rede de redes, interligando computadores no mundo todo), muitas vezes referenciado apenas por Web.

Engenharia de *Software* – Análise e Projeto de Sistemas

• O tempo de resposta a uma consulta feita com o software não deve ser superior a 7 segundos.

• As cópias de segurança dos dados devem ser realizadas automaticamente, sem intervenção de qualquer usuário.

A definição precisa de requisitos torna-se mais crítica à medida que o tamanho e a complexidade do software aumentam. Alguns requisitos exercem influência sobre outros, como, por exemplo, a portabilidade[2]. Para ser portável deverá empregar uma linguagem de programação ou plataforma de desenvolvimento que permita o recurso (JAVA[3], por exemplo). Neste caso, dependendo de outros fatores, como um parque de hardware ultrapassado, o requisito *desempenho* poderá não ser muito satisfatório.

A análise de requisitos deve envolver a documentação das funções, do desempenho, interfaces externas e internas e atributos de qualidade do software. Esta atividade é muito abrangente, em alguns casos interdisciplinares. Ela lida com a descrição de observações do mundo real por meio de notações apropriadas.

Os benefícios da análise de requisitos são:

• Entendimento comum entre desenvolvedores, clientes e usuário sobre o trabalho a ser feito e quais os critérios de aceitação do sistema.

• Uma base precisa para a estimativa dos recursos (custo, pessoal, prazos, ferramentas e equipamentos).

• Melhoria na qualidade do software que será desenvolvido.

• Objetivo traçado de maneira a gerar menor índice de manutenção decorrente de erros de levantamento de informações.

Uma boa especificação dos requisitos deve ser:

• Clara e não-ambígua

• Completa

---

[2]Capacidade do software de oferecer seus recursos executados em diferentes sistemas operacionais, em hardware de diferentes características.

[3]Todas da características da linguagem, histórico, exemplos de aplicações, documentação e download das bibliotecas e compiladores podem ser encontrados a partir do endereço http://www.java.sun.com

Capítulo 3 – A Engenharia de *Software*

- Correta
- Consistente
- Concisa
- Confiável

3.7.2. Meios para a Execução do Levantamento de Requisitos

Um dos objetivos da análise de requisitos é ultrapassar barreiras de comunicação entre os clientes, os usuários e os analistas, para que os requisitos possam ser capturados e modelados corretamente. Conhecer com exatidão o ambiente do usuário, sua forma de trabalho, a estrutura da organização, os problemas e necessidades a serem supridas pelo novo sistema é fundamental para o processo de desenvolvimento do software. Dentre os recursos utilizados para criar-se um ambiente favorável à coleta dos requisitos encontram-se:

- Aplicação de questionários

A uniformidade de questões pode ser um fator negativo para a utilização do recurso, embora seja um meio rápido e barato de obtenção de informação. Dependendo da sua forma de aplicação, tornar-se um objeto impessoal, característica que pode colaborar com a omissão de fatos que poderiam vir à tona de outra forma.

- Verificação de documentos utilizados nos processos

Normalmente a inspeção de documentos manipulados pelos processos é uma atividade necessária, porém complementar. A checagem de documentos leva a constatar os dados utilizados ou não nos processos. É comum a existência de documentos prevendo inúmeros campos cujo preenchimento nunca ocorreu; além disso, pode-se ter o inverso, usuários envolvidos em um processo não mencionam a existência de determinados dados, que só vêm à tona após a inspeção dos documentos.

• Cenários participativos

A busca de informação sobre requisitos envolve alguns problemas: o usuário sempre tem uma visão parcial dos processos, podendo omitir ou supervalorizar certos aspectos, fazendo com que o analista acabe sendo um montador de quebra-cabeça, tradicionalmente gerado como resultado de entrevistas independentes, com respostas conflitantes ou não-consensuais, ficando nebulosa a visão de uniformidade do processo; nestes casos, o trabalho de esclarecimento destes aspectos torna-se árduo e desgastante. Para minimizar estes efeitos indesejáveis, pode-se lançar mão de técnicas que envolvem "cenários participativos", tais como *brainstorm* e JAD (*Joint Application Design*). As abordagens pertinentes a cenários participativos não são objeto de detalhamento neste livro.

• Entrevistas

Analistas entrevistam usuários para diversas finalidades que envolvem os requisitos do software que será projetado. A entrevista deve ser feita de forma objetiva, visando obter-se o máximo de informações possíveis sobre o assunto de interesse. Diversas seções de entrevistas podem ser marcadas até que as informações colhidas satisfaçam o propósito planejado. Por ser um dos recursos mais comuns empregado, alguns apontamentos detalhados encontram-se no item 3.6.3.

• Observação *in loco*

Aliada das entrevistas, também pela constância de uso, encontra-se mais detalhada no item 3.6.4.

Utilizando-se os meios de levantamento de requisitos, o primeiro passo no desenvolvimento de um software é saber exatamente o que o usuário/cliente espera que o software faça. Trata-se de traçar as linhas delimitadoras do que deverá ser criado.

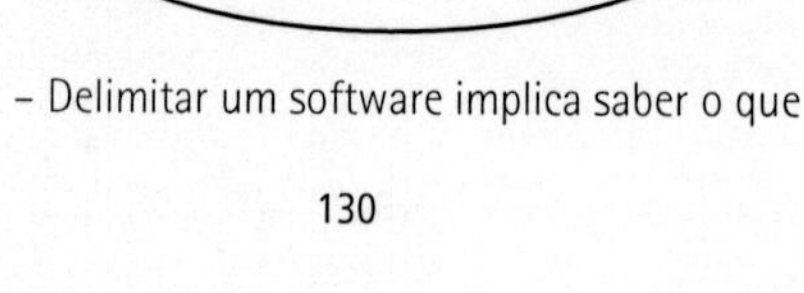

Controle de Reserva
Locação de quartos de um hotel

Figura 31 – Delimitar um software implica saber o que deverá ser feito

Capítulo 3 – A Engenharia de *Software*

No momento da delimitação da "área de cobertura" do novo software, ainda não há uma preocupação com os detalhes do sistema que será criado, mas com o estabelecimento claro de seus limites (o que deverá abranger em termos de funcionalidade).

Um proprietário de um hotel, por exemplo, poderá requisitar a uma empresa o desenvolvimento de software para controlar seu negócio. Bem, o que será que este proprietário entende por "controlar o hotel"? Estarão aí inseridas atividades referentes ao controle de suprimentos dos itens utilizados na cozinha? Atividades relacionadas a de contabilização? Esta abrangência deve ficar clara para o Analista de Sistemas. Com base neste levantamento inicial é que ele poderá traçar as linhas fronteiriças do software que será projetado, conforme a Figura 31.

Uma vez delimitado claramente o que deve ser feito, o passo seguinte será o de *compreender* tudo o que se passa dentro da linha fronteiriça do sistema (identificar os recursos necessários). Trata–se de mergulhar no domínio do problema. Se ficou claro, no caso do hotel, que o Analista de Sistemas deverá criar um software para Controlar Reserva e Locação de Quartos, então deve–se verificar tudo o que ocorre (processos) para se reservar e locar quartos, bem como deve–se levantar todos os dados envolvidos nestas atividades.

Embora não exista um tempo predefinido para compreender–se como um sistema funciona, o usuário/cliente normalmente espera que não seja empregado um tempo na atividade muito grande, o que é um contra–senso, visto que na maioria das vezes está–se falando de realidades muito complexas, diversificadas, com vários níveis de interação entre áreas distintas, onde as pessoas que lá estão podem ter levado muitos anos para dominar completamente os procedimentos executados.

A análise de requisitos é uma atividade de investigação. O Analista de Sistemas deve buscar todos os detalhes envolvidos no software que deverá projetar; para isto, poderá lançar mão de vários recursos: entrevistas, coleta de documentos, observações da realização de processos e eventualmente até estagiar junto ao local para o qual o mesmo será desenvolvido.

A atividade de levantamento de requisitos não é uma tarefa simples. Na maior parte dos casos, estará envolvido o processo de comunicação interpessoal. Neste processo, muitos problemas podem ocorrer, indo desde simples ambigüidades e interpretações pessoais erradas até falsas informações. O principal aspecto a ser checado em um processo de comunicação diz respeito ao conteúdo que o analista veio a entender sobre a mensagem: será que aquilo que foi entendido é exatamente o que se tentou comunicar? É imperioso ao Analista de Sistemas sempre efetuar um procedimento de feedback junto ao usuário/cliente, tentando checar o entendimento resultante de processos de comunicação.

Ao desenvolver-se a atividade de levantamento de requisitos, as informações devem ser investigadas a partir do todo para as partes. Trata-se da abordagem chamada *Top-Down* (de cima para baixo), ou seja, da visão mais genérica para a visão mais especializada. É um processo que emprega o princípio da divisão. Há um grande problema a ser resolvido, o qual é subdividido em outras partes que, por sua vez, também são subdivididas até gerar-se um conjunto de pequenos problemas mais fáceis de serem compreendidos e resolvidos.

Normalmente a primeira atividade relativa ao levantamento de requisitos será um encontro marcado entre o usuário/cliente e o Analista de Sistemas. Neste primeiro encontro, o propósito deve ser o da delimitação do software a ser desenvolvido; assim, as questões que o analista fará serão de natureza mais genérica, enfocando metas globais e os benefícios que o software deverá trazer. A idéia é que no conjunto das questões que o analista deva fazer seja propiciado um entendimento completo do problema a ser solucionado.

Com esta primeira reunião espera-se que o Analista de Sistemas consiga ver a dimensão do software que deverá projetar. Caso isto ainda não seja possível, deve-se realizar outras reuniões para este fim.

Uma vez conhecendo a dimensão (abrangência) que o software deverá ter, deve-se criar um planejamento para detalhar o entendimento a respeito do problema. É importante, nesta fase, conversar ou observar as pessoas que

Capítulo 3 – A Engenharia de *Software*

diretamente desenvolvem as atividades no dia–a–dia da empresa, não mais uma visão gerencial dos processos, mas sim operacional.

3.7.3. Reuniões e Entrevistas

É certo que um grande volume de informações, persuasão, flexibilização, negociação, consenso e especialmente divergências ocorrerão em encontros pessoais (duas ou mais pessoas), algumas vezes de caráter mais formal, outras vezes bem informal e que, em geral, vamos chamar de reunião.

Uma reunião normalmente ocorre em uma empresa para elucidar situações problemáticas, suscitar alternativas diante de problemas a serem transpostos, fazer uma acareação entre pessoas diante de aspectos contraditórios para se buscar o ideal para a empresa, explanar planos a serem executados, buscar consenso e comprometimento diante de ações que serão deflagradas e tentar superar divergências. Além de todos estes aspectos (podendo ou não envolvê–los), uma reunião pode ser utilizada para coleta de dados e levantamento de informações; sob este prisma tem–se, na verdade, uma *entrevista*, que normalmente não tem conotação de rigor ou formalidade como o termo pode sugerir.

As entrevistas às quais se faz referência neste livro são situações inseridas nas relações humanas que não estão sujeitas a regras ou fórmulas exatas. Pode ser útil ao Analista de Sistemas ter em mente algumas características relacionadas a entrevistas que poderão ajudar na sua execução, algo como um macro *script* para ser seguido (uma receita de bolo básico sem recheio nem cobertura).

O objetivo de uma entrevista (para a análise de sistemas) é o de coleta de informações sobre o sistema a ser desenvolvido ou alterado. Depois das observações e acompanhamento *in loco* das atividades existente em um sistema, talvez seja a entrevista a técnica que permita um conhecimento relevante a respeito do sistema ou daquilo que se espera que ele venha a ser. É fundamental ao desenvolvimento de um software conhecer a fundo todas as características do negócio que estarão envolvidas na construção deste software.

Uma entrevista sempre ajuda na obtenção de aspectos-chave daquilo que se pretende com relação ao desenvolvimento de um software enquanto componente de um sistema, ajudando a esclarecer pontos contraditórios levantados, oriundos de interesses de pessoas envolvidas ou meramente da falta de comunicação entre elas; em alguns casos, colaborará para acentuar aspectos contraditórios já existentes, ao invés de resolvê-los, o que é algo também importante de se suscitar.

Figura 32 - Entrevistas ajudam na obtenção de informações relevantes

Nas entrevistas verificam-se posicionamentos pessoais acerca das questões envolvidas (omissões, medo, desvios) e têm-se pistas de como atacar determinada questão ou aspectos com os quais se deve tomar maior cuidado tendo em vista as pessoas e interesses envolvidos.

A entrevista de que se fala aqui pode ser um simples bate-papo durante o cafezinho ou um encontro no corredor, por acaso. Enfim, qualquer situação que se apresente como oportunidade para se buscar a informação necessária, em que o meio seja o diálogo entre duas ou mais pessoas. O Analista deve estar pronto para realizá-la, sabendo, de antemão, que ela poderá acontecer assim, *ao acaso*.

Não raro, haverá a necessidade de se entrevistar diversas vezes uma ou várias pessoas para se chegar à informação desejada. Segundo Roger Fournier (Fournier, 1994), "algumas vezes, é difícil saber no início quem exatamente fornecerá as informações mais críticas e valiosas sobre a situação atual. Por essa razão, durante a fase de obtenção de dados, o analista pode incluir novas pessoas ao rol de candidatos à entrevista na medida em que suas contribuições em potencial ficarem mais aparentes".

Capítulo 3 – A Engenharia de *Software*

Para se conseguir uma entrevista eficaz, alguns cuidados devem ser tomados:

- Clareza de sua finalidade
- Identificação de perguntas–chave
- Repasse de documentação formal (se houver)

Atente para alguns detalhes. Quando se tratar de aspectos gerais sobre um assunto, a pessoa mais indicada para se buscar é o gerente ou o supervisor da área. Quando o interesse for por assuntos que exijam maior riqueza de detalhes, o ideal é entrevistar uma pessoa operacional, que esteja, no seu dia–a–dia, envolvida com aquele aspecto; porém, deve–se lembrar da hierarquia da empresa, falando primeiro com o supervisor a quem a pessoa estiver subordinada. Isto envolve desde aspectos políticos até um fator de motivação para que a pessoa efetivamente venha a colaborar sobre o assunto, visto que "*o chefe* a indicou por ser a funcionária que domina aquela questão...".

Entrevistas, exceto aquelas cuja realização for determinada pelo *acaso*, devem ser programadas de acordo com a disponibilidade do entrevistado. Havendo mais de uma pessoa a participar, deve–se buscar um consenso de agendas. Toda entrevista bem conduzida, formal ou não, possui três etapas básicas: abertura, núcleo e conclusão (Davis, 1987).

Na abertura, procure estabelecer uma atmosfera amigável para a comunicação, informe sobre o objetivo. Piadinhas e futebol[4] só devem fazer parte da pauta inicial se for praxe cultural da empresa onde se está realizando o trabalho; mesmo assim, é preciso conhecer muito bem as pessoas presentes e o contexto daquele momento (evite–as se o time do cliente tiver perdido...).

O núcleo se caracteriza por ser a entrevista propriamente dita; normalmente, a iniciativa é do Analise de Sistemas, com a primeira pergunta. Certifique–se de que entendeu o que lhe foi transmitido à medida que as pessoas explicam ou respondem ao que foi requisitado. Um meio indicado é o repasse (deixe–me ver se entendi; então, quer dizer que...).

Engenharia de **Software** – Análise e Projeto de Sistemas

Ouça as respostas enquanto a questão está sendo respondida, interrompendo apenas se houver necessidade de algum *feedback* para confirmar o entendimento sobre o assunto. Faça as anotações que julgar necessárias, porém seja breve, sintetize as idéias. Entrevista não é julgamento, disputa do saber ou concorrência com o entrevistado. Lembre-se sempre de que a pessoa é a especialista no que faz e você apenas busca informações. Procure distinguir fatos reais que são narrados pelo usuário de outras colocações oriundas de ponto de vista ou opinião pessoal, para que possa entender limpidamente o que ocorre, sem distorções.

Na conclusão da entrevista, procure manter a atmosfera de comunicabilidade. Esteja atento ao horário para evitar qualquer transtorno ao entrevistado. Agradeça a colaboração, mesmo que o encontro tenha sido infrutífero e distante do planejado.

3.7.4. Observação *in loco*

Esta atividade de levantamento de requisitos tem várias funções que se somam às entrevistas. A observação *in loco* propicia aspectos que uma entrevista, por sua natureza, não permite. Observação *in loco* é a atividade de estar junto ao usuário, no ambiente onde ele desenvolve suas atividades, acompanhando-o durante algum tempo, em diferentes dias. O objetivo é observar o que é feito e de que forma se faz. Além disso, verifica-se quais dados são tratados em cada atividade desenvolvida, como é o fluxo destes dados nas atividades existentes, quais são os pré-requisitos para as atividades e como elas se relacionam.

Para levantar-se uma situação real a fim de checar como os fatos ocorrem, o mais indicado é a observação *in loco*. Uma entrevista não seria tão precisa quanto a observação neste aspecto, já que pode existir omissão de informação (por questões de esquecimento ou simplesmente pelo fato não ser abordado na conversa); além disso, pode-se ter como entrevistado uma pessoa "acreditando" que determinado processo ocorre de uma forma, mas que na verdade é executado de outra.

Capítulo 3 – A Engenharia de *Software*

A observação permite que se busquem detalhes operacionais os quais seria enfadonho ou improdutivo ficar abordando em uma entrevista. Para que alguns detalhes de operações sejam explicados, precisa-se recorrer a documentos preenchidos, que eventualmente encontram-se em arquivos ou em trânsito no local de trabalho; ir até lá observar facilita as coisas.

Com as observações *in loco* enxergam-se problemas operacionais não expostos em entrevistas. Estes problemas podem gerar distorções de tal natureza que acabam sendo fatores determinantes para levar os usuários a solicitarem a criação de novos processos no software, os quais, na verdade, seriam desnecessários.

Outro aspecto interessantíssimo relativo às atividades das pessoas e suas responsabilidades é que, em alguns casos, o dispositivo tecnológico envolvido *(software / hardware)* é responsabilizado pelo não-cumprimento de uma determinada tarefa. A observação *in loco* tem mostrado que, muitas vezes, a tarefa poderia ser realizada indiferentemente da presença do elemento tecnológico. Raramente este aspeto seria passível de conclusão em uma entrevista.

A observação *in loco* também pode ser empregada para dirimir dúvidas quando o resultado de entrevistas geram informações contraditórias. Ao invés de provocar acareações ou refazer entrevistas, pode-se buscar a resposta no local onde as atividades se desenvolvem, observando-se a realidade.

Um aspecto importante da entrevista refere-se às questões de planejamento estratégico. Há situações que, independentemente da forma como as coisas são realizadas (portanto, não cabe observações *in loco*), planeja-se que deverão passar a ser realizadas de outra maneira e, na entrevista, o Analista de Sistemas é informado sobre esta intenção, já que o software que será projetado deverá contemplar o que se planeja. O software, quando pronto, será um dos instrumentos de mudança. No entanto, é importante frisar que o software sozinho não quebra paradigmas. Esta é uma questão de comportamento que deve ser intensamente trabalhada. Padrões de comportamentos não se mudam da noite para o dia.

137

3.7.5. Documentação de Requisitos

Como resultado das atividades de análise e especificação de requisitos do software, elabora-se um documento que representará um modelo daquilo que deverá ser desenvolvido. Após a verificação e validação, o modelo deve ser empregado para que se obtenha a concordância entre o cliente e o responsável técnico pelo projeto quanto aos recursos que o software deverá apresentar.

O modelo que é empregado para especificação dos requisitos é variável, ainda não há um padrão de engenharia que possa ser encontrado em uma ferramente no mercado. Em muitos casos, tem-se utilizado recursos vinculados a métodos de desenvolvimento do software, mas isto não é bom. O levantamento de requisitos precede a qualquer método. Há casos, por exemplo, em que o levantamento de requisitos é documentado em uma *lista de eventos,* ferramenta do método da análise essencial, ou ainda em *diagramas de casos de uso,* do modelo orientado a objetos. Os recursos de documentação do método devem se restringir a documentar aqueles requisitos que serão objetos da informatização, resultado do processo de análise (nem todos os requisitos inicialmente levantados poderão vir a ser informatizados).

Existem sugestões que se apresentam e podem facilmente ser encontradas na literatura; porém, tais sugestões extrapolam a especificação de requisitos e tornam-se documentos mais completos, praticamente contratos para desenvolvimento de software. O modelo proposto por Pressman (Presssman, 1995) possui os seguintes tópicos:

I. Introdução

    1. Do que trata o sistema

    2. Descrição geral do funcionamento do sistema

    3. Restrições de projeto do software

II. Descrição da Informação

Capítulo 3 – A Engenharia de *Software*

1. Representação do fluxo de informação

a. Fluxo de dados b. Fluxo de controle

2. Representação do conteúdo de informação

3. Descrição da interface com o sistema

III Abordagem Funcional

1. Divisão funcional em partições

2. Descrição funcional

   a. Narrativas

   b. Restrições/limitações

   c. Exigências de desempenho

   d. Restrições de projeto

   e. Diagramas de apoio

3. Descrição do controle

   a. Especificação do controle

   b. Restrições de projeto

IV. Descrição Comportamental

1. Estados do sistema

2. Eventos e ações

V. Critérios de Validação

1.onsiderações especiais

VI.Bibliografia

VII. Apêndice

Uma proposta com formato mais sintético para documentarem–se apenas as questões relativas aos requisitos pode ser encontrada na Figura 33.

Engenharia de *Software* – Análise e Projeto de Sistemas

EMPRESA DE SOFTWARE EXEMPLO S.A.			
CLIENTE:			

Usuário	Funcionalidade Requerida		Status Atual	Descrição de Pré-requisitos
	Nº	Descrição		
Levantamento Realizado por:			Data:	

Figura 33 - Documentação de requisitos

O documento apresentado pela Figura 33 reúne uma série de informações a respeito de um determinado requisito do sistema que será parte integrante do novo sistema. A reunião de todos os requisitos devidamente documentados e confirmados junto aos usuários/cliente dará condições para que se inicie a análise do software a ser desenvolvido a fim de que se possa projetar um sistema que atenda às expectativas do cliente.

Propositadamente, não existem linhas grafadas que cortem as colunas existentes no documento proposto (Figura 33). Isto acontece porque, uma vez que não são uniformes os espaços necessários para documentarem–se os requisitos, alguns exigirão maior espaço que outros. As colunas existentes possuem a seguinte funcionalidade:

• Usuário: deve ser documentado o nome do usuário, ou usuários, junto do qual se fez o levantamento do requisito, objeto da documentação. O nome do usuário não pode ser impessoal, como, por exemplo, "Departamento de Vendas". Deve–se identificar corretamente quem foi a pessoa que forneceu os dados relativos

Capítulo 3 – A Engenharia de *Software*

à documentação, já que o requisito pode ser questionado quanto à sua real necessidade, forma de execução, postergação de desenvolvimento, exclusão e realinhamento frente a novas estratégias de gestão da organização.

• Funcionalidade requerida: sugere-se que as funcionalidades sejam identificadas por um código seqüencialmente atribuído, o que pode facilitar referências futuras ao requisito. É importante que a descrição seja a mais detalhada possível, de maneira a registrar detalhes ou particularidades do requisito, tais como eventuais fórmulas, restrições ou regras de negócio.

• Status atual: aponta a situação do requisito no contexto anterior ao desenvolvimento do sistema, documentando-se, por exemplo, se o requisito já existia ou não, se é imprescindível sua existência ou se pode vir a ser uma funcionalidade futura, dependendo de outros requisitos que o anteceda. O conteúdo desta coluna deve ser padronizado. Pode-se expressar todas as possíveis situações criando-se uma nomenclatura, na qual se possa empregar letras, palavras, abreviações ou códigos.

• Descrição de pré-requisitos: devem ser documentados aspectos que constituem pré-requisito para a implementação da funcionalidade descrita. Tais pré-requisitos podem ser procedimentos que devam ser implantados, alterações em procedimentos existentes, rotinas a serem desenvolvidas ou, ainda, outros requisitos a serem implementados. Nesta coluna também podem figurar aspectos como performance ou configuração esperada do ambiente tecnológico onde o requisito estará, além de fatores como interface e outras observações de caráter operacional.

Capítulo Quatro

4

O Modelo Estruturado – uma síntese

"Todos estes pedaços de vidas postos juntos, todo este mosaico de experiências acaba compondo um quadro coerente. É esse quadro coerente que se torna objeto de análise."

(Freire et al., 1983)

Engenharia de *Software* – Análise e Projeto de Sistemas

Modelo	Abordagem	Ferramentas
Balbúrdia (informal) Desde de o início dos anos 50 (até hoje em muitos casos); porém, sem outra alternativa até início da década de 70.	Funcionalidade (com maior enfoque) e dados.	Textos Fluxogramas
Estruturado O método começou, efetivamente, a ser empregado a partir de 1975 e deverá continuar a ser utilizado por mais alguns anos por algumas empresas, que possuem estruturas de sistemas concebidas a partir deste modelo, que ainda encontra-se ativo. Alguns Metodologistas: Chris Gane Edward Yourdon Trish Sarson Tom de Marco	Inicialmente a Funcionalidade e depois dados. Posteriormente, com a maturidade das ferramentas de SGBD, os dados ganham maior ênfase.	Diagrama de Fluxo de Dados (DFD) Especificação dos processos Diagrama de Entidade Relacionamento (DER) Normalização Diagrama de Estrutura de dados (DED) Dicionário de dados
Essencial Trata-se de um aprimoramento do modelo estruturado que teve início em 1984. Alguns Metodologistas: Sthepehn McMenamim John Palmer	Essência Funcional e Dados Integração Funcional e Dados	DFD de Contexto Lista de Eventos DFD particionado por eventos Diagrama Entidade Relacionamentos Diagrama de Estrutura de Dados Normalização Dicionário de dados

Capítulo 4 – O Modelo Estruturado – uma síntese

Orientado a Objetos	Funcionalidades	Diagrama de Casos de Uso
Decorrente dos conceitos já existentes nas linguagens de programação, especialmente na Simula (67) e Smalltalk(70). A aplicação na análise de sistemas teve início na década de 90.	Objeto = Encapsulamento de Funções e Dados	Diagrama de Classes e Objetos Diagrama de Seqüência
	Contempla o estado de um objeto	Diagrama de Colaboração Diagrama de Componentes
Alguns Metodologistas: Grady Booch James Rumbaugh Ivar Jacobson Peter Coad Sally Shlaer Stephen J. Mellor Scott W. Ambler	Visão estática e dinâmica	Diagrama de Distribuição

Tabela 8 - Resumo histórico dos métodos de desenvolvimento de software

Como primeiro método formal com ampla divulgação e alguma aceitação, tem–se a Análise Estruturada. Não é intenção deste livro propiciar um detalhamento do método da análise estruturada, mas rever alguns conceitos e mecanismos utilizados, por terem sido incorporados no método da Análise Essencial, o qual é objeto de detalhamento.

O conceito fundamental no qual se embasou a Análise Estruturada de Sistemas foi a construção de um *modelo lógico* (não físico) de um sistema. Para tanto, buscou facilitar a comunicabilidade e clareza dos objetivos do sistema, empregando técnicas gráficas, uma vez que até então não havia como visualizar–se graficamente funções lógicas básicas e os requisitos do sistema, já que logo de início se adentrava aos detalhes de implementação física do software.

4.1. Análise Estruturada

O método da Análise Estruturada envolve a construção de um sistema de forma *top-down* (do geral para o particular, do todo para as partes), considerando-se refinamentos sucessivos, produzindo-se em um primeiro momento uma fotografia global do sistema, através do emprego do DFD (Diagrama de Fluxo de Dados), em um nível macro, chamado de DFD zero ou de contexto (Fournier, 1994), (Gane & Sarson, 1990).

Com base neste primeiro diagrama, faz-se sua decomposição funcional, criando-se outros fluxos que são um detalhamento do fluxo macro. Esses detalhamentos começam a dar pistas sobre os dados requeridos, os quais, posteriormente, são objetos de uma estruturação empregando-se o Diagrama de Entidades Relacionamentos (visto em detalhes à frente).

As etapas propostas pelo modelo estruturado para a construção de um software podem ser vistas na Figura 34. No modelo estruturado (como em todos outros modelos existentes) tudo começa pela necessidade do usuário em resolver determinado problema (levantamento de requisitos)[1] ou, ainda, pela oportunidade de se antecipar a um problema, proporcionando funcionalidades que minimizarão agravantes futuros.

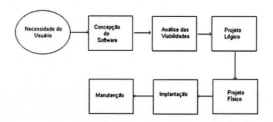

Figura 34 - Desenvolvimento de software pelo Método da Análise Estruturada

---

[1] "A primeira etapa no desenvolvimento de qualquer coisa é definir os requisitos. Isto se aplica tanto às pesquisas de tecnologia de ponta como a programas simples e pessoais, bem como a grandes esforços coletivos." (Rumbaugh et al., 1995).

"Os analistas têm que considerar o domínio do problema no qual trabalham [...] a compreensão do domínio do problema é realmente o ponto crucial da análise de sistemas." (Coad & Yourdon, 1992).

Capítulo 4 – O Modelo Estruturado – uma síntese

Segundo William S. Davis (Davis, 1987), a seqüencialidade das atividades pertinentes ao modelo estruturado pode ser expressa de forma tabular, segundo as questões–chave e atividades principais das fases, conforme mostra a Tabela 9.

ETAPA	QUESTÃO-CHAVE	ATIVIDADES PRINCIPAIS
Concepção do Software	Quais são os problemas?	Especificação da delimitação e objetivos. Identificação de mais de uma alternativa
Estudo de Viabilidade	Há uma solução viável?	Análise geral custo/benefício das alternativas
Projeto Lógico	Em geral, como os problemas devem ser resolvidos?	DFD DER Especificação dos processos
Projeto Físico	Especificamente, como o projeto deve ser implementado?	Codificação dos Programas Testes
Implantação	Os usuários e a organização estão prontos para utilizar o sistema?	Treinamento Acompanhamento
Manutenção	Existem alterações requeridas?	Modificar o sistema conforme necessário. Ajustar documentação. Apoio ao usuário.

Tabela 9 - Resumo do modelo estruturado (Davis, 1987), com adaptações

4.1.1. Concepção do Software

Uma vez identificados os problemas (realizado o levantamento de requisitos), o analista de sistemas passa a avaliar quais procedimentos comportam a adoção de alguma funcionalidade que deva ser contemplada por uma solução informatizada. Deve delimitar o problema e avaliar, *a priori,* eventuais alternativas diante da situação inicial verificada. Trata-se da fase de concepção do software. Nesta fase desenvolvem-se etapas de levantamento das necessidades, coleta de documentos, entrevistas e observações. Chris Gane e Trish Sarson (Gane & Sarson, 1990) sugerem que se empreguem três questões para a fase de concepção, as quais irão nortear a atuação do analista:

- O que há de errado com a situação atual?
- Que melhoramento é possível?
- Quem será afetado pelo novo sistema?

Há melhorias contínuas sendo solicitadas em organizações, qualquer que seja sua dimensão e, muito embora realmente se possa contribuir via sistema com o aumento de funcionalidades ou maior desempenho, nem sempre tais solicitações se revestem de uma real necessidade. Não raro, *algumas* solicitações podem ser derivadas de uma das seguintes situações:

- Estratégias gerenciais de "desvios de foco" frente a situações de turbulência dentro das organizações, sendo que a solicitação para a área de informática passa a ser uma válvula de escape. Um exemplo é a indústria em que freqüentemente ocorre falta de matéria-prima, gerando atraso no processo de fabricação (turbulência); um 'desvio de foco' pode ser conseguido solicitando-se à informática um relatório "mais adequado" para a realização de análises pelo departamento de compras, justificando-se que os recursos de informação existentes não são suficientes e, em função disto, os problemas de falta de matéria-prima acontecem.

Capítulo 4 – O Modelo Estruturado – uma síntese

- Aspectos misteriosos do tipo "deu um problema no sistema". Todos os envolvidos no contexto do problema conseguem uma camuflagem, menos a organização (que detém, a partir daí, *dois* problemas). É de se esperar que sistemas liberados para uso estejam livres de erros (é uma pré-condição de uso). Ocorre que em muitos lugares ainda existem os famosos sistemas *Frankenstein* (monstruosidade cheio de remendos e sem documentação) que realmente trabalham como *bem entendem*, já que, de tanto *remendo*, adendos e anexos, ninguém detém o conhecimento total de sua estrutura funcional; nestes casos, invariavelmente, problemas acontecem. Para se prevenir contra tais aspectos misteriosos que eventualmente possam vir à tona, e que *podem* ser empregados para acobertar falhas operacionais em decorrência do não–cumprimento de procedimentos, sugere-se a criação de arquivos de log^2. Determinam-se no sistema corporativo quais são as operações mais estratégicas para a organização e potencialmente problemáticas e, rastrea-se quem faz-se o que e quando.

Filtrado estas questões, uma solicitação para a área de informática realmente pode tratar-se de uma grande oportunidade para aumentar os rendimentos da organização, aperfeiçoar seus processos, melhorar qualidade de serviços e efetivamente colaborar com os objetivos globais da empresa.

Na fase de concepção, além de reunirem-se as informações sobre os recursos que o novo software deverá apresentar, espera-se que o analista de sistema elabore *algumas alternativas* de desenvolvimento do software, que pode ser até um descritivo em forma de texto. Estas alternativas irão figurar como *diferentes soluções* para se fazer a mesma coisa. Por exemplo, considere uma solicitação de informatização de uma Faculdade. Várias alternativas podem ser apresentadas, algumas mais simples (de menor custo), por exemplo, onde não seria contemplada

---

²Registro de ocorrências referente ao uso do sistema, onde devem figurar, entre outros dados, a data, o horário e o usuário envolvido.

a presença automática do aluno pela leitura de um *chip* subcutâneo ou algum recurso de biometria, e alternativas mais completas, onde tal forma de presença automática seria contemplada.

4.1.2. Estudo de Viabilidade

Para efeito de comparação e escolha entre soluções previamente elaboradas (ainda de uma forma macro), baseadas nos levantamentos de requisitos, aplica-se um estudo de viabilidade. Neste estudo encontram-se três etapas distintas:

• Análise da viabilidade técnica

Serão avaliados os recursos técnicos disponíveis, próprios ou não, que podem viabilizar as soluções que estão sendo analisadas. Estes recursos restringem-se ao hardware (configuração), software e pessoas qualificadas[3]. Verificar-se-á o pessoal técnico disponível e a necessidade ou não de contratação ou treinamento.

• Viabilidade Econômica

Para as possíveis soluções, tecnicamente disponíveis e utilizáveis, será verificado o montante financeiro a ser empregado.

• Viabilidade Operacional

Aspectos das soluções que implicarão mudanças de rotinas existentes ou a serem criadas e seus impactos na organização e sociedade. Entram aqui discussões de ordem ética e moral (Apesar de tecnicamente funcional, seria a solução adequada à implantação de *chip* subcutâneo para assinalar a presença de alunos?).

As soluções elaboradas e as respectivas análises de viabilidade devem ser apresentadas ao cliente. Naturalmente, quando da avaliação das soluções por parte do cliente, o analista de sistemas deverá ampará-lo quanto aos aspectos tecnológicos envolvidos. Uma vez que se tenha decidido por determinada solução, parte-se para a fase seguinte: o chamado *projeto lógico*.

---

[3] Também referenciadas como peopleware.

4.1.3. Projeto Lógico

No projeto lógico pode–se ter novos contatos com os usuários envolvidos no processo de criação do software. A solução que foi escolhida começa a ser detalhada e vai sendo criteriosamente desenhada por meio do DFD (Diagrama de Fluxo de Dados). Ao iniciar este trabalho, que exige um detalhamento de todos os processos, os usuários poderão ser convocados para esclarecimentos sob aspectos obscuros ou ainda que não sejam do completo domínio do analista. Para Tom DeMarco (DeMarco, 89), há três tipos de usuários, cada qual com uma participação diferenciada no levantamento de requisitos inicial e nas fases posteriores em que se fazem necessários, o que irá originar visões ou perspectivas diferentes de uma mesma informação:

- *Usuário que põe a mão na massa.* Esta pessoa é aquela que estará diretamente envolvida com as interfaces do sistema, alimentando–o ou extraindo informações. Normalmente está preocupada com as facilidades de uso e velocidade dos processos, além de detalhes operacionais que dizem respeito ao seu trabalho.

- *Usuário chefe.* Aquele que tem a incumbência de gerenciar o ambiente e procedimentos cotidianos, zelando pelo bom andamento dos processos e atendimento a novas necessidades. Não está diretamente envolvido com os aspectos operacionais, mas depende deles para a obtenção de informações que ajudarão em processos de decisão.

- *Usuário dono.* Geralmente a diretoria, ou proprietário, dependendo da dimensão e organização da empresa. Sua importância reflete–se nos sistemas com relação ao planejamento estratégico e às visões sintéticas das informações.

Ao desenhar um DFD pode–se retratar tanto procedimentos manuais quanto outros procedimentos que deverão ser informatizados e que fazem parte do fluxo normal de trabalho (*workflow*) para o sistema. O DFD possui uma convenção simbólica constituída de quatro representações gráficas que, juntas, permitem retratar uma abstração da realidade (Figura 35), particularmente mostrando *o que* existe, sem se preocupar em *como* tais coisas são feitas.

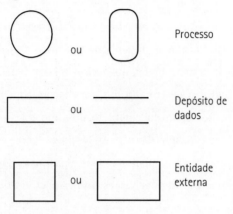

Figura 35 - Simbolos do DFD

O símbolo de processo representa uma atividade de transformação. Ele é alimentado com dados, provenientes de um meio externo (via entidade externa), ou pela leitura de dados armazenados em algum depósito de dados (tabelas ou arquivos).

Todo processo tem um objeto claramente especificado, que, em geral, explicita o resultado oriundo de sua execução (mas isto não é regra). Seguem alguns exemplos de nomes de processos: Cadastrar Clientes, Emitir Pedido de Compra e Receber Materiais.

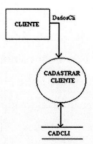

Figura 36 - Processo "Cadastrar Cliente"

Capítulo 4 – O Modelo Estruturado – uma síntese

Na Figura 36 tem-se o exemplo gráfico do processo "Cadastrar Cliente". No referido DFD observa-se que uma entidade externa (retângulo), com nome de "Cliente", envia dados do cliente ao processo. O envio dos dados está representado pelo fluxo de dados (seta) chamado de "DadosCli" que parte de cliente em direção ao processo, implicando portanto que o processo tem aí uma alimentação, um *input* de dados. Observa-se também que existe um fluxo de dados (seta) bidirecional entre o processo e um depósito de dados (traços paralelos) chamado de "CADCLI", onde haverá o armazenamento dos dados do cliente. Portanto, o objetivo do processo "Cadastrar Cliente" é pegar dados referentes a clientes e depois armazenar estes dados no sistema (para que possam ser recuperados depois por algum outro processo).

Figura 37 - Processo "Emitir Pedido de Compra"

Na figura 37, tem-se outro exemplo de processo, neste caso "Emitir Pedido de Compra". Pela leitura que se faz no respectivo DFD, uma entidade externa chamada de "Depto de Compra" alimenta o processo com dados da compra, representados pelo fluxo de dados chamado "DadosCom". Há três depósitos de dados envolvidos no processamento. Um deles chamado de "CADPROD", onde se considera existir o cadastro dos produtos. Percebe-se que do cadastro de produtos parte um fluxo de dados em direção ao processo, mostrando que há uma operação de leitura. No processo existe algum comando que requisita dados de um determinado produto que está armazenado em CADPROD, então, a seta indica a direção para a qual os dados estão fluindo. No caso deste depósito só existe operação de leitura por parte do processo, já que não existem setas (fluxo de dados) partindo do processo em direção ao referido depósito de dados. A mesma operação de leitura é executada para o depósito "CADFORNEC", já em "CADPEDIDO" existem duas operações a de leitura e a operação de gravação (setas bidirecionais indicam operação de *Input-Output*, ou seja, podem ocorrer regravações, alterações em dados já gravados).

Partindo do processo de "Emitir Pedido de Compra" em direção a entidade externa "Fornecedor", há um fluxo de dados chamado "Pedido", representando que há um resultado gerado pelo processo com destino a uma entidade externa. Este resultado sempre será algo visível em algum meio, tal como um relatório ou uma consulta em vídeo; diferentemente do armazenamento de dados (fato que não observável a olho nu), que normalmente ocorre internamente no hardware.

Uma operação de leitura de dados expressa em um DFD, permite que se adicione a representação do chamado *argumento de pesquisa*. O argumento de pesquisa deve estar seguido de uma "ponta de seta" indicando que o argumento de pesquisa é transmitido do processo ao depósito de dados (figura 38). O argumento de pesquisa pode ser um dado, ou conjunto de dados, através dos quais se consiga encontrar um registro armazenado em um depósito (através da chave principal ou secundária).

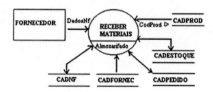

Figura 38 - Processo "Receber Materiais"

No DFD do processo "Receber Materiais" (Figura 38), a entidade externa "Fornecedor" alimenta o processo com dados da nota fiscal (o fornecedor envia a nota, naturalmente junto com o respectivo material). Não está retratada no DFD a conferência física dos materiais que chegaram com a nota fiscal, o que certamente deve ser feito de forma manual. Contempla-se, contudo, pelo que se verifica

Capítulo 4 – O Modelo Estruturado – uma síntese

expresso no DFD, a leitura do depósito de dados CADPEDIDO, o que nos leva a concluir que os dados da nota fiscal que chegou terão alguma confrontação com os dados do pedido que foi feito (produtos solicitados, condição de pagamento, preços, data de entrega combinada).

Ainda no DFD referente ao processo "Receber Materiais", observa-se, na parte inferior da bolha um traço (característica facultada na representação do processo), abaixo do qual tem-se o nome do departamento responsável pela execução do processo. Um erro muito comum visto em DFD é imaginar-se que o executor do processo é a entidade externa, quando na verdade ela representa apenas a *origem da informação* e não quem executa o processo.

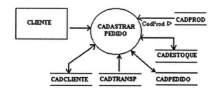

Figura 39 - Processo "Cadastrar Pedidos"

Em geral, ao se construir um DFD, constata-se que não é documentado todo o trâmite de uma informação antes da mesma ser inserida no sistema, embora isto seja possível e desejável, uma vez que o DFD pode expressar processos manuais e aqueles que serão objetos da informatização, de maneira que se vislumbre a totalidade das atividades. Na Figura 39, pode-se observar a documentação lógica referente a um cadastro de pedido, cuja origem da informação foi o cliente, mas não está documentado exatamente como o pedido chegou até o sistema; por exemplo, todas as narrativas a seguir são situações possíveis de trâmite do pedido, desde sua origem até o momento do armazenamento dos dados no sistema de informação da organização:

- O cliente liga para a organização e conversa com o departamento de vendas. Algum vendedor toma nota dos dados do pedido, solicita que o cliente envie um fax confirmando os dados e aí, de posse do fax, um auxiliar de vendas digita o pedido no sistema.
- O cliente recebe em sua loja um representante comercial, o qual preenche manualmente um pedido, que depois é colocado em um malote e segue para a organização, onde alguém do departamento de vendas irá digitá-lo no sistema.
- O cliente comparece no departamento de vendas da organização e faz um pedido. Uma pessoa do departamento de vendas digita os dados no sistema.
- O cliente utilizando a Web entra no sistema de vendas da organização e digita os dados do pedido.

O último tópico das situações apresentadas revela que o cliente foi, além da origem da informação, aquele que também inseriu os dados no sistema, diferentemente dos casos anteriores.

Ainda com relação à simbologia de representação do processo, podem-se encontrar retângulos "em pé" com os vértices arredondados, opcionalmente divididos em três áreas (Gane & Sarson, 1990), conforme mostra a Figura 40.

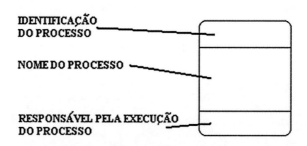

Figura 40 - Notação do símbolo de processo

Capítulo 4 – O Modelo Estruturado – uma síntese

Com relação aos depósitos de dados, pode-se empregar na sua representação um par de linhas paralelas horizontais, podendo estar ou não ligadas em sua extremidade esquerda e que devem ter um espaço suficiente para que se possa escrever dentre as linhas o nome de identificação do depósito. O nome, tanto quanto possível, deve ser auto-explicativo, significativo sob a ótica dos dados que armazena. O depósito de dados designa um local onde os dados são *persistidos*, isto é, há um armazenamento duradouro (ainda que temporário) e não momentâneo; entende-se que os dados permanecem armazenados mesmo que o equipamento onde estejam venha a ser desligado. Em geral, os depósitos de dados designam arquivos ou tabelas em banco de dados.

A representação do depósito de dados também pode vir a ter uma identificação. Para que o recurso seja aplicado, é necessária uma pequena adequação em seu desenho gráfico, conforme mostra a Figura 41.

Figura 41 - Notação do símbolo de depósito de dados

Quando um processo tiver uma operação que irá armazenar dados, *a seta do fluxo de dados apontará para o depósito de dados* (Gane & Sarson, 1990). Quando se fala em armazenar dados, isto significa que se está gravando dados no depósito. Por outro lado, quando o acesso a um depósito de dados é feito de forma a realizar-se apenas leitura, um fluxo de dados partirá do depósito em direção ao processo, para o qual a seta deve apontar. Operações de atualização de dados caracterizam-se por serem bidirecionais, isto é, primeiro ocorre uma leitura dos dados armazenados em um depósito (a seta aponta para o processo, porque é a direção que seguem os dados), depois, no processo, pode ou não ocorrer alguma alteração e, na seqüência, há uma instrução de *regravar* os dados, ou seja, os dados saem do processo e são sobrepostos onde estavam; neste caso, representa-se a seta do fluxo apontando para o depósito. Assim, a operação de atualização exige uma representação I-O (*Input-Output*), para a qual pode ser empregado um único fluxo (com setas bidirecionais) ou dois fluxos, um representando a leitura e outro o armazenamento.

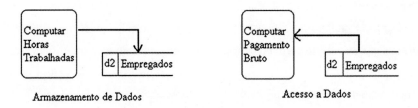

Figura 42 - Representação de operação de output e input

Por último, os fluxos de dados são representados por setas horizontais ou verticais que indicam a direção do fluxo. Nos casos necessários, em que um *mesmo conjunto de dados* flua em dois sentidos, em vez de empregarem-se duas setas, pode-se utilizar um mesmo fluxo com duas setas.

4.1.3.1. Como utilizar o DFD no Projeto Lógico

No modelo estruturado, o DFD é uma ferramenta aplicada para análise *top-down*, em que a solução é retratada inicialmente de uma forma macro, obtendo-se a chamada visão de alto nível, ou visão contextual, ou ainda o chamado DFD zero. É a demarcação inicial em que se esboçam os limites da abrangência do software. Posteriormente ocorre o detalhamento (explosão) desta visão de alto nível, de forma a se obterem representações mais específicas dentro daquele contexto.

A seguir, um exemplo, que retrata um sistema de controle de consulta, reserva e locação do acervo de uma biblioteca. O que exatamente se deseja informatizar? Por quê? Quais são os problemas existentes? Estas são algumas questões com as quais se poderia iniciar a investigação sobre a informatização da biblioteca.

Capítulo 4 – O Modelo Estruturado – uma síntese

Observa-se que em uma biblioteca várias atividades podem ser objeto de informatização, como, por exemplo, a folha de pagamento dos funcionários. Assim, cabe a busca de um perfeito entendimento inicial sobre a abrangência que se espera do software que será projetado.

No levantamento inicial devem-se explorar alguns requisitos macros pertinentes aos limites da informatização; no caso da biblioteca, supõem-se que as funcionalidades requeridas pelo usuário devam incluir a consulta de disponibilidade de obras, a reserva de obras, a locação, devolução, cobrança de obras em atraso e diversos relatórios ou consultas estatísticas, tais como quais são as obras mais retiradas, quais são as obras solicitadas e que não existem no acervo, quais são os usuários em atraso, quais as obras que estão emprestas e quais q eu estão reservadas. Vamos supor, ainda, que esta biblioteca forneça e possa solicitar obras de outras bibliotecas. Para tanto, as funcionalidades exigidas para este caso serão as mesmas que existirão para os usuários.

Todo este conjunto de solicitação representaria um momento zero, em que apenas se obtém uma visão genérica do que deve ser desenvolvido, não podendo dizer-se que houve um levantamento de requisitos. É preciso explorar o escopo do software. Mesmo assim, o modelo estruturado permite que a partir de tais informações se desenhe o DFD de contexto, ou DFD zero (Figura 43).

Figura 43 - DFD de Contexto (ou DFD de nível zero)

Este modelo inicial, esboçando uma síntese dos requisitos, objetiva a delimitação do problema a ser solucionado, através de uma macro representação.

Posteriormente, por meio de um processo sucessivo de refinamento, começa-se a detalhar partes do modelo desenhado, obtendo-se expansões do primeiro esboço; como exemplo tem-se na Figura 44 uma explosão do DFD de contexto. Este processo de detalhamento do DFD ocorre mediante a chamada *explosão* de uma bolha do modelo já desenhado. Isto nada mais é do que a expansão do significado de um processo. O DFD mostra *o que* deve ser previsto no software que será desenvolvido. A construção do DFD independe da plataforma de hardware e software que se irá utilizar para programar o modelo; daí o nome desta fase: projeto lógico.

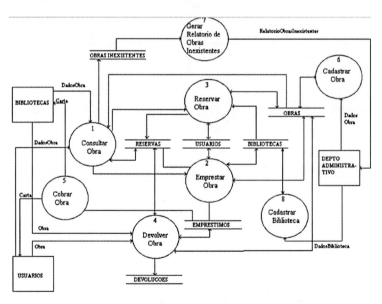

Figura 44 - Explosão do DFD de Contexto (DFD de nível um)

Paralelamente à construção do DFD pode estar sendo construída uma modelagem dos dados que são utilizados pelos processos.

Capítulo 4 – O Modelo Estruturado – uma síntese

4.1.3.2. MER (Modelo Entidade Relacionamento)

O modelo entidade relacionamento é uma ferramenta para Modelagem de Dados utilizada durante a Modelagem do Projeto conceitual de Banco de Dados. A utilização do MER possibilita a criação de modelos na forma de diagramas, empregando para tanto o DER – Diagrama de Entidades e Relacionamento. O DER permite representar as estruturas de dados referentes a uma parcela do mundo real (Domínio do Problema ou Minimundo) como resultado da abstração executada por um analista quando da realização do levantamento de requisitos do software.

O Diagrama de Entidade Relacionamento pode ser aplicado no modelo da análise estruturada na fase de projeto lógico. Pode-se criar, evolutivamente, um mapeamento de como se planeja armazenar os dados que os processos (ou funções) irão utilizar. Processos e dados podem ser modelados em separado, o que caracteriza a independência dos dispositivos ou meios de armazenamentos físicos com relação ao software. Quando um DER estiver concluído, haverá a criação da modelagem física dos dados, expressando exatamente como eles serão implementados em um sistema de arquivos ou banco de dados. Para a modelagem física, entretanto, busca-se aplicar o DED – Diagrama de Estrutura de Dados (uma transformação do DER, visto à frente).

O modelo entidade–relacionamento[4] foi proposto em 1976, por Peter P. Chen, por meio da publicação inicial de um trabalho intitulado "The Entity-Relationship Model: Toward the unified view of data". Dado a simplicidade da diagramação e dos conceitos envolvidos, o modelo teve ampla aceitação e passou a ser um referencial quase definitivo para a modelagem de dados, aliás extremamente atualizada até os dias atuais (Cougo, 1997).

---

[4] Este livro não cobre todos os aspectos inerentes à modelagem de dados, tais como a teoria da normalização e modelos estendidos. Uma leitura complementar em bibliografia específica é muito indicada; minha sugestão: MySQL - aprendendo na prática (Tonsig, 2006).

Engenharia de *Software* – Análise e Projeto de Sistemas

A representação gráfica empregada no DER é bastante simples: retângulos representam entidades de armazenamento de dados, organizados em registros (ou tuplas), losangos representam relacionamentos e balões indicam atributos. Na Figura 45, verifica-se que existem duas entidades: Aluno e Curso. Pela presença do losango, conclui-se que estas entidades estão relacionadas e pode-se até efetuar uma leitura do relacionamento existente: "Aluno freqüenta curso"; no sentido inverso, "Curso é freqüentado por aluno".

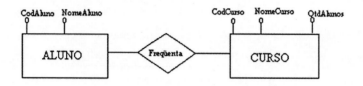

Figura 45 - Exemplo do Diagrama de Entidade Relacionamento

Entidades representam "um lugar"[5] onde serão armazenados dados sobre "alguma coisa" do mundo real que tem importância para a vida do sistema e que independe da existência de quaisquer outros elementos. Deve-se criar um nome (o mais auto-explicativo possível) que represente esta "alguma coisa" sobre a qual serão armazenados dados; tal nome deve ser mencionado dentro do retângulo da respectiva entidade. Entidades podem conter dados sobre pessoas, fatos, documentos e outros objetos quaisquer.

'Joaquim' pode ser um registro da entidade Aluno, bem como 'Maria' e 'José'. Cada um destes possui atributos, tais como nome, endereço, cidade, cep, telefone, rg, cic etc. 'Direito' pode ser um registro da entidade curso, bem como 'Administração' e 'Biologia'. Cada um destes possui atributos, tais como Código de identificação do curso, nome do curso, quantidade de alunos matriculados etc.

Os balõezinhos ligados nas entidades (Figura 45) indicam atributos a elas pertencentes; acima de cada balão há o respectivo nome do atributo. O círculo

---
[5]Normalmente um arquivo ou tabela de banco de dados.

Capítulo 4 – O Modelo Estruturado – uma síntese

do balão poderia ser bem maior, facultando-se colocar os nomes dos atributos dentro de tais balões. Atributos referem-se a características da entidade que sejam úteis ao software que será criado. Ao conjunto de diferentes atributos de uma mesma entidade atribui-se o nome de registro ou *tupla*. Uma entidade pode estar constituída de um ou vários registros (ou tuplas).

Por questões de acomodação gráfica na aplicação de software para a obtenção do desenho do DER, podem-se encontrar entidades e atributos representados conforme mostra a Figura 46. Na parte externa do retângulo têm-se o nome da entidade e dentro do retângulo os atributos pertencentes à entidade. Observa-se que um dos atributos deve ser eleito como uma *chave principal de acesso* aos dados do cliente. Atributos candidatos a serem chave principal de acesso devem ter conteúdos únicos no conjunto de seu domínio, isto é, para o atributo que é chave[6] principal não deve-se encontrar dois ou mais conteúdos iguais na entidade. No exemplo da entidade CLIENTE, há um destaque para o atributo RG (que está separado dos demais atributos), indicando ser a chave principal de acesso aos dados de cliente; isto significa que não existem dois ou mais RGs com conteúdos iguais. O conteúdo do atributo RG é único, considerando todo o conjunto de RGs existentes. Não seria possível empregar-se o atributo NOME da entidade cliente como chave principal de acesso, visto que pode existir repetição de seu conteúdo no conjunto de nomes de clientes existentes. Por exemplo, podem-se encontrar dois ou mais "José da Silva"; contudo, nada impede que o nome do cliente seja empregado como chave secundária de acesso, uma vez que para este caso podem existir repetição de conteúdo para o atributo eleito.

---

[6]A chave principal serve como um identificador que individualiza um registro dentre um conjunto. Dado um conjunto de pessoas, por meio do número de um RG identificamos uma e somente uma pessoa no conjunto. Quando necessário, um identificador ou chave principal pode estar constituída de mais de um atributo, como, por exemplo, uma declaração do Imposto de Renda: CPF do Contribuinte mais o ANO do Exercício. A união dos dois atributos torna o conteúdo único; portanto, identificável no conjunto de declarações existentes.

Cliente
RG
Nome Endereço Cidade Bairro Cep Telefone

Figura 46 - Representação gráfica alternativa para entidade do DER

Na Figura 47 pode-se verificar a equivalência visual entre as representações de diagramação do retângulo com ou sem balões. No modelo que emprega balões para os atributos, a chave principal corresponde ao balão que esteja preenchido – RG, no exemplo –; porém, poderia ser mais de um.

Figura 47 - Equivalência na Representação de Entidade do DER

Relacionamentos também podem possuir atributos. Esta particularidade é de fácil identificação quando se verifica que a existência de determinado atributo não pertence totalmente a uma das entidades envolvidas no relacionamento, mas às duas simultaneamente. Quando se diz que aluno freqüenta curso, e deseja-se saber em quais datas se deram tais freqüências, logo se verifica que é necessário o armazenamento da data de freqüência. Certamente a data de freqüência diz respeito ao aluno, mas também diz respeito ao curso freqüentado: "Em tal data,

Capítulo 4 – O Modelo Estruturado – uma síntese

o aluno x freqüentou o curso y". A data de freqüência *perde o sentido* se não existirem simultaneamente aluno e curso; logo, a data não pertence ao aluno nem ao curso, mas ao evento que os une ou relaciona (Figura 48). O relacionamento (losango) é uma estrutura abstrata que indica a associação entre elementos de duas ou mais entidades. Um relacionamento *é dependente* das entidades as quais associa.

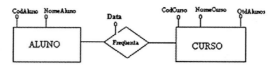

Figura 48 - Relacionamento com Atributo no DER

Da forma como se fez a modelagem apresentada na Figura 48, é possível que o sistema responda a questões do tipo: Quais são as datas em que José freqüentou o curso de Direto? Quantos alunos freqüentaram o curso de Biologia em 27/02/2002?

Em uma análise mais criteriosa da acomodação dos dados (que deve ser proveniente da avaliação dos processos existentes), pode-se chegar a uma modelagem mais completa que retrate todos os detalhes que envolvem os dados em uma situação real, conforme mostra a Figura 49.

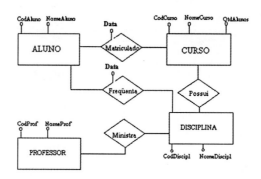

Figura 49 - Modelagem de Dados utilizando o DER

Os relacionamentos (losangos) existentes entre entidades, além de comportarem atributos sobre o relacionamento, podem especificar restrições que expressam a quantificação de elementos de uma entidade que pode estar relacionada a uma outra. Esta restrição, em última análise, é parte das regras de negócio para o qual se está fazendo a modelagem de dados. Tecnicamente a representação da restrição recebe o nome de *cardinalidade*, podendo expressar as situações conforme exposto Figura 50.

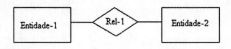

Relação	Leitura da Representação	Significado
1:1	Um para um	Um registro da Entidade-1 pode estar associado a no máximo um registro da Entidade-2 e, vice-versa.
1:n	Um para muitos	Um registro da Entidade-1 pode estar associado a vários registros da Entidade-2. Vários registros da Entidade-2 estão relacionados a um único registro da Entidade-1.
N:n	Muitos para muitos	Um registro da Entidade-1 pode estar associado a vários registros da Entidade-2 e, vice-versa.

Figura 50 - Representação de Relacionamento no DER

A representação da cardinalidade no diagrama pode se dar conforme os exemplos mostrados pela Figura 51.

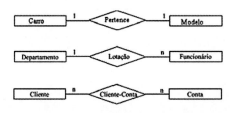

Figura 51 - Representação de Cardinalidade no DER

Quanto ao relacionamento, podem-se encontrar duas outras situações que não sejam relações binárias (entre duas entidades): auto-relacionamento e o relacionamento ternário, conforme exemplos na Figura 52.

Capítulo 4 – O Modelo Estruturado – uma síntese

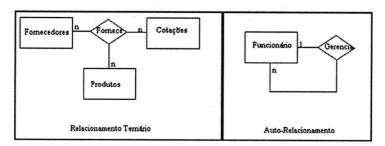

Figura 52 – Representação de outros tipos de relacionamento

Para expressar graficamente a cardinalidade, há duas notações que podem ser utilizadas: Notação de Bachman (Figura 53) e Notação "Pé–de–Galinha" (Figura 54) atribuída a James Martin. A notação de Bachman teve uma derivação gráfica que ficou conhecida como notação de setas.

Cardinalidade	Notação Original de Bachman	Notação de Setas
1:1		
1:N		
M:N		

Figura 53 – Outras formas de notação da cardinalidade

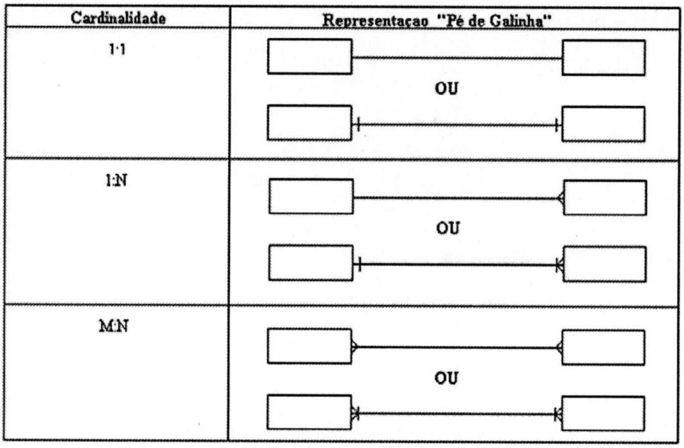

Cardinalidade	Representacao "Pé de Galinha"
1·1	OU
1:N	OU
M:N	OU

Figura 54 – Notação "Pé-de-Galinha" para cardinalidade

4.1.4. Projeto Físico

Na fase seguinte ao projeto lógico tem-se o *projeto físico*, onde passa a existir uma preocupação com o hardware e software que serão utilizados, os quais devem estar definidos a partir deste ponto. Nesta fase cuida-se de se especificar *como* se farão os processos expressos pelo DFD, gera-se a modelagem física dos dados e sua implementação, além de, na seqüência, codificar e testar os programas.

Quanto aos dados, a partir do modelo conceitual de dados criado no projeto lógico, gera-se o modelo físico, que representa exatamente como o armazenamento de dados será implementado, observando que cada entidade do modelo físico corresponde a um arquivo ou tabela de um banco de dados. Para esta representação emprega-se o DED (Diagrama de Estrutura de Dados). O DED é composto de três notações gráficas: retângulos (representando as entidades), traços (indicando relacionamentos) e uma representação da cardinalidade (que pode ser o "pé-de-galinha", por exemplo).

O DED obtém-se pela migração do DER, considerando-se os aspectos que seguem:

1) Todo relacionamento existente no DER que tenha algum atributo torna-se uma entidade no DED.

2) Toda relação entre uma entidade "A" e "B" em que se verificar uma cardinalidade N:M originará no DED uma entidade intermediária "C". A entidade "C" deve estar relacionada com a "A" e a "B", apresentando cardinalidade N:1 em ambos os casos, conforme exemplo na Figura 55.

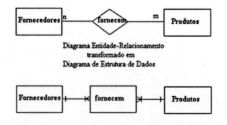

Figura 55 - Transformação do DER para o DED

Cada *bolha* do DFD detalhado (Figura 44) deve se fazer acompanhar de uma especificação do processo (um texto descritivo), onde o analista documenta as características funcionais exigidas. Cada bolha que foi detalhada com sua respectiva documentação textual, em geral, dará origem a um programa de computador. Com base no DFD detalhado e respectivas especificações mais a modelagem física dos dados, um programador terá como construir os programas necessários que irão compor o software; independentemente da linguagem de programação que irá utilizar.

Os programas que serão criados devem ser exaustivamente testados visando à eliminação de possíveis erros. Depois de testados individualmente, deve-se também executar vários testes de conjunto, simulando vários possíveis cenários de uso.

4.1.5. Implantação

A implantação é a fase em que se disponibiliza para funcionamento real todo o sistema elaborado. Efetivamente, neste momento, o usuário passa a operar o sistema. É claro que a liberação do sistema para uso deve vir precedida de um profundo treinamento dos usuários que irão utilizá-lo. É a partir desta fase que se começará a ter um *feedback* da especificação feita do problema, ou seja, se o projeto do sistema (lógico e físico) foi bem dimensionado.

4.1.6. Manutenção

Correções, ajustes ou incremento de novas funcionalidades depois da implantação caracterizam a fase de Manutenção do sistema, que irá vigorar enquanto o sistema for utilizado.

Não se pode afirmar que um software bem elaborado, bem testado, seguindo à risca todas as fases propostas pelo método e com os usuários treinados estará livre de manutenção. Todo software criado é parte integrante de um sistema aberto, sujeito à interferências internas e externas que exigirão adaptações e incrementos.

4.2. A Análise Essencial

A análise essencial pode ser considerada um refinamento da análise estruturada. O problema existente (ou situação que requer a informatização) é estudado, porém não é modelado; os esforços são concentrados na identificação das funcionalidades lógicas requeridas para o software que será criado e, a partir daí, cria-se um modelo essencial do software que será desenvolvido, não se incorporando as exigências físicas.

Na análise essencial, a premissa básica é descrever o sistema de maneira independente de restrições tecnológicas; assim, a resolução mantém o foco apenas no problema do usuário, permitindo uma solução ideal ao problema, sem interferência oriunda das restrições tecnológicas. Isto implica dizer que devemos considerar na confecção do modelo essencial a existência de uma *tecnologia perfeita*. Deve-se entender este aspecto como uma abstração em que se supõe uma tecnologia ideal, sem limitações, onde:

a) Os custos, consumo e desgaste dos equipamentos são zero

b) A capacidade de armazenamento de dados do sistema é infinita

c) A velocidade dos processadores é infinita

d) O tempo de acesso a dados é instantâneo

e) Há Zero Erro (não ocorrem falhas)

Antecedendo a aplicação do método da análise essencial faz-se um exame do domínio do problema (levantamento de requisitos, buscando-se funcionalidades e dados exigidos ao sistema que será desenvolvido), inicialmente focando os aspectos mais essenciais pertinentes ao problema.

Na análise essencial um sistema de informação é visto como um sistema de respostas planejadas. Atividades planejadas com resposta para eventos do ambiente são projetadas em um sistema. Os eventos no ambiente geram fluxos de dados (*estímulos*) para o sistema, os quais acionam ações (ativam-se processos que são alimentados com os dados), que podem, por sua vez, gerar respostas internas

Capítulo 4 – O Modelo Estruturado – uma síntese

(persistência de dados) ou respostas que retornam ao ambiente (relatórios, emails etc.). Também há a possibilidade de ocorrência de eventos internos ao sistema, os quais geram fluxos temporais, que também acionam ações no sistema.

A análise essencial é constituída basicamente por duas fases ou modelos: Ambiental e o Comportamental.

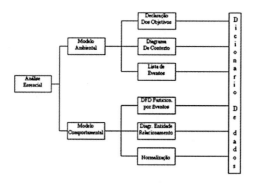

Figura 56 - Modelo essencial, adaptado de (Pompilho, 1995)

Vejamos a composição dos modelos do método essencial:

a) Modelo Ambiental

No modelo ambiental tem-se a especificação macro do sistema que encontra-se inserido em um meio ambiente; busca-se representar a relação do sistema com o meio onde ele está. Eventos que ocorrem no meio ambiente são geradores de estímulos, os quais acionam procedimentos no sistema que, por sua vez, geram respostas. As respostas poderão ser internas ao sistema ou ainda enviadas para o meio ambiente (respostas externas). Três grandes atividades são elaboradas neste modelo: A declaração dos Objetivos do Sistema, a elaboração do Diagrama de Contexto e a especificação da Lista de Eventos.

• Declaração de Objetivos

Trata-se da especificação daquilo que o sistema deverá fazer frente aos requisitos que foram identificados previamente. É uma descrição textual, sem um formato estabelecido pelo método. Deve também, tanto quanto

Engenharia de *Software* – Análise e Projeto de Sistemas

possível, refletir os desejos do usuário no que diz respeito às solicitações que ele tenha apresentado como alternativas de solução dos problemas.

Naturalmente, antes da elaboração dos objetivos do sistema, o Analista deverá ter efetuado um minucioso levantamento de requisitos, conhecendo profundamente o chamado domínio do problema. Se o sistema for referente a controle de uma biblioteca, o Analista precisa saber "tudo" sobre tal biblioteca, regras gerais, linguagem utilizada, detalhes operacionais e exceções.

• Diagrama de Contexto

Após a especificação formal dos objetivos do sistema, o Analista já estará em condições mais apropriadas para elaborar o diagrama de contexto. O diagrama de contexto reflete graficamente a relação do sistema com o meio ambiente onde está inserido. Esta relação dá–se através do recebimento de estímulos do meio ambiente, os quais ativam processos, e estes, por sua vez, geram respostas, que podem vir a ser respostas externas ao sistema, ou seja, respostas ao meio ambiente. Para o diagrama de contexto na análise essencial aplica–se o DFD.

• Lista de Eventos

Trata–se da especificação das atividades (processos) essenciais que o sistema terá. Tais atividades (no sistema) são ativadas por estímulos (fluxo de dados, fluxo temporal ou de controle), executam processamento e geram respostas. Não há uma precedência estabelecida para a elaboração da lista de eventos e o diagrama de contexto; são atividades que podem estar acontecendo paralelamente mas que devem estar consistentes.

b) Modelo Comportamental

O modelo comportamental é a fase em que o Analista passa a olhar para dentro do sistema. Ele irá detalhar como cada atividade existente na lista de eventos se comportará (como ela deve funcionar). Também fará um modelo de dados sobre

Capítulo 4 – O Modelo Estruturado – uma síntese

o qual o sistema atuará, observando critérios para conseguir bom desempenho na sua utilização (por meio da normalização de dados). Acompanhando mais efetivamente este modelo cria-se o dicionário de dados (muito embora ele já possa existir antes dele). Também nesta fase elabora-se o DFD particionado por eventos e o DFD Hierárquico do sistema, que nada mais é do que o agrupamento de atividades essenciais afins, que enfocam determinado aspecto no sistema.

• *Diagrama de Fluxo de Dados Particionado por Evento*

Para cada item da lista de eventos o Analista de Sistemas fará um Diagrama de Fluxo de Dados, representando de forma gráfica, individualmente, cada evento existente no sistema. Desta forma, haverá tantos diagramas de fluxo de dados particionado por eventos quantos forem os itens existentes na lista de eventos.

• *Diagrama Entidade Relacionamento*

Para a modelagem dos dados, o Analista de Sistemas fará inicialmente o DER.

Com este diagrama, ele terá um poderoso instrumento para mapear como os dados estão organizados e como eles se relacionam. A representação inicial do modelo de armazenamento independe dos dispositivos onde os dados ficarão armazenados. Quando o DER estiver concluído, deve-se criar a modelagem física dos dados, gerando-se o Diagrama de Estrutura de Dados.

• *Diagrama Hierárquico de Macro Atividades*

Trata-se de um DFD onde se propiciará uma visão sintética única do sistema. Neste DFD serão aglutinadas as funcionalidades existentes na lista de eventos de acordo com os assuntos de que tratam. Pegam-se os diagramas de fluxo de dados particionados por eventos e verificam-se quais são aquelas atividades afins (que tratam determinado assunto). Estes processos são aglutinados em somente um único, de tal forma que se obterá uma visão mais sintética da representação do sistema, cuja

Engenharia de *Software* – Análise e Projeto de Sistemas

finalidade, além da documentação, é a possibilidade de examinar–se e definir interfaces e locais de processamento. A fim de facilitar a construção do DFD Hierárquico (através de uma visão mais global do sistema), pode–se antes elaborar o chamado Diagrama Preliminar, que consiste em pegar todos os DFDs particionados por evento e torná–los um só (visão única de um DFD com todos os processos existentes).

c) Dicionário de Dados

Todos os dados referenciados na construção do sistema devem ter sua definição no dicionário de dados. Para a construção do dicionário existem alguns padrões, nos quais é comum encontrar–se a convenção simbólica, conforme a Tabela 10.

SÍMBOLO	SIGNIFICADO
=	É composto de
+	E
( )	Opcional (pode estar presente ou ausente)
{ }	Iteração (Repetição)
[ ]	Escolha uma das opções
* *	Comentário
@	Atributo-chave
/ ou |	Separa alternativas na construção [ ]

Tabela 10 - Simbologia para Dicionário de Dados

Na Figura 57, tem–se a seqüência de trabalho e a relação entre os documentos que são gerados nas fases descritas anteriormente.

Capítulo 4 – O Modelo Estruturado – uma síntese

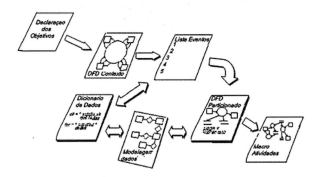

Figura 57 - Documentos gerados na Análise Essencial

4.2.1. Exemplos através de estudos de casos

No presente livro irá se aplicar um mesmo estudo de caso para ilustrar a utilização de dois métodos[1] diferentes de desenvolvimento de software, o que pode facilitar uma avaliação concreta sobre vantagens e desvantagens dos métodos empregados, já que haverá um mesmo referencial de desenvolvimento.

A primeira grande missão do Analista é delimitar a área fronteiriça do sistema que deverá ser desenvolvido. Por exemplo, quando um cliente solicita o desenvolvimento de um sistema de faturamento, é necessário que o Analista busque saber o que o cliente entende por faturamento, para que seja possível saber concretamente onde inicia e onde termina o sistema sob a ótica do cliente. Um cliente "A" pode ter um entendimento diferenciado do que seja um faturamento se comparado a um cliente "B", embora, administrativamente, exista um conceito genérico sobre esta atividade. Os conceitos, neste caso, certamente são úteis, mas, via de regra, o Analista deverá planejar além dos conceitos, incorporando a forma de trabalho específica do cliente.

---

[1] Análise Essencial e Análise Orientada a Objetos.

Exatamente o que se deseja e até onde algo deverá ser feito via *software* são aspectos a serem investigados. Para iniciar este processo de identificação, uma boa dica é começar pela pergunta fundamental: *Por que e para que tal sistema deveria existir?* Naturalmente, quem contrata o serviço está apto a responder a este questionamento com riqueza de detalhes.

4.2.2. Sistema Controle Hoteleiro

Em nosso primeiro estudo de caso, tem-se um sistema hoteleiro[2]. Na fase de exame do domínio do problema, estabeleceu-se que o objetivo é apenas o controle da disponibilidade de quartos do hotel (não envolve qualquer outro aspecto, como controle financeiro, contábil etc.). O conhecimento exato do que deverá ser feito é fundamental e, conforme mencionado anteriormente, busca-se esta informação junto ao cliente, que deve deixar claro o que ele pretende com o software, para o que ele será empregado e de que forma deverá ser útil no seu dia-a-dia. Não é necessário saber, a princípio, os detalhes, mas estabelecer limites; por exemplo, no caso do sistema hoteleiro, o cliente espera que seja controlada a utilização dos quartos, nada mais (o que não significa que em momentos posteriores ele não venha a requisitar novos recursos; apenas, neste caso, serão outros projetos de desenvolvimento).

Uma vez que o Analista de Sistemas tenha estabelecido um conhecimento sobre o que deve ser feito (*que começou pela pergunta: por que e para que se deseja este sistema?*), a seqüência de seu trabalho deve ser um rigoroso levantamento de dados dentro dos limites previamente estabelecidos, o que pode envolver exame e cópia de documentos originais, acompanhamento do fluxo de trabalho, entrevistas com usuários e até mesmo estágio no local objeto do levantamento de requisitos. O Analista de Sistemas deve sair desta fase conhecendo todos os detalhes do

---

[2] Requisitos adaptados a partir do estudo de caso de um sistema Hoteleiro apresentado em (Prado, 1995).

Capítulo 4 – O Modelo Estruturado – uma síntese

negócio, suas regras, exceções, linguagem empregada e eventuais particularidades do negócio na organização que dizem respeito ao foco do desenvolvimento.

Se o Analista ignorar a fase de levantamento de requisitos ou desenvolvê-la superficialmente, assumindo que já possui conhecimentos suficientes sobre o assunto, provavelmente estabelecerá requisitos confusos ou inválidos, fracassando já no início da concepção do sistema.

No estudo de caso da hotelaria, após os procedimentos iniciais referentes ao levantamento de requisitos, chegou-se a um conhecimento acerca do que deveria ser feito. Para que o Analista não esqueça as informações que foram coletadas, é interessante que seja elaborada uma documentação a respeito, de maneira que se possa recorrer à mesma em casos de dúvida, ou ainda que uma outra pessoa saiba quais foram os requisitos levantados (naturalmente, aquilo que seja considerado essencial ao sistema).

O método da Análise Essencial não faz abordagens específicas para o gerenciamento de requisitos e não formaliza ou indica como sistematizar a documentação sobre os requisitos levantados. Sugere-se que se possa estabelecer um texto com a descrição dos requisitos, empregar um formulário nos moldes vistos no Capítulo 3, Figura 33, ou, ainda, empregar uma ferramenta de automação no gerenciamento de requisitos.

No presente estudo de caso, os requisitos foram descritos textualmente como se segue:

–Quando o cliente telefonar ou comparecer no hotel pedindo para reservar um quarto, o funcionário verificará se existe quarto disponível no período solicitado; em caso afirmativo, será feita a reserva do quarto, em caso negativo será informada ao cliente a não-disponibilidade do quarto.

– Quando o cliente não mais desejar o quarto reservado, o funcionário providenciará o cancelamento da reserva, disponibilizando novamente o quarto para outras reservas.

Engenharia de *Software* – Análise e Projeto de Sistemas

– Quando o cliente não comparecer ao hotel para hospedar–se até às 12:00 horas do dia da reserva, sua reserva será cancelada automaticamente.

– Quando o cliente ocupar um quarto, reservado previamente, o funcionário fará o registro da ocupação do quarto pelo cliente. Caso o quarto não esteja reservado previamente, uma mensagem de alerta deverá ser emitida; caso contrário, um pacote com informações úteis sobre o hotel e a liberação de ocupação será fornecido ao cliente.

– Quando o cliente deixar o hotel, notificando sua saída, lhe será apresentada a conta e o quarto será disponibilizado para limpeza.

– O cliente poderá pagar a conta à vista ou a prazo, utilizando cartão de crédito ou cheque.

– Quando o quarto estiver limpo, após uma ocupação, o gerente irá torná–lo disponível para nova locação.

De posse destas informações provenientes do levantamento de requisitos, segue um descritivo da análise do problema e as especificações técnicas da solução escolhida pelo Analista de Sistemas, com aplicação do método da Análise Essencial.

Declaração do Objetivo Geral do Sistema

"Controlar o serviço de reservas, registros e cobrança de quartos de um sistema hoteleiro".

A declaração do objetivo do sistema deve estar resumida a um parágrafo e ser global, especificando o principal propósito da criação do *software*. Não cabe, neste ponto, estabelecer uma lista textual com todas as funcionalidades esperadas no sistema.

Diagrama de Contexto

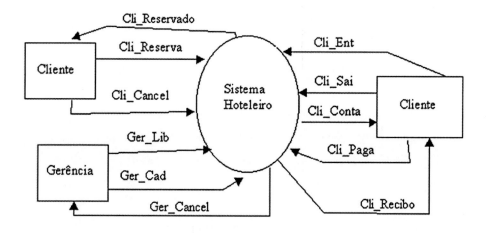

O Diagrama de Contexto é um DFD em que aparece um único processo (bolha) que representa o sistema. Ele mostra a relação do sistema com entidades externas a ele. As entidades externas possuem alguma responsabilidade de interação, quer seja para fornecer informações quer seja como destino de informações geradas pelo sistema.

Um erro comum que se comete ao desenhar-se um DFD de Contexto é retratar como entidade externa pessoas ou departamentos que operam o sistema ou digitam dados nele. As entidades externas devem ser aquelas que representam a *origem* de alguma informação e não aquelas que fazem a transcrição destas informações para o sistema, via entrada de dados, por digitação ou outro meio. O fato de um atendente no hotel digitar os dados relativos a uma reserva solicitada por um cliente não implica que ele seja uma entidade externa, ele é apenas um operador do processo (um intermediário que transcreve os dados). Na verdade, a entidade externa é aquele que disparou o evento; no caso, o cliente.

Outro aspecto importante a ser sublinhado é que não cabe no DFD de Contexto a especificação de depósito de dados. Considera-se que um depósito de dados seja algo *interno* ao sistema (está dentro da bolha) e, portanto, não aparece no contexto, onde se mostram apenas os limites do sistema e sua relação com o mundo fora dele.

As setas que partem das entidades externas com destino à bolha (ao sistema) são fluxos de dados, representam um ou vários dados, os quais são utilizados para alimentar processos existentes no sistema. Tais fluxos de dados são chamados de *estímulos*, uma vez que acionam ações no sistema. Um estímulo aciona uma e somente uma ação, a qual, por sua vez, pode deflagrar outras. O nome atribuído ao estímulo é criado pelo Analista de Sistemas e deve estar documentado em um dicionário de dados.

No desenho do DFD de Contexto, a partir da entidade externa "cliente" é gerado um estímulo chamado "Cli_Reserva". O nome do estímulo é uma representação para o conjunto de dados necessários a uma reserva, tais como rg do cliente, nome do cliente, tipo de quarto desejado, período da reserva etc. (conforme identificado no levantamento de requisitos). Quando "Cli_Reserva" chega ao sistema, um processo é acionado (Cadastrar a Reserva), através do qual alguém alimenta os dados no sistema.

Capítulo 4 – O Modelo Estruturado – uma síntese

Como se descobre quais e quantos são os estímulos que devem ser desenhados no contexto? A partir dos requisitos que foram levantados. Observe que o DFD de Contexto desenhado é uma síntese dos requisitos documentados anteriormente e que, na seqüência, através da lista de eventos, sofrerão um detalhamento.

Lista de Eventos do Estudo de Caso

Nº	Nome do Evento	Descrição do Evento	Estímulo	Tipo Estímulo	Ação ou Processo	Resposta
01	Cliente reserva quarto	Quando o cliente telefona ou vem até o hotel e pede para reservar um quarto, o funcionário executa um procedimento padrão	Cli_Reserva	F	Efetuar reserva	Cli_Reservado
02	É hora de cancelar reserva	Quando o cliente não comparecer ao hotel para hospedar-se até as 12:00 horas do dia da reserva	-	T	Cancelar reserva automaticamente	Ger_Cancel
03	Cliente registra-se no hotel	Cliente faz o registro para a ocupação do quarto, reservado previamente. Caso não reservado, uma mensagem de rejeição será emitida; caso contrário, um pacote com informações será fornecido	Cli_Ent	F	Registrar cliente	

Engenharia de **Software** – Análise e Projeto de Sistemas

04	Cliente solicita saída do hotel	Quando o cliente deixar o hotel, este solicita que providencie o fechamento de sua conta, havendo a disponibilidade do quarto para limpeza	Cli_Sai	F	Fechar quarto	Cli_Conta
05	Cliente paga a conta	Cliente paga a quantia correspondente ao aluguel do quarto e às despesas efetuadas durante sua estada	Cli_Paga	F	Registrar pagamento	Cli_Recibo
06	Cliente cancela a reserva	Quando o cliente não mais desejar o quarto reservado e comunicar o fato, a reserva será cancelada, disponibilizando o quarto novamente	Cli_Cancel	F	Cancelar reserva por solicitação	
07	Gerência disponibiliza quarto	Quando o quarto estiver limpo, o gerente Irá torná-lodisponível	Ger_Lib	F	Liberar auarto	
08	Gerência cadastra quarto	Gerência inclui, exclui ou modifica dados do quarto	Ger_Cad	F	Manipular cadastro de quarto	

A lista de eventos relaciona todas as atividades essenciais (fundamentais) do sistema que se está modelando. A lista de eventos é construída após, ou paralelamente, a construção do Diagrama de Contexto. A diretriz básica é que

Capítulo 4 – O Modelo Estruturado – uma síntese

estas duas ferramentas devem apresentar dados coerentes entre si e devem ser consistidas a partir de um cruzamento das informações que apresentam; por exemplo, todos os estímulos que existem no DFD de Contexto devem aparecer na coluna "estímulo" da lista de eventos (cada um dá origem a um evento na lista). Igualmente, todos os fluxos de dados existentes no Diagrama de Contexto que representam uma resposta do sistema devem constar na respectiva coluna da lista. Só haverá resposta por parte de um sistema se houver um estímulo que acione a ação geradora da referida resposta. Pode-se concluir que a lista de eventos deverá ter, *no mínimo*, tantos eventos quantos forem os estímulos existentes no Diagrama de Contexto; porém, nem toda ação executada a partir de um estímulo irá gerar uma resposta externa ao sistema (uma resposta para o ambiente).

Cada fluxo de dados referente a um estímulo existente no DFD de Contexto dará origem a um item na lista de eventos. Aliás, o início da construção da lista de eventos pode ocorrer desta forma: transcreve-se um dos estímulos existentes no contexto para a respectiva coluna na lista e, na seqüência, atribui-se um nome ao evento. O nome do evento a ser criado deve seguir a estrutura nome da entidade externa + verbo + complemento.

No caso do evento referente ao estímulo "Cli_Reserva", verifica-se que o nome atribuído é "Cliente Reserva Quarto". "Cliente" é o nome da entidade externa de onde o estímulo partiu, "Reserva" é um verbo relacionado com a principal ação que será acionada no sistema a partir do estímulo deflagrado e "Quarto" é um complemento que fecha o sentido no nome do evento.

Depois do nome, pode-se fazer uma descrição textual detalhada sobre *como* acontece o evento. Esta coluna é de presença facultativa na lista de eventos; se omitida aqui, a descrição deve ser colocada no DFD Particionado por Eventos, que será visto mais adiante.

Na lista de eventos, ao lado da coluna do nome do estímulo, tem-se a coluna para documentar-se o tipo do estímulo. Será utilizada a letra "F" quando tratar-se do estímulo proveniente de um fluxo de dados, isto é, uma entidade externa envia

Engenharia de **Software** – Análise e Projeto de Sistemas

dados para o sistema. Há situações em que um estímulo não partirá de uma entidade externa ao sistema, mas será oriundo de ações do próprio sistema (o estímulo é interno ao sistema); nesta situação em que um processo se auto–executa ou é acionado por um outro processo, utiliza–se a letra "T" (temporal) para identificar o tipo de fluxo e, neste caso, a coluna de estímulo deve ficar em branco (ou coloca–se um traço "–"). Quando tratar–se de um estímulo temporal, o nome a ser atribuído ao estímulo segue outra regra, devendo começar com os termos "É hora de...", complementados com algo que indique o que o processo fará (vide item 2 na lista de eventos). O terceiro e último tipo de estímulo possível refere–se ao chamado fluxo de controle, representado pela letra "C". Trata–se de um fluxo de dados proveniente de uma entidade externa que represente uma máquina, a qual enviará diretamente para algum processo no sistema dados a respeito de seu estado.

A coluna "Ação ou Processo" na lista de eventos deve representar a atividade principal que será executada pelo sistema se o respectivo estímulo ocorrer. O nome atribuído à ação deve iniciar com um verbo no infinito.

A última coluna (resposta) representa as possíveis saídas oriundas dos processos executados. Refere–se a respostas que são enviadas para fora do sistema, para alguma entidade externa.

Normalmente, as respostas são relatórios, e–mails ou alguma outra forma de visualização dos dados que são exteriorizados pelo sistema. Não devem ser documentadas como respostas mensagens que o software pode mostrar referente a situações do trabalho operacional; por exemplo, no processo "Efetuar Reserva", após realizar–se uma reserva, o software pode vir a mostrar a mensagem "Reserva efetuada com sucesso!". A referida mensagem tem características operacionais de interface, não dizendo respeito a uma essência do negócio. Interfaces (telas, relatórios e mensagens) serão tratadas na fase de *design*, que vem após a fase de análise.

DFD Particionado por Evento

Depois que a lista de eventos estiver *concluída*, desenvolve-se o Diagrama de Fluxo de Dados particionados por eventos, também conhecido como Diagrama das Atividade Essenciais.

A atividade do desenvolvimento do DFD particionado por evento, onde ocorre um detalhamento dos processos, é também conhecida como *Modelagem Funcional*, já que o aspecto principal é desenhar um modelo de como as funcionalidades existentes no sistema deverão ocorrer, tudo com base nas ações especificadas na lista de eventos.

Em última análise, o Diagrama Particionado por Evento é uma forma visual de enxergar-se a lista de eventos, com o acréscimo de uma descrição da funcionalidade da ação e a porção de dados que esta ação irá utilizar. A partir deste ponto, a Análise de Sistemas passa a incorporar os dados no projeto do sistema; à medida que detalha as ações do sistema, documenta quais são os dados requeridos por determinada ação. Paralelamente pode estar sendo construído o DER.

Conforme a lista de eventos do estudo de caso do controle hoteleiro, deverá haver oito DFDs particionados por evento (um para cada item da lista). A construção dos diagramas particionados por evento devem seguir a estrutura conforme os exemplos que são apresentados a seguir.

- *Evento 1 - Cliente reserva quarto*

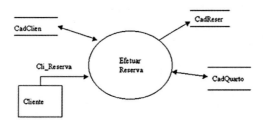

Miniespecificação do processo em pseudocódigo
PEGAR Cli_Reserva
SE cliente inexistente ENTÃO EXECUTAR Cadastro_Cliente
MOSTRAR Lista_Quartos_Livres
MARCAR quarto escolhido (Qua_Sit = 1).
MARCAR cliente (Cli_Sit = 1).
GRAVAR CadReser.

Uma miniespecificação do processo deve acompanhar o Diagrama Particionado por Evento, para a qual pode-se empregar um pseudocódigo. A miniespecificação detalha aspectos necessários para a atividade de implementação (criação dos programas de computador), que não é visível no diagrama. Só é possível um perfeito entendimento do pseudocódigo consultando-se o dicionário de dados envolvido (como mostra o exemplo, "Qua_Sit = 1" pode ser algo misterioso à primeira vista, porém o dicionário de dados pode dirimir tal mistério)

No momento em que se faz um Diagrama Particionado por Evento, está-se focando determinado processo, o qual acessa dados. Os dados sempre são características de "algo" ou de "alguém"; este "algo" ou "alguém" será um depósito de dados que o processo utilizará.

Cada depósito de dados existente no DFD Particionado por Eventos dará origem a uma *entidade* na modelagem de dados (DER).

Seguem outros exemplos, com a especificação do DFD Particionado referente aos eventos 2 e 3.

- *Evento 2 – É hora de cancelar reserva*

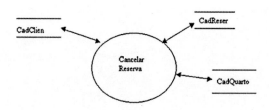

Miniespecificação do processo em pseudocódigo
PARA cada reserva vencida FAÇA:
DESMARCAR quarto escolhido (Qua_Sit = 0).
DESMARCAR cliente (Cli_Sit = 0).
EXCLUIR CadReser.
FIMPARA.

- Evento 3 – Cliente registra-se no hotel

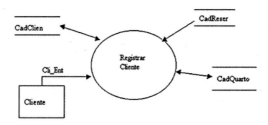

Miniespecificação do processo em pseudocódigo
PEGAR Cli_Ent
LER CadReser
SE existir reserva então FAÇA:
MARCAR quarto escolhido (Qua_Sit = 2).
MARCAR cliente (Cli_Sit = 2).
FIMSE.

E assim, para cada evento existente na lista de eventos, deve ser construído um respectivo Diagrama Particionado por Evento que retrate como a funcionalidade ocorrerá. No estudo de caso exemplificado, devem existir oito Diagramas Particionados por Evento.

Modelagem de Dados do Estudo de Caso

Após concluída a atividade de construção do DFD Particionado por Evento ou em paralelo a ela, o Analista de Sistemas deve construir a modelagem de dados, empregando para tanto o DER. Existe uma necessidade de se estudar mais profundamente como os dados utilizados pelo sistema deverão ser organizados. Este fato deve-se a fatores de performance na sua utilização cotidiana pelos usuários.

A modelagem de dados é a fase do método essencial em que o Analista de Sistemas busca especificar, a partir dos fatos essenciais que estejam associados ao domínio de conhecimento analisado, a perspectiva dos dados, permitindo organizá-los em estruturas bem definidas e estabelecer as regras de dependência e restrições entre eles, produzindo um modelo expresso por uma representação ao mesmo tempo descritiva e diagramática.

No método da Análise Essencial, a modelagem de dados começa a surgir no momento em que é definido algum depósito de dados no DFD particionado por evento, uma vez que tal depósito dará origem a uma ou mais entidades na modelagem de dados (Figura 58). Vários processos podem fazer referência a um cadastro de clientes (CADCLI), e este aparecerá apenas uma vez no modelo de dados. A existência do depósito é oriunda da necessidade de um processo acessar dados, quer seja para seu armazenamento ou recuperação. O modelo de dados que se constrói utilizando o DER é único para o sistema e vai se formando a partir de conclusões às quais o Analista chega pela inspeção de processos (DFD particionados). O modelo inicial dos dados também é chamado de visão em *nível conceitual*, cuja intenção é espelhar a realidade, sob a ótica dos dados. Esta idéia conceitual, ainda que preliminar, sobre os dados a serem armazenados segundo uma visão interpretada do mundo real, é a chamada *abstração de dados*.

Capítulo 4 – O Modelo Estruturado – uma síntese

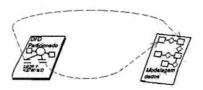

Figura 58 - Depósitos de dados no DFD são entidades no DER

O Modelo Conceitual de Dados

O valor de um modelo conceitual de dados é tanto maior quanto sua aderência à realidade do mundo que ele se propõe a representar. Os quatro elementos primitivos do modelo, que representam o mundo real, são: entidades, relacionamentos, atributos e domínios.

• Entidades

Na modelagem de dados, a palavra entidade refere-se àquilo que constitui a essência de alguma *coisa*, tudo quanto existe ou pode existir, sobre o que desejamos guardar dados. Uma entidade pode ser:
– Um objeto real, como um livro, uma máquina, um lugar, um avião, um quarto
– Uma pessoa, como um empregado, um contribuinte, um aluno, um cidadão
– Um conceito abstrato, como um curso, uma cor, uma empresa
– Um acontecimento

• Relacionamentos

Observa-se que as entidades podem relacionar-se entre si. Dada uma entidade *aluno* e uma entidade *curso*, pode-se estabelecer um relacionamento do tipo "Aluno *freqüenta* curso", ou seja, os dados do aluno e os dados do curso têm um relacionamento de ondem deriva outros dados pertinentes àquelas duas entidades, como, por exemplo, a data de inscrição do aluno no curso. Esta data não refere-se somente ao aluno, nem tão pouco ao curso, mas a ambos simultaneamente.

• Atributos

Uma entidade qualquer, como, por exemplo, "aluno", pode conter uma série de características que foram definidas para armazenamento que dizem respeito à pessoa aluno. Pode-se ter, por exemplo: Nome-do-Aluno, Idade-do-Aluno, Endereço-do-Aluno, Telefone-do-Aluno. Cada um destes *campos* constitui uma característica específica sobre o "aluno" e recebe o nome de a*tributo*. Um atributo, juntamente com seu conteúdo, assumido em um determinado momento no tempo, pode ser chamado de *dado*.

• Domínios

Domínio é o conjunto de valores válidos para um determinado atributo. Um domínio pode ser obrigatório, identificador, referencial, simples ou composto. Por exemplo, para o atributo Sexo-Aluno, o domínio possível será { "M", "F"}. Endereço-Aluno certamente terá um domínio composto, ou seja, na verdade ele é uma estrutura de dados, tendo, portanto, outros atributos e seus domínios.

Na Figura 59 vê-se a entidade *CadClien* e a entidade *CadQuarto*. Ente as entidades há uma representação de relacionamento (losango). Tanto para as entidades quanto para o relacionamento foram indicados atributos que denotam alguma característica daquilo que representam. No caso da entidade CadClien, observam-se os atributos Cli_cpf, Cli_nome, Cli-End, Cli_sit e Cli_Ult_Data. O significado exato de cada um destes atributos deve ser especificado no dicionário de dados (como se verá adiante). Há atributos que não possuem repetição no conjunto de conteúdos que armazenam, como, por exemplo, o Cli_cpf. O Cli_cpf está sendo utilizado para armazenar o número do CPF do Cliente. O CPF é um número único, não se repete. Esta característica credencia tal atributo para ser o identificador de um registro (ou tupla) na entidade. Por meio deste atributo

Capítulo 4 – O Modelo Estruturado – uma síntese

encontra-se um registro em particular no conjunto que compõe a entidade. Acha-se o José da Silva entre todos os clientes existentes.

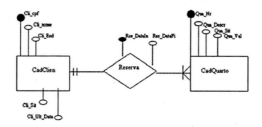

Figura 59 - DER do estudo de caso

Cada entidade existente no modelo de dados (DER) deve corresponder a um depósito de dados no DFD particionado por evento. Não é possível a existência de entidades no DER que não tenham menção, como depósito de dados, em pelo menos um dos DFD particionados por evento.

Espera-se que o Analisa de Sistemas, à medida que estiver construindo o DFD particionado por evento, no mínimo, faça uma lista com os depósitos de dados que irá utilizar, bem como seus atributos, a fim de que, a partir desta lista, possa iniciar a construção do DER, ou, preferencialmente, já vá construindo o DER progressivamente.

No passo seguinte, a partir da modelagem lógica dos dados, gera-se sua modelagem física, ou seja, cria-se um modelo de dados com um formato a partir do qual os dados serão implementados de fato. Para tanto, gera-se o *Diagrama de Estrutura de Dados (DED)*.

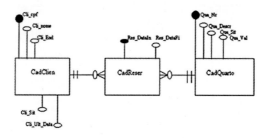

Figura 60 - DED do estudo de caso

Diagrama Hierárquico de Macroatividades

Uma vez concluídos os DFDs particionados por evento e a modelagem de dados, pode-se desenvolver o Diagrama Hierárquico de Macroatividades. Este diagrama consiste em um DFD que agregará eventos relativos a um mesmo assunto, permitindo uma visão simplificada do sistema.

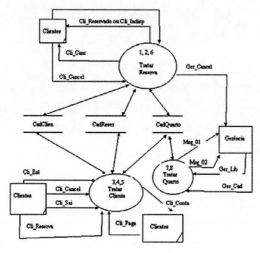

Figura 61 - DFD de Macroatividades

No DFD Hierárquico de Macroatividades (Figura 61), verifica-se a presença de três bolhas, cada qual representando um assunto: "Tratar Reserva", "Tratar Cliente" e "Tratar Quarto". Dentro das bolhas, em sua parte superior, verifica-se a presença de uma numeração; por exemplo, em "Tratar Reserva" têm-se os números 1, 2 e 6. Cada número destes faz referência a um item da lista de eventos (ou DFD Particionado por Evento); portanto, pode-se afirmar que os itens 1, 2 e 6 da lista de eventos têm como assunto principal o aspecto "Tratar Reserva" e, assim, cada bolha representa um assunto, onde foram reunidos os itens que dizem respeito a tal assunto. Essa aglutinação se dá pela inspeção que o Analista de Sistemas faz em cada item da lista de eventos, distribuindo-os segundo os critérios (assuntos) que criou.

Capítulo 4 – O Modelo Estruturado – uma síntese

Não existem parâmetros técnicos definidos no método que indiquem quantas bolhas deve ter um DFD Hierárquico de Macroatividades. As bolhas são criadas conforme a visão do Analista de Sistemas com relação a possíveis assuntos que são tratados no sistema; porém, deve-se lembrar que a idéia é que este diagrama seja utilizado para propiciar uma visão resumida do sistema; logo, ele deverá ter proporcionalmente menos bolhas do que a quantidade de itens existentes na lista de eventos. Uma dica para quem está começando, e que possa vir a ter problemas com a identificação de assuntos, não sabendo identificá-los ou dimensionar sua quantidade, é aplicar uma simples regra de três, considerando que para 22 itens de uma lista de eventos têm-se *em média* 4 assuntos[3] que os resumem.

Nem sempre será fácil classificar um item da lista de eventos segundo um assunto, pois existirão itens que terão foco em dois ou mais assuntos; porém, o Analista deve decidir-se por apenas um dos assuntos para classificação do item, o qual não pode aparecer em mais de um assunto o mesmo item.

Paralelamente a todo o trabalho de análise do sistema, deve-se ir mantendo um dicionário de dados, que registrará todos os nome criados (inventados pelo Analista de Sistemas); independentemente do fato de serem ou não auto-explicativos, para tal registro emprega-se a notação simbólica apresentada na Tabela 10. Segue um exemplo de dicionário de dados.

---

[3] Estes números que estou sugerindo provêm de minha experiência com o acompanhamento de vários projetos desenvolvidos.

Engenharia de *Software* – Análise e Projeto de Sistemas

Dicionário de Dados (parcial) do Estudo de Caso

Nome Criado	Significado e Características
Caracter_Valido =	* Conjunto de caracteres que poderão ser utilizados * Tipo: Alfanumérico Tamanho: 01 [A-Z | 0 –9 | @ | & | / | a – z | , | . | - | *]
Cli_Cpf =	* Conterá o Código do Cadastro de Pessoa Física (CIC) * Formato: 999.999.999-99
Cli_Nom =	* Nome do Cliente * Tipo: Alfanumérico Tamanho: 40 Conteúdo: {Caracter_Valido}
Cli_Rua =	* Rua, Avenida, Praça e n.º onde reside o Cliente * Tipo: Alfanumérico Tamanho: 40 Conteúdo: {Caracter_Valido}
Cli_Bairrov =	* Nome do Bairro onde reside o cliente * Tipo: Alfanumérico Tamanho: 20 Conteúdo: {Caracter_Valido}
Cli_Cidade =	* Nome da Cidade onde reside o Cliente * Tipo: Alfanumérico Tamanho: 20 Conteúdo: {Caracter_Valido}
Cli_UF =	* Sigla do Estado onde se encontra a cidade do cliente * Tipo: Alfanumérico Tamanho: 02
Cli_Cep =	* Código do endereçamento postal de onde reside o cliente * Formato: 99999-999
Cli_End =	* Endereço completo de residência do cliente * Cli_Rua + Cli_Bairro + Cli_Cid + Cli_UF + Cli_Cep

Capítulo 4 – O Modelo Estruturado – uma síntese

Cli_Sit =	* Indicará se o cliente encontra-se hospedado ou não * Tipo: Inteiro Tamanho: 01 Conteúdo: 0 * Não está Hospedado * 　　　　　 1 * Encontra-se com Reserva Feita * 　　　　　 2 * Encontra-se Hospedado *
Cli_Ult_Data =	* Deverá ter a última data em que o cliente hospedou-se * Formato: 99/99/9999
Cli_Registro =	* Tupla do Cliente * 　@Cli_cpf + Cli_Nom + Cli_End + Cli_Sit + Cli_Ult_Data
CadClic =	{Cli_Registro}

Certamente, deve-se, tanto quanto possível, obter o dicionário de dados de forma automática.

4.2.3. Outro Estudo de Caso: Sistema de Biblioteca

Por meio deste outro estudo de caso, embora ainda considerando um ambiente imaginário, uma vez que os requisitos listados a seguir não foram oriundos de uma situação real, a partir da coleta das informações em campo, mas criados com o propósito de permitir a especificação de um pequeno projeto para efeito didático, procurando-se reforçar os conceitos já expostos anteriormente, de acordo com o método da Análise Essencial.

O levantamento de requisitos para um sistema de consulta, reserva e locação do acervo de uma biblioteca constatou quais são os desejos do usuário e que o software a ser desenvolvido deverá disponibilizar as seguintes funcionalidades:

• Possibilitar o cadastro de exemplares de diferentes tipos de obras, tais como:

– Livros

– Periódicos (revistas, jornais, informativos)

– Dissertações

Engenharia de *Software* – Análise e Projeto de Sistemas

– Teses

– Relatórios Técnicos (pesquisas)

– Cd–Rom

– DVD

– Vídeos (nos vários tipos e formatos)

– Outras. Deixar previsto de forma flexível a possibilidade de incluirem-se novos tipos de obras

• Prever um cadastro com informações básicas e de contato para os usuários

• Permitir consultas ao acervo existente, bem como informar sobre sua disponibilidade ou não

• Obras que tenham mais de um exemplar podem aceitar reservas

• Possibilitar o empréstimo de obras que tenham mais de um exemplar na biblioteca, salvo nas situações descritas a seguir:

– quando a obra tratar-se de um periódico (só pode ser consultada nas dependências da biblioteca)

– quanto o usuário da biblioteca já tiver em seu poder mais de 5 obras emprestadas

– quando o usuário estiver em atraso há mais de 4 dias quanto a devolução de eventuais obras que estejam sob seu poder

Se a obra emprestada tiver sido antecipadamente reservada, no momento do empréstimo deve ocorrer a baixa do registro de reserva

• Registrar a devolução das obras emprestadas

• Identificar os usuários com devolução em atraso a mais de x dias, onde x deve ser variável; tais usuários devem ser notificados através de um email ou carta

• Identificar obras solicitadas e que são inexistentes no acervo, por meio de um relatório parametrizável por um período

• Identificar as obras mais retiradas em um período

Capítulo 4 – O Modelo Estruturado – uma síntese

- Identificar usuários mais freqüentes quanto a empréstimos
- Manter um histórico por usuários de sua atividade de reserva e empréstimo junto à biblioteca

Declaração do Objetivo Geral do Sistema

"Controlar a Reserva, Locação e Devolução do Acervo de uma Biblioteca"

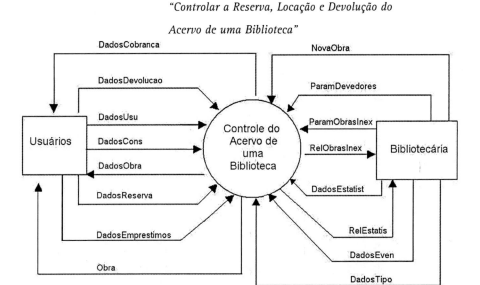

DFD de Contexto

Observe, no contexto que acaba de ser apresentado, que existem onze estímulos que chegam ao sistema. Como se sabe os estímulos são fluxos de dados que indicam a alimentação ou provimento de dados para alguma ação no sistema; portanto, deverá haver, na lista de eventos, no mínimo onze itens, que irão documentar as ações pertinentes ao sistema. Estas ações, por sua vez, segundo consta no contexto, irão gerar cinco respostas (saídas de informação do sistema, por algum mecanismo, para o meio ambiente). É necessário que sejam identificadas, para cada uma das respostas existentes, quais são as ações que as geram. Tudo isso deve ficar claro na lista de eventos que se segue.

Engenharia de *Software* – Análise e Projeto de Sistemas

Lista de Eventos

Nº	Nome do Evento	Descrição	Estímulo	Tipo	Ação	Resposta
01	Usuários solicitam cadastro	Um usuário, pessoa física, comparece à biblioteca para efetuar seu cadastro apresentando um comprovante de Residência, CIC e RG.	DadosUsu	F	Cadastrar usuários	
02	Usuários consultam obras	Uma obra pode ser consultada a partir de um assunto, título, autor, editora ou gênero. Basta que o usuário informe uma destas características.	DadosCons	F	Consultar Obras	DadosObra
03	Usuários reservam obras	De posse da referência da obra desejada (que pode ser conseguida via consulta), um usuário deseja reservar obra disponível.	Dados Reserva	F	Reservar obras	
04	Usuário empresta obras	Um usuário pode tomar emprestada uma obra desde que ela não seja um periódico, ele tenha em seu poder menos de 6 obras e não esteja em atraso quanto à devolução.	Dados Emprestimo	F	Emprestar obras	Obra
05	Usuários devolvem obras	O usuário comparece à biblioteca para devolver as obras que tem em seu poder.	Dados Devolução	F	Registrar devolução	

Capítulo 4 – O Modelo Estruturado – uma síntese

Nº	Evento	Descrição	Dados	F	Função	Saída
06	Bibliotecária cadastro nova obra	A bibliotecária ou alguém de sua responsabilidade (um funcionário auxiliar) cadastra novas obras e/ou exemplares das obras.	DadosObra	F	Cadastrar obras	
07	Bibliotecária identifica devedores	Conforme a periodicidade desejada, a bibliotecária checa os usuários que estão em atraso com a devolução de obras, para os quais é enviado um email ou carta de cobrança.	Param Devedores	F	Gerar cobrança para devedores	Dados Cobrança
08	Bibliotecária verifica obras inexistentes	Com objetivo de novas aquisições, a bibliotecária pode levantar quais foram as obras solicitadas em um período que não existem na biblioteca.	Param O brasInex	F	Identificar obras inexistentes	Rel O brasInex
09	Bibliotecária verifica dados estatísticos	A bibliotecária pode identificar quais foram as obras mais emprestadas em um determinado período, bem como quais foram os usuários que mais utilizaram a biblioteca para empréstimos.	Dados Estatist	F	Gerar estatísticas	RelEstatist
10	Bibliotecária cadastra eventos	Este cadastro será feito uma vez e, eventualmente, será incrementado com novos tópicos. Trata-se de uma tabela com os eventos que podem ocorrer na biblioteca, tais como reservar, emprestar, devolver etc.	DadosEven	F	Cadastrar eventos	
11	Bibliotecária cadastra tipos de obras	Uma vez feito este cadastrado, raramente se voltará a mexer nele. Trata-se de tipos de obras, tais como livros, periódicos, fitas de vídeo, cd-roms etc.	DadosTipo	F	Cadastrar tipo de obra	

Engenharia de *Software* – Análise e Projeto de Sistemas

DFD Particionado por Evento

1) Usuários solicitam cadastro

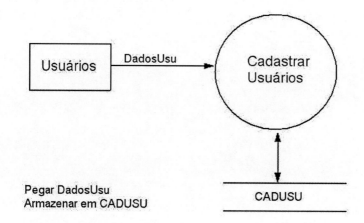

Pegar DadosUsu
Armazenar em CADUSU

2) Usuários consultam obras

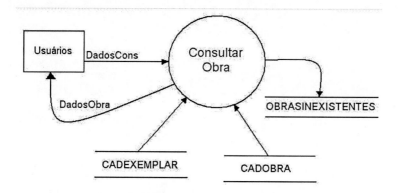

Pegar DadosCons
Localizar Obra
Se Obra Inexistente Gravar OBRASINEXISTENTES
Se Obra Existente, então:
    Mostrar dados da Obra
    Para cada Exemplar da obra rquerida:
        Mostrar dados do exemplar
    FimPara
FimSe

2) Usuários reservam obras

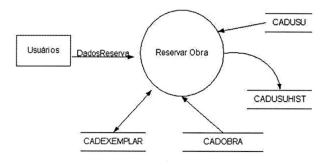

Pegar DadosReserva
Localizar usuário em CadUsu
Localizar obra em CadObra
Localizar exemplar em CadExemplar
Atualizar CadExemplar.DataUltReserva = DadosReserva.Data
    CadExemplar.UltUsuario = DadosReserva.Usuario
Gravar CadUsuHist

3) Usuário toma obra emprestada

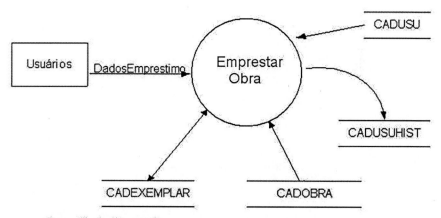

Pegar DadosEmprestimo
Localizar Obra
Localizar um exemplar disponível da obra (CadExemplar.Situacao < 2)
Atualizar CadExemplar conforme segue:
    CadExemplar.DataUltRetirada = Data atual do sistema
    CadExemplar.Situacao = 2
Gravar CadUsuHist

Engenharia de *Software* – Análise e Projeto de Sistemas

4) Usuários devolvem obra

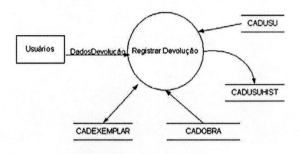

Pegar DadosDevolução
Localizar Obra
Localizar exemplar emprestado da obra
Atualizar CadExemplar conforme segue:
    CadExemplar.Situacao = 0
Gravar CadUsuHist

5) Bibliotecária cadastra nova obra

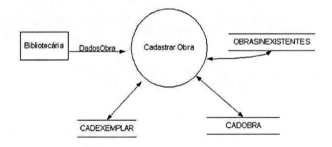

Pegar DadosObra
Gravar CadObra
Se DadosObra existir em ObrasInexistentes então:
    Excluir ObrasInexistentes.
FimSe
Gravar CadExemplar

Capítulo 4 – O Modelo Estruturado – uma síntese

6) Bibliotecária identifica devedores

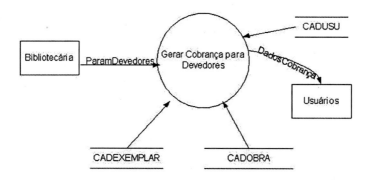

Pegar ParamDevedores
Para cada CadExemplar onde CadExemplar.situação = 2 faça:
    Se (CadExemplar.DataUltRetirada + ParamDevedores.DiasDisponíveis) > Data sistema então:
        Localizar dados da obra em CadObra
        Localizar dados do usuário em CadUsu
        Emitir DadosCobrança
    FimSe
FimPara

7) Bibliotecária identifica obras inexistentes

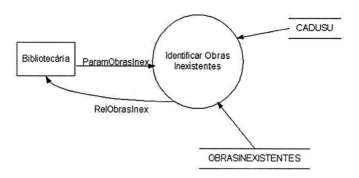

Pegar ParamObrasInex
Para cada ObrasInexistentes conforme ParamObrasInex faça:
    Localizar usuário em CadUsu
    Emitir RelObrasIneix
FimPara

8) Bibliotecária verifica dados estatísticos

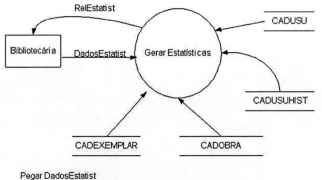

Pegar DadosEstatist
Para cada CadUsuHist de acordo com DadosEstatist faça:
    Localizar CadUsu
    Localizar CadObra
    Localizar CadExempla
    Emitir DadosEstatist
FimPara

9) Bibliotecária cadastra eventos

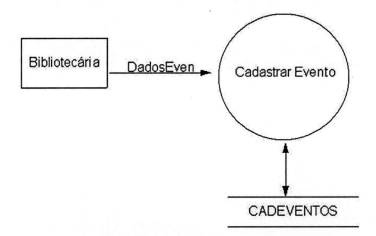

Pegar DadosEven
Gravar CadEventos

Capítulo 4 – O Modelo Estruturado – uma síntese

10) Bibliotecária cadastra tipos de obra

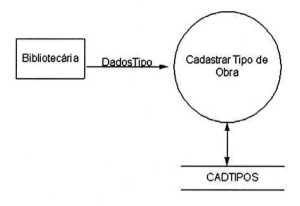

Pegar DadosTipo
Gravar CadTipos

Modelagem Lógica de Dados (DER)

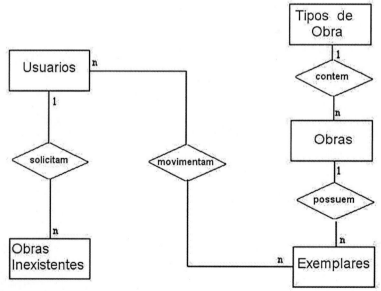

Modelagem Física[4]

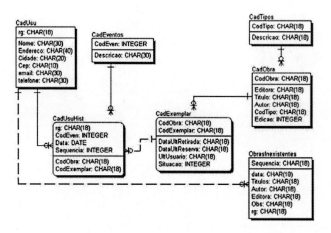

Dicionário de Dados do Estudo de Caso da Biblioteca

Propositadamente, os nomes criados para atributos não seguem um único formato, para que se possa verificar quais são os efeitos deste descaso. Ao criarem-se nomes para atributos em um dicionário de dados, é recomendado (e não obrigatório) que se possa seguir uma estrutura de formatação (uma nomenclatura), pois ela facilita a leitura e identificação de atributos. Uma possível estrutura para nomes de atributos, por exemplo, é apresentada a seguir:

XXXZZZZZZ...

Onde,

XXX = uma sigla que identifique o depósito original do atributo

ZZZZZZ... = o complemento que faz referência ao conteúdo que será armazenado no atributo

---

[4]Foi utilizado o software Erwin 4.0 (Computer Associates International, Inc.) para desenvolver a modelagem física dos dados.

No dicionário que se segue, os dados relativos à documentação do cadastro de usuários procuram seguir uma estrutura para a definição dos nomes; os demais atributos foram criados de forma livre ou tentando atender a outros padrões de formatação.

Ao ser estabelecido um padrão de formatação ou estrutura para nomes, *todos* os nomes de atributos devem seguir a mesma estrutura, evitando uma anarquia de nomenclaturas no dicionário de dados (como se vê no dicionário que se segue).

Inicio da Descrição do Dicionário de Dados

Caracter_Valido = * Conjunto de caracteres que poderão ser utilizados *
Tipo: Alfanumérico
Tamanho: 01
[A–Z | 0 –9 | @ | & | / | a – z | , | . | – | *]

Descrição dos Dados Relativos ao Cadastro de Usuários

Usu_Rg = * Conterá o número do registro geral do usuário *
Tipo: Alfanumérico
Tamanho: 18

Usu_Nom = * Nome do usuário *
Tipo: Alfanumérico
Tamanho: 40
Conteúdo: {Caracter_Valido}

Usu_Rua = * Rua, Avenida, Praça, e n.º onde reside o usuário *
Tipo: Alfanumérico
Tamanho: 40
Conteúdo: {Caracter_Valido}

Engenharia de *Software* – Análise e Projeto de Sistemas

Usu_Bairro   =   * Nome do bairro onde reside o usuário *
Tipo: Alfanumérico
Tamanho: 20
Conteúdo: {Caracter_Valido}

Usu_Cidade =   * Nome da cidade onde reside o usuário *
Tipo: Alfanumérico
Tamanho: 20
Conteúdo: {Caracter_Valido}

Usu_U =   * Sigla do Estado onde se encontra a cidade do usuário *

Tipo: Alfanumérico
Tamanho: 02

Usu_Cep =   * Código do endereçamento postal de onde reside o usuário *
Formato: 99999-999

Usu_End   = * Endereço completo de residência do usuário *
Usu_Rua + Usu_Bairro + Usu_Cid + Usu_UF + Usu_Cep

Usu_Telefone =   * Número(s) de telefone do usuário *
Tipo: Alfanumérico
Tamanho: 30

Usu_email =   * Endereço eletrônico do usuário *
Tipo: Alfanumérico
Tamanho: 30

Usu_Registro = * Tupla ou registro do usuário *
@Usu_cpf + Usu_Nom + Usu_Cep + Usu_End +
Usu_Cidade +   Usu_UF +
Usu_Telefone + Usu_email

CadUsu =   {Usu_Registro}

Capítulo 4 – O Modelo Estruturado – uma síntese

Descrição dos Dados Relativos aos Possíveis Tipos de Obras que Fazem Parte do Acervo

Cod_Tipo = * Identificação de um tipo de obra *
Tipo: Alfanumérico
Tamanho: 18

Descr_Tipo = * Descrição do tipo de obra *
Tipo: Alfanumérico
Tamanho: 18

Tipo_Registro = * Tupla ou registro do tipo de obra *
@Cod_tipo + Descr_Tipo

Descrição dos Dados Relativos às Obras que Compõem o Acervo

CodObra = * Identificador de uma obra *
Tipo: Alfanumérico
Tamanho: 18
Conteúdo: {Caracter_Valido}

Editora = * Identificação da editora da obra *
Tipo: Alfanumérico
Tamanho: 18
Conteúdo: {Caracter_Valido}

Titulo = * Titulo da obra *
Tipo: Alfanumérico
Tamanho: 40
Conteúdo: {Caracter_Valido}

Autor = * Nome do autor da obra *
Tipo: Alfanumérico
Tamanho: 30
Conteúdo: {Caracter_Valido}

Engenharia de *Software* – Análise e Projeto de Sistemas

Edição = * Ano da edição da obra *
Tipo: Inteiro
Tamanho: 4

Obra_Registro = * Registro ou Tupla da obra *
@Cod_obra + Editora + Titulo + Autor + Cod_Tipo + Edicao

CadObra = * Cadastro das obras *
{Obra_Registro}

Descrição dos Dados Relativos aos Exemplares de uma Obra

Cod_Exemplar = * Idenficador do exemplar de uma obra *
Tipo: Alfanumérico
Tamanho: 18
Conteúdo: {Caracter_Valido}

DataUltRetirada = * Data em que o exemplar foi retirado pela última vez *
Tipo: Data
Formato: 99/99/9999

DataUltReserva = * Data em que o exemplar foi reservado pela última vez *
Tipo: Data
Formato: 99/99/9999

UltUsuario = * Código do usuário que fez a última retirada do livro
*
Tipo: Alfanumérico
Tamanho: 18
Conteúdo: Usu_Rg

Situacao = * Identifica a situação em que se encontra determinado exemplar *
Tipo: Inteiro
Tamanho: 1
Conteúdo: 0 * liberado para reserva ou retirada *

1 * reservado *
2 * retirado *
3 * indisponível por problemas no exemplar *

Capítulo 4 – O Modelo Estruturado – uma síntese

```
Ex_Registro    =  * Tupla ou registro do exemplar *
                    @Cod_Obra +
                    @Cod_Exemplar
                    + DataUltRetirada
                    + DataUltReserva
                    + UltUsuario +
                    Situacao
CadExemplar    =  * Cadastro do exemplar *
                    {Ex_Registro}
```

Descrição dos Dados Relativos à Identificação de Possíveis Eventos que Envolvam Usuários e Exemplares das Obras do Acervo

```
CodEven   =  * Identificador do evento *
             Tipo: Inteiro
             Tamanho: 3
DescrEven =  * Descrição do evento *
             Tipo: Alfanumérico
             Tamanho: 30
             Conteúdo: {Caracter_Valido}
Ev_Registro =  * Registro ou tupla do evento *
             @CodEven + DescrEven
CadEventos =  * Cadastro da identificação de eventos *
             {Ev_Registro}
```

Descrição dos Dados Relativos à Movimentação de Exemplares por Parte do Usuários (histórico do usuário/exemplar)

```
Data =  * Data em que ocorreu o evento *
        Tipo: Data
        Tamanho: 99/99/9999
```

Engenharia de *Software* – Análise e Projeto de Sistemas

Sequencia = * Numero seqüencial que ordena ou diferencia eventos ocorridos dentro de uma mesma data *
Tipo: Inteiro
Tamanho: 6

UsuHist_Reg = * Registro ou tupla do registro de eventos entre usuário/exemplares *
@Usu_Rg + @CodEven + @Data + @Sequencia + CodObra + Cod_Exemplar

CadUsuHist = * Cadastro dos registros de eventos entre usuários/exemplares *
{UsuHist_Reg}

Descrição dos Dados Relativos ao Registro de Obras Inexistentes no Acervo da Biblioteca e que Foram Procuradas por Algum Usuário

ObraInexSeq = * Numero seqüencial identifica uma solicitação de obra inexistente *
Tipo: Inteiro
Tamanho: 6

ObraInexData = * Data em que a obra foi solicitada *
Tipo: Data
Tamanho: 99/99/9999

ObraInexTitulo = * Titulo da obra que foi solicitada *
Tipo: Alfanumérico
Tamanho: 40

ObraInexAutor = * Autor da obra inexistente *
Tipo: Alfanumérico
Tamanho: 40

ObraInexEditora = * Editora da obra inexistente *
Tipo: Alfanumérico
Tamanho: 18

Capítulo 4 – O Modelo Estruturado – uma síntese

ObraInexObs = * Uma observação ou informação
complementar referente à obra *
Tipo: Alfanumérico
Tamanho: 40

ObraInexRg = * Identifica quem foi o usuário que
procurou a obra inexistente *
Tipo: Alfanumérico
Tamanho: 18
Conteúdo: Usu_Rg

Capítulo Cinco

5

Paradigma da Orientação a Objetos

"Com o software, brincamos com a realidade. Podemos fazer com que algo tenha certo comportamento quando, na realidade, ele é diferente. Podemos criar uma interface simples com algo complexo e ocultar a complexidade." (Martin e Odell, 1996)

Engenharia de *Software* – Análise e Projeto de Sistemas

A grande maioria dos métodos empregados como modelo para o desenvolvimento de software, em geral, são baseados em duas abordagens: na decomposição funcional e/ ou na modelagem de dados. Pode-se dizer que estão constituídos segundo o paradigma estruturado. Têm-se visões dissociadas onde são distinguíveis processos e dados. Os processos possuem uma modelagem própria e os dados idem. Em algum ponto, nos métodos tradicionais empregados (Análise Estruturada e Análise Essencial), as abordagens de processos e dados se cruzam, já que, na realidade, processos acessam dados e, de alguma forma, o método deve retratar com fidelidade o que ocorre no ambiente real. Tanto nos métodos da Análise Estruturada quanto na Análise Essencial, o Diagrama de Fluxo de Dados é empregado para a representação da funcionalidade; porém, como elemento necessário que dá subsídios às funções, também aparecem os dados (depósitos de dados); posteriormente ou paralelamente, desenvolve-se uma modelagem de dados, em geral empregando-se o DER.

No paradigma orientado a objetos, dados e funções são vistos de forma agregada, não ocorrendo uma modelagem separada para cada um destes componentes (Ambler, 1997); portanto, sob este ponto de vista, a orientação a objetos favorece uma modelagem mais natural, que melhor retrata a realidade, já que processos e dados estão coligados, não se encontrando dissociados em qualquer atividade real.

A orientação a objetos fundamenta-se em princípios que não são novos (Coad & Yourdon, 1992), (Booch et al., 2000). Especialmente como modelo para o desenvolvimento de software, a orientação a objetos possui uma propriedade sinergética com que seus componentes podem ser arranjados para melhor espelhar a solução sistêmica dada a um problema do usuário, o qual deve, previamente, ser entendido (levantamento de requisitos).

No início dos anos 90, o paradigma da orientação a objetos passou a ocupar lugar de destaque no desenvolvimento de software. Três aspectos foram relevantes para a ascensão da orientação a objetos, contrapondo-se aos métodos estruturados: a unificação de conceitos entre as fases de análise e programação, o grande potencial de reutilização do software e a facilidade de manutenção.

Capítulo 5 – Paradigma da Orientação a Objetos

A orientação a objetos também se apresentou com a esperança de suprir algumas das preocupações da indústria do software: a necessidade de criar software corporativos muito mais rapidamente, mais confiáveis e a um baixo custo. Os meios para se conseguir esta proeza encontram-se nas características apresentadas pelo paradigma da orientação a objetos, o que leva a um salto quantitativo e qualitativo na produção do software (Booch et al., 2000).

O paradigma[1] da orientação a objetos[2] surgiu primeiramente com a programação de computadores, no final dos anos sessenta, com a linguagem SIMULA. Nos anos setenta, era parte importante da linguagem SMALLTALK, desenvolvida pela Xerox. Este paradigma só estreou na Análise de Sistemas no final da década de oitenta (Rumbaugh et al., 1994), (Coad & Yourdon, 1992).

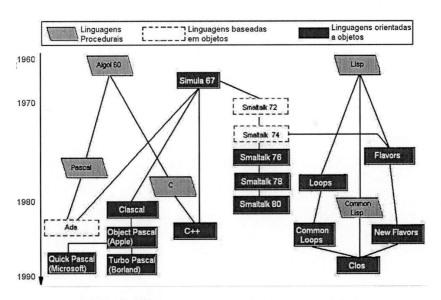

Figura 62 - Algumas linguagens do Modelo Orientado a Objetos

---

[1]Paradigma, segundo o dicionário Aurélio, significa modelo, padrão. Um modelo é uma abstração de alguma coisa, cujo propósito é permitir que se conheça essa coisa antes de se construí-la (Rumbaugh et al., 1994). Um modelo é uma simplificação da realidade. Construímos modelos de sistemas complexos porque não é possível compreendê-los em sua totalidade (Booch et al., 2000).

[2]Objeto é a representação abstrata de coisas do mundo real, que, sob o ponto de vista do nosso problema, possuem atributos e métodos comuns.

Engenharia de *Software* – Análise e Projeto de Sistemas

A característica básica dos métodos orientados a objetos que se apresenta como uma grande vantagem quanto a sua utilização, é a façanha de terem unificados os formalismos utilizados na análise, projeto e programação. Os conceitos envolvidos são os mesmos, independentemente da fase no desenvolvimento do software, o que, teoricamente, vem a facilitar a forma de comunicação entre o pessoal técnico envolvido no projeto.

5.1. O Que É um Objeto?

Quando nos damos conta das coisas que nos cercam, intuitivamente constatamos a presença de vários objetos. É também muito natural classificar estes objetos a partir de vários pontos de vista: forma, utilidade etc. Percebe-se que cada objeto tem características segundo sua estrutura e funcionalidade. Ao examinar mais cuidadosamente determinado ambiente, verifica-se que existem objetos que são semelhantes. A semelhança depende do foco que se observa, o referencial quem dá é o observador. Uma caneta azul é muito semelhante a uma caneta vermelha e ambas também têm alguma semelhança com lápis, dadas as características de formato, tamanho e função (escrever).

Figura 63 - Universo de Objetos, adaptado de (Shlaer & Mellor, 1990)

Capítulo 5 – Paradigma da Orientação a Objetos

Nossa capacidade de pensar abstratamente nos permite separar objetos semelhantes segundo suas características e atribuir um nome genérico a este conjunto. Por exemplo, um avião monomotor, uma aeronave de carga, uma aeronave a jato, poderia-se agrupar todas elas em um conjunto chamado *Avião*. Ou seja, *Avião* é uma abstração[3] da realidade – trata-se de uma generalização de um aspecto da realidade, *sob a ótica de quem a observa*.

Figura 64 – Abstração da realidade

Objeto é a representação de elementos físicos do mundo real, que, sob o ponto de vista do problema a ser resolvido, possuem atributos e métodos comuns. Objetos também podem representar elementos abstratos, que são inventados para que se possa obter controle sobre alguma situação.

Atentando-se para o fato de que a definição de objetos menciona "representação", verifica-se que um certo objeto do mundo real pode ser visto sob diferentes enfoques, dados dois fatores: a ótica de quem observa e o problema em que o objeto está inserido (contexto). Vamos a um exemplo que poderá nos ajudar a esclarecer este aspecto. Observemos a narrativa: "Joaquim desenvolve duas *atividades* profissionais, é *médico* e *professor*. Joaquim é uma dessas pessoas que *possui muitos clientes* (pacientes e alunos). Trata-se de um grande *contribuinte* de impostos para o país, o estado e o município. Recentemente, Joaquim ficou estressado, tornando-se também um *paciente*."

---

[4]Princípio de observação de aspectos relevantes para um propósito, sob a perspectiva do observador (Coad e 1992), (Booch, 2000).

Ao fazer-se uma análise mais detalhada da narrativa sobre a vida de Joaquim, verifica-se que, sob o ponto de vista de atividades profissionais, ele encontra-se em dois conjuntos simultaneamente (médicos e professores). Podemos dizer que médico e professor são especialidades de uma pessoa (no caso, Joaquim). Assim como Joaquim, outras pessoas também possuem tais especialidades.

O mesmo Joaquim, agora sob a ótica do país, do estado e do município, é um contribuinte. Nem todas as pessoas o são. E parece haver apenas dois *tipos* de pessoas contribuintes, as físicas e as jurídicas (empresas, organizações). Sob a ótica de seus clientes, quer sejam alunos ou pacientes, o Sr. Joaquim é um *fornecedor* de serviços.

Observa-se que o Sr. Joaquim é o mesmo; porém, diferentes enfoques sugerem diferentes papéis que são exercidos pelo mesmo objeto do mundo real. Cada papel que vier a ser exercido por um objeto implica a verificação dos atributos e métodos necessários, pois assume-se diferentes responsabilidades no exercício de diferentes papéis.

Atributos representam as características do objeto; por exemplo, o objeto caneta, possui como atributos tamanho, cor, fabricante e modelo. Métodos são operações ou funções oferecidas pelo objeto, ou seja, aquilo que ele pode fazer. O objeto caneta pode, por exemplo, ter um método chamado *escrever*.

Os objetos também apresentam algumas *propriedades*:

• *Estado*

Diz respeito à situação em que pode estar um determinado objeto. Por exemplo, o objeto caneta pode estar no estado "com tinta" ou "sem tinta". Podemos ainda atribuir à caneta outros estados "Inteira para uso" ou "quebrada". O estado depende da natureza do objeto.

• *Comportamento*

Qualquer objeto apresenta um comportamento. O comportamento é o meio por meio do qual o objeto passa de um estado para o outro. Normalmente, isto se dá mediante uma condição/ação (a ação será sempre um método a ser executado).

- *Identificação*

Todo objeto é identificável. Embora se possa ter várias canetas de um mesmo tamanho, cor, fabricante e modelo, cada uma delas é uma caneta em particular, possuindo sua própria identidade; assim, as canetas são distinguíveis entre si.

5.2. Classe de Objetos

Uma Classe representa um conjunto de objetos de mesma característica. Suponha existir uma *Classe de Avião*. Ela é uma generalização de objetos aviões. Todos os objetos desta classe terão identidade e serão distinguíveis. Dois aviões de mesma cor, tamanho e formato continuam sendo aviões distintos. Cada um deles é uma *instância da classe (um objeto)*; dada a sua existência, são diferenciados por sua identidade. Uma instância herda as características da classe a que pertence (por características entendem-se os atributos e métodos).

Pode ocorrer também a existência de uma Classe de Classes. Neste caso, temos uma generalização de classe. Toda classe de classes é chamada de metaclasse, classe mãe (ou pai) ou, ainda, superclasse. Toda classe que herda as características de outra classe pode ser chamada de subclasse.

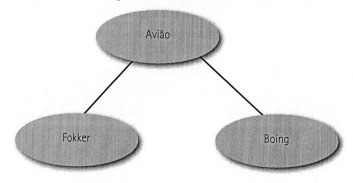

Figura 65 - Generalização / especialização

Na Figura 65, **Avião** é a chamada classe mãe ou superclasse ou, ainda, metaclasse. *Fokker* e *Boeing* são subclasses de Avião. Herdam todas as características que Avião possui; porém trata-se de uma especialização de avião, o que quer dizer que *Fokker* tem particularidades que são especificamente suas, assim como o *Boling*, embora ambos compartilhem de características comuns (generalização), as quais estão expressas na classe mãe Avião.

Outro exemplo sobre generalização e especialização pode ser visto na Figura 66.

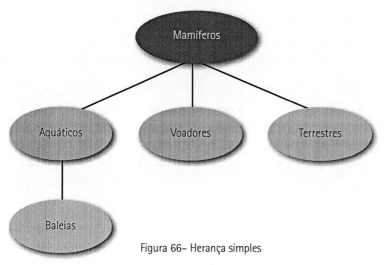

Figura 66- Herança simples

Várias leituras podem ser feitas a partir da Figura 66. A classe mãe de todas as classes existentes na Figura 66 é Mamíferos. Aquáticos é classe mãe de Baleias. Baleias tem, acima dela, duas superclasses dentro do mesmo ramo de herança. Ao herdar todas as características de Aquáticos, automaticamente Baleias herdam todas as características que Aquáticos tenham herdado em sua árvore genealógica (portanto, herdou todas características de Mamíferos). Quando ocorre uma herança com as características vistas em Baleias, a partir de um único ramo de herança, diz-se tratar de *herança simples*, independentemente da quantidade de superclasses existentes no ramo.

Capítulo 5 – Paradigma da Orientação a Objetos

Quando uma classe herda características de mais de um ramo genealógico, diz-se haver *herança múltipla*. Este exemplo pode ser observado na Figura 67, onde verifica-se que o gerente de vendas herda simultaneamente características de vendedor e de gerente; nesta mesma situação de herança múltipla, verificam-se as classes de gerente técnico e secretária técnica.

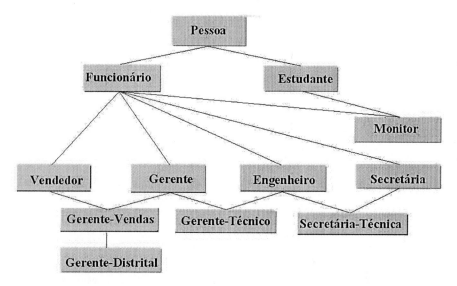

Figura 67 – Herança múltipla

5.3. Encapsulamento

Encapsulamento é o conceito que faz referência à ocultação ou ao empacotamento de dados e procedimentos dentro do objeto. Não há dados ou procedimentos fora de um objeto. Cada objeto poderá conter atributos (características próprias do objeto) e procedimentos (funções, métodos) que guardará dentro de si.

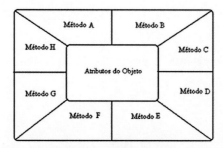

Figura 68 – Encapsulamento

No Modelo Orientado a Objetos, o acesso a um dado só é permitido ao objeto que contém tal dado. Um objeto acessa seus dados através dos métodos que contém. Um método existente em um Objeto "A" pode ser acionado por um Objeto "B". Este "acionamento" é chamado de mensagem. O Objeto "B" manda uma mensagem para o Objeto "A". Qualquer método acionado poderá ou não gerar respostas (retornos ou resultados decorrentes de sua ação).

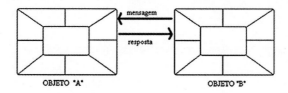

Figura 69 – Acionamento de método

Imagine que o objeto "A" seja um cliente e o objeto "B" seja a representação de uma nota fiscal. O objeto "B", para cumprir uma de suas responsabilidades (emitir a nota fiscal), precisa dos dados do cliente. Para acessar tais dados é necessário acionar algum método do Objeto "A" (em cliente), o qual pegará os dados necessários (encapsulados no objeto "A") e os enviará como resposta. Em nível de exemplo, a seguir mostra-se um pseudocódigo que ajuda a esclarecer esta situação. O pseudocódigo exemplificado é uma linha de comando existente em

Capítulo 5 – Paradigma da Orientação a Objetos

algum método do objeto "B" – objeto chamador, o qual acionará o método em "A" (diz–se que "B" envia uma mensagem para "A") e, de acordo com o método acionado, receberá uma resposta (dados desejados).

```
dados-resposta-no-objeto-B = ObjetoA.ConsultarDados(cnpj-cliente);
```

No exemplo, *dados-resposta-no-objeto-B* receberá como conteúdo o retorno (ou resposta) gerado pelo método *ConsultaDados*, que é acionado no ObjetoA. Ao ser acionado, é passado um parâmetro para o método (*cnpj-cliente*) que informa ao método de qual cliente deseja receber os dados.

5.4. Acoplamento Dinâmico, Herança e Polimorfismo

Ao receber uma mensagem, o objeto verificará se existe um serviço (método) que defina seu comportamento perante esta mensagem. A mensagem sempre aciona um método correspondente no objeto que a recebeu. Pode ser que não exista no objeto acionado um método de acordo com a invocação feita pela mensagem. Caso o objeto não encontre um método dentro de seu encapsulamento, verificará em seus ramos de herança aquelas superclasses que tenham o método invocado. Este mecanismo de busca de serviços é chamado de *acoplamento dinâmico*.

Mensagens iguais destinadas a objetos diferentes podem gerar comportamentos diferentes. Para uma mesma mensagem, objetos diferentes podem responder ou agir de forma diferenciada; a isto chamamos *polimorfismo*. Por exemplo, uma mensagem "print" para uma impressora pode fazer com que a mesma comece imediatamente a imprimir. A mesma mensagem para uma outra impressora pode ocasionar a apresentação de uma tela com opções de configuração da impressora. Portanto, temos a *mesma mensagem* enviada a objetos distintos, os quais respondem de forma diferenciada.

5.5. Estados e Mudanças de Estados (Comportamento)

Imagine uma poltrona de um avião. Ela pode ter atributos, tais como cor, dimensão, localização e código de identificação. Ela também pode ter métodos, como reservar, liberar reserva, marcar como ocupada, desmarcar ocupação e marcar como indisponível. O método *reservar*, por exemplo, seria acionado sempre que uma pessoa fizesse uma reserva para uma determinada poltrona; já o método *liberar reserva* seria acionado toda vez que alguém desistisse da reserva feita. Agora imagine o conjunto de poltronas existentes no avião, disponíveis para os passageiros. Elas têm caraterísticas comuns, servem para a mesma coisa, possuem a mesma funcionalidade e, sob a ótica do problema a ser resolvido poderiam ser generalizadas como *poltronas*.

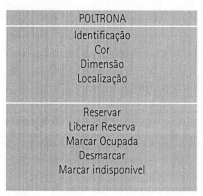

Figura 70 – Exemplo de uma classe poltrona

Há vários controles que se pode desejar sobre a poltrona do avião em um sistema de informação. Sob a ótica de cada um destes controles desejados, pode-se afirmar que o objeto poltrona, em um momento no tempo, se encontrará em determinado *estado*.

Se o controle desejado for, por exemplo, a reserva da poltrona, podem-se eleger dois estados possíveis que a poltrona estará em um determinado momento no tempo: Reservada ou Liberada para Reserva (eventualmente, pode-se eleger um terceiro estado, indisponível, caso se queira prever alguma situação em que não seja possível reservar a poltrona mesmo que ela esteja livre para reserva

Capítulo 5 – Paradigma da Orientação a Objetos

– poltrona quebrada, por exemplo). *Estado, portanto, será a situação em que se encontra determinado objeto sob a ótica daquilo que se deseja controlar.*

estado = situação do objeto

Uma lâmpada elétrica pode ser encontrada em um dos seguintes estados: ACESA ou APAGADA.

Figura 71 - Exemplo de Estados

Diferentemente do exemplo mostrado na Figura 71, em que a lâmpada se apresenta em um de *dois possíveis estados*, vários objetos podem apresentar vários estados possíveis em virtude de um aspecto a ser controlado.

Em um semáforo, a situação que envolve o controle sobre a cor acesa em determinado momento deve considerar que se pode assumir três possíveis estados: verde, amarelo e vermelho. Em um sistema de informação acadêmico em que se deseja ter como um dos controles sobre os alunos a situação de pagamento, estabeleceram-se três possíveis estados: mau pagador, deficiente e bom pagador. Observe que estes estados foram "criados" de acordo com o desejo do usuário dentro do propósito do sistema, podendo-se constituir em uma particularidade do local para o qual o software foi desenvolvido.

No caso do controle acadêmico exemplificado, *mau pagador* poderia significar um aluno que sempre atrasa ou deixa de pagar mensalidades, *deficiente* seria a classificação atribuída a alunos que atrasam mensalidades com freqüência intermitente e *bom pagador* seriam os alunos que pagam em dia suas mensalidades. O estabelecimento de estados de um objeto permite certo grau de arbitrariedade, uma vez que os estados serão identificados segundo a necessidade ou regras de negócios da organização para a qual o software será desenvolvido.

Em qualquer objeto, chama-se *transição de estado* a passagem de um estado para outro. Esta transição decorre de dois fatores: uma condição e uma ação. A transição de estado, portanto, é um comportamento do objeto.

Ao acendermos ou apagarmos uma lâmpada, estamos provocando uma transição de estado.

Uma *Condição* representa a causa necessária para que haja a transição de estado. Uma ação é desencadeada quando satisfeita uma condição. Esta *ação* representa a atividade do sistema que efetua a transição de estado. Atualmente, pode-se representar graficamente o modelo de transição de estados de um objeto utilizando-se o Diagrama de Transição de Estados. Na Figura 72 tem-se a simbologia empregada para o Diagrama de Transição de Estados (DTE).

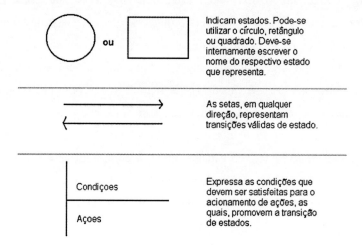

Figura 72 - Símbolos do Diagrama de Estados

Um exemplo simples de aplicação do DTE pode ser visto a seguir, representando os possíveis estados desejados de controle sobre uma lâmpada.

Capítulo 5 – Paradigma da Orientação a Objetos

Estados e Mudança de Estados

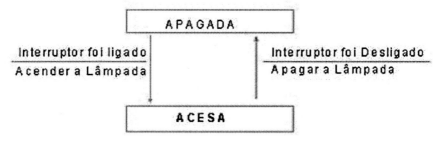

Figura 73 - Exemplo de transição de estados

No caso de um estado, graficamente também é possível representá-lo por meio de um linha com terminadores, além do círculo, do retângulo ou do quadrado. O exemplo a seguir dá uma idéia desta representação.

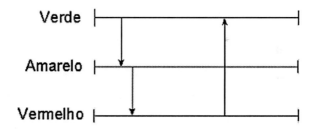

Figura 74 - Estados de um semáforo

5.6. Benefícios do Paradigma da Orientação a Objetos

Espera-se que a aplicação da orientação a objetos possa vir a trazer uma ampla gama de benefícios no desenvolvimento do software. A expectativa é que venha a superar todos os benefícios proporcionados pelos métodos convencionais de construção de software, ainda utilizados.

• Modelagem mais natural

A aplicação dos conceitos da orientação a objetos na análise de sistemas permitirá modelar a empresa ou áreas da aplicação de uma forma mais natural, visto que os recursos a serem aplicados (forma e estrutura) retratam com mais fidelidade o mundo real. A capacidade de retratar o universo pesquisado é moldada em diagramas que refletem exatamente o arranjo dos objetos no mundo real. A própria transição entre etapas na construção do software, aplicando-se o paradigma orientado a objetos, representa sucessivas refinações com os mesmos conceitos e linguagem.

• Reutilização

Diante da forma como são projetados os recursos do software, é possível atingir-se a maximização na reutilização. Várias classes projetadas constituirão bibliotecas, que poderão ser acionadas por outros projetos diferentes daqueles que a originaram.

• Projetos mais rápidos com qualidade

Em função da característica da reutilização, uma vez que existam bibliotecas que ofereçam classes com recursos necessários, novos projetos utilizarão estes componentes preexistentes. Em conseqüência, espera-se que novas construções devam demorar menos tempo do que o seriam se fossem feitas de outra forma. O fato de as bibliotecas serem utilizadas por diversos projetos implica que os recursos lá existentes estarão testados e com sua funcionalidade aprovada; portanto, além da velocidade na construção de novos projetos, acabam colaborando para a inexistência de *bugs*, aumentando o grau de qualidade do *software*.

• Codificação mais simples de programas
Também dada a estrutura de como se apresenta o paradigma da orientação a objetos, a codificação de métodos reduz a complexidade na construção do código dos programas. Isto traz simplicidade no momento de se codificar, testar e dar manutenção no software.

Capítulo Seis

6

Linguagem de Modelagem Unificada (UML)

"Como se resolve um mistério? Há um caminho de dedução a partir de indícios. É o caminho mais usado na literatura dita 'de mistérios'. Há um caminho indutivo: a partir de um fenômeno, recua-se a seus determinantes, à sua estrutura. Há um método socrático, pelo qual as idéias partejam a si próprias, quando se admite nada saber."

Ana Lúcia Cavani Jorge, Psicanalista (Jorge, 1988)

Engenharia de *Software* – Análise e Projeto de Sistemas

A principal preocupação de um desenvolvedor de software deve ser a construção de um produto (software) capaz de satisfazer às necessidades[1] de seus usuários e respectivos negócios a partir de uma verificação detalhada dos problemas que devem ser resolvidos aliada aos desejos do usuário sobre a questão; todo o resto é conseqüência. Nem sempre todas as solicitações oriundas do contexto para informatização parecerão lógicas sob a ótica de um técnico, mas serão motivadas por questões políticas no cerne de uma cultura empresarial. Considerar todos estes requisitos para o desenvolvimento de um software deve ser o objetivo principal para um desenvolvedor; *modelar* um sistema é uma atividade de primeira grandeza, sem a qual o objetivo principal não será devidamente alcançado.

6.1. Modelagem Visual

Para se conseguir desenvolver um software capaz de satisfazer às necessidades de seus usuários, com qualidade duradoura, por meio de uma arquitetura sólida que aceite modificações, de forma rápida, eficiente, com o mínimo de desperdício e retrabalho, é necessário o emprego de modelagem. Modelagem é uma parte central de todas as atividades que levam à implantação de um bom software (Rumbaugh, 2000). Construir o modelo de um sistema não é uma atividade simples ou fácil, devendo ser consideradas várias abordagens: a organização da empresa, os processos existentes ou requeridos, as informações existentes (ou requeridas) e os recursos envolvidos.

Pode–se fazer uma representação dos recursos organizacionais dispondo–os em hierarquia (Figura 75), de maneira que no primeiro nível hierárquico poderia-se visualizar um organograma que define responsabilidades a serem exercidas por pessoas. As pessoas no desempenho de algum papel dentro da organização

---

[1]Nem sempre claras (ou conhecidas) para o próprio usuário, será preciso deduzi-las a partir de indícios...

Capítulo 6 – Linguagem de Modelagem Unificada (UML)

são, em geral, as responsáveis pela execução de processos. Assim, do ponto de vista da confrontação ou cruzamento entre um organograma e uma modelagem funcional da organização, encontra-se um forte impacto de natureza política, que promove, segundo sua conveniência, várias modificações na condução dos processos existentes, muitas vezes sem uma preocupação com os aspectos técnicos envolvidos, o que torna a modelagem de processos uma tarefa difícil.

Não é possível desenvolver uma modelagem de processos sem a interferência de pessoas e da cultura estabelecida em uma organização; portanto, quem modela deve desenvolver habilidades que sobrepujam às técnicas.

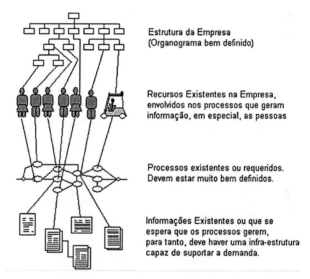

Figura 75 - Vários aspectos a ser considerados em uma modelagem

Modelos[2] são construídos para se compreender melhor o sistema que será desenvolvido. Com a modelagem, podem-se alcançar quatro objetivos (Rumbaugh, 2000):

- Visualizar do sistema como ele é ou como desejamos que seja

---

2 Um modelo é uma abstração da realidade, uma simplificação dela. Construímos modelos de sistemas complexos porque não é possível compreendê-los em sua totalidade, representando-se, então, a porção ou recorte da realidade que interesse de acordo com o sistema que se irá planejar.

- Os modelos permitem especificar a estrutura ou o comportamento de um sistema
- Os modelos proporcionam um guia para a construção do sistema
- Os modelos documentam as decisões tomadas

Existem limites para a capacidade humana de compreender complexidades, mais especificamente, reter todos os detalhes que envolvem uma realidade complexa, os relacionamentos existentes, as possíveis situações que possam ocorrer dependendo da combinação de cada aspecto envolvido. Com a ajuda da modelagem, delimitamos o problema que estamos estudando, restringindo nosso foco a um único aspecto por vez. Quanto mais complexo for o sistema, maior será a probabilidade de ocorrência de erros ou de construção de itens errados, caso não haja qualquer modelagem; além disso, podem-se "esquecer" de detalhes que surpreendentemente irão comprometer o produto quanto estiver sendo utilizado.

Os diferentes aspectos do sistema que se está modelando são chamados de *visões*. Um sistema que se planeja construir poderá vir a ter um número ilimitado de visões; quanto maior a complexidade do sistema, maior tende a ser a quantidade de visões que se avaliará, cada uma mostrando aspectos particulares do sistema e propiciando ângulos e níveis de abstração diferentes; assim, um molde completo do sistema poderá ser construído. As visões também podem servir de ligação entre a linguagem de modelagem e o método/processo de desenvolvimento escolhido. Qualquer sistema deve ser considerado a partir de três macroaspectos básicos:

- **Funcionais** (sua estrutura estática e suas interações dinâmicas)
- **Não-funcionais** (requisitos de tempo, confiabilidade, desenvolvimento etc.)
- **Organizacionais** (organização do trabalho, mapeamento dos módulos de código, distribuição física do hardware etc.).

De acordo com o método de desenvolvimento a ser utilizado, cada visão é descrita por um ou mais conjuntos de diagramas que contemplam os elementos

Capítulo 6 – Linguagem de Modelagem Unificada (UML)

daquela porção da realidade. Todos os sistemas bem desenvolvidos, que se mostram como recursos úteis a seus usuários, apresentam uma tendência natural para se transformarem em algo mais complexo ao longo do tempo, dado que os requisitos são mutáveis no tempo; assim, o panorama que originou o software em algum momento vai se transformando de maneira que, se o software não sofrer adequações para atender aos novos requisitos, acaba se tornando obsoleto. Portanto, ainda que considere não ser necessário fazer modelagem hoje, à medida que o sistema construído evoluir, tornando-se algo mais complexo, você certamente se arrependerá dessa decisão.

6.2. Síntese Histórica da UML

A Linguagem de Modelagem Unificada (*UML*[3]) *não é* um método de desenvolvimento de sistemas[4], é uma linguagem de modelagem gráfica que pode ser aplicada para descrever e documentar um projeto de software. Ela simplifica o complexo processo de análise, projeto e construção de software, criando visões do sistema que está sendo construído (Rational, 2001).

Um método pressupõe um modelo de linguagem para as especificações técnicas e um processo. O modelo de linguagem é a notação que o método usa para descrever o projeto. O processo é constituído de passos que devem ser seguidos para se construir o projeto. O modelo de linguagem é uma parte muito importante do método, corresponde ao ponto principal da comunicação. Se uma pessoa quer conversar com outra sobre o projeto, é por meio do modelo de linguagem que elas se entendem. À medida que um projeto avança, é com o uso do modelo de linguagem que se documenta tudo o que foi definido nas fases.

---

[3]Várias informações complementares sobre UML podem ser encontradas em http://www.uml.org

[4]No próximo capítulo há um estudo de caso que utiliza um método empregando a UML, além disto, no Anexo II há uma breve explanação sobre o método RUP que também emprega UML.

Engenharia de *Software* – Análise e Projeto de Sistemas

Se em algum momento deseja-se recuperar detalhes sobre um aspecto que foi analisado anteriormente, esta atividade é facilitada com o modelo de uma linguagem, ainda que a atividade seja desenvolvida por uma pessoa diferente daquela que fez a referida especificação.

A UML é uma linguagem padrão para visualizar, especificar, construir e documentar artefatos de um sistema baseado em software (Rational, 2001). Os autores da UML preocuparam-se em incorporar recursos que permitissem a abordagem de diversos tipos de sistemas, desde os mais simples até os sistemas concorrentes e distribuídos. Os esforços são concentrados em um metamodelo comum, que unifica as semânticas, e em uma notação comum que fornece uma interpretação humana destas semânticas. A UML reuniu vários recursos existentes em diversos métodos orientados a objetos.

São várias as menções acerca da grande quantidade de métodos orientados a objetos que foram originados no início dos anos 90 (Furlan, 1998). A "novidade" de aplicar-se o modelo orientado a objetos no processo de desenvolvimento do software, bem como algumas características que demonstravam ser um meio eficaz para a produção do software, levaram a uma grande entusiasmo quanto à aplicação do recurso, muito embora tenha se estabelecido o inconveniente de que, dado o grande número de metodologias existentes não se tinha a noção de qual delas seria a ideal. A indústria não tinha como lançar produtos que dessem resguardo a este ou aquele método, já que não tinha a perspectiva sobre qual deles haveria uma convergência de mercado.

Em 1997, por iniciativa da OMG (*Object Management Group*), foi aberta a proposta para apresentação de trabalhos de padronização de um modelo para desenvolvimento de sistemas que atendesse ao modelo orientado a objetos. A UML foi a proposta vencedora, apresentada pela empresa *Rational Software Corporation*, e se tornou um padrão a ser seguido pelo mercado com relação às especificações orientadas a objetos. A OMG é uma organização sem fins lucrativos; ela cuida das padronizações vinculadas ao modelo orientado a objetos e possui

Capítulo 6 – Linguagem de Modelagem Unificada (UML)

mais de 800 filiados, incluindo empresas de renome no mercado internacional, implicando, portanto, que o mercado como um todo utilizará software que irão considerar a UML como referência.

Esta proposta de padronização foi um esforço liderado por *Grady Booch, James Rumbaugh* e *Ivar Jacobson* que resultou na versão 1.0 da UML publicada em 13 de janeiro de 1997 e adotada como padrão pela OMG no mesmo ano. Aglutinou o que havia de melhor em vários métodos então existentes, tendo recebido a colaboração de vários metodologistas (Furlan, 1998).

6.3. Conceitos da UML

A UML tem como objetivo prover a desenvolvedores de software uma linguagem de modelagem visual completa, buscando atingir os seguintes aspectos:

- Disponibilização de mecanismos de especificações que possam expressar os níveis conceituais.
- Independência de processos de desenvolvimento e linguagens de programação.
- Incentivo ao crescimento das aplicações desenvolvidas no conceito da orientação a objetos.
- Permissão de suporte a conceitos de desenvolvimento de alto nível, tais como *frameworks*, padrões e componentes.

O Processo de Desenvolvimento de Software não está previsto na UML, o que a torna, portanto, uma linguagem de modelagem e não um método, mas podem-se eleger, em termos genéricos, cinco etapas para o desenvolvimento de software em que a UML pode ser aplicada: análise de requisitos, análise sistêmica, projeto, implementação, testes/implantação.

6.3.1. Análise de Requisitos

O levantamento de requisitos deve ser a primeira etapa a ser desenvolvida, uma vez que reunirá os subsídios necessários para as etapas seguintes. Na análise de requisitos verificam-se quais são os problemas e desejos do usuário com relação ao software que será desenvolvido. À medida que o levantamento de requisitos é realizado, pode-se fazer uma modelagem das atividades encontradas, empregando-se para isto o diagrama *use-case*. Este diagrama permite a representação da relação do software com o ambiente externo a ele, documentando-se quem irá fazer uso das funcionalidades a serem desenvolvidas (pessoas, departamento e outros sistemas). As pessoas, departamentos e outros sistemas são entidades externas ao software que será desenvolvido e, pelo fato de desempenharem algum papel relevante ao sistema, são chamados de *atores*. Na UML, a título de generalização do conjunto de "coisas" que interagem diretamente com um software, utiliza-se um estereótipo chamado "ator" (*actor*). Desta forma, as pessoas, departamentos e outros sistemas são denotados como atores externos. Os atores externos têm alguma relação de uso com o sistema. Esta relação sempre denota uma responsabilidade que pode ser modelada no diagrama "use-case". A relação entre atores e o sistema tem vínculo com uma funcionalidade do software que será desenvolvido, de maneira que se pode antecipadamente conhecer *o que* deverá existir no software, sem a preocupação de *como* isto será implementado.

6.3.2. Análise Sistêmica

Durante a análise sistêmica será feito um estudo de todos os dados e processos verificados na fase anterior (levantamento de requisitos), de maneira que se façam abstrações para a identificação de classes, seus atributos e métodos. As classes deverão ser apresentadas em um modelo de maneira que se visualize a estrutura e forma em que elas deverão interoperar; para tanto, poderá ser

Capítulo 6 – Linguagem de Modelagem Unificada (UML)

empregado o Diagrama de Classes. Na análise sistêmica só serão modeladas classes que pertençam ao domínio principal do problema do software. Uu seja, classes técnicas que gerenciem banco de dados, interface, comunicação, concorrência e outros não estarão presentes neste diagrama.

6.3.3. Projeto

Nesta etapa extrapola-se o domínio principal do problema do software. Outras classes podem ser adicionadas ao modelo existente para propiciar uma infra-estrutura tecnológica, como a interface do usuário e dos periféricos, gerenciamento de banco de dados, comunicação com outros sistemas etc. Trata-se de um aprimoramento da etapa anterior, cujo resultado será um detalhamento das especificações para que seja possível a programação do software.

6.3.4. Implementação

Nesta etapa ocorre a codificação dos programas de computador, naturalmente empregando uma linguagem orientada a objetos. Esta codificação deve inicialmente estar ocorrendo automaticamente, convertendo-se o modelo de classes para o código da linguagem escolhida. Esta conversão automática será possível dependendo do software $CASE^5$ que se esteja utilizando. No momento, a conversão realizada pelos softwares CASE do modelo de classes para uma linguagem, gera apenas "a espinha dorsal" do código. Ainda há a necessidade de intervenção manual para a criação do software. O que se realiza nas etapas anteriores a esta é apenas a criação de modelos que traduzem tecnicamente o significado do entendimento e da estrutura do sistema. A programação é o desfecho onde os modelos criados "ganham vida".

---

[5] Computer Aided Software Engineering - Engenharia de Software Auxiliada por Computador

6.3.5. Testes e Implantação

Todo software codificado deve sofrer rigorosos e exaustivos testes na busca incessante de erros e conseqüente eliminação dos mesmos. São quatro aspectos que devem ser abordados nesta etapa. O primeiro aspecto são os testes de unidade, onde cada programa, individualmente, é testado. Posteriormente, quando todos os programas tiverem sido testados, faz-se um teste de conjunto. Nada garante que, apesar de terem funcionado individualmente, eles irão se comportar bem quando executados em conjunto (já que nesta situação outros fatores estão relacionados, como desempenho, compartilhamento etc.). Se tudo estiver correto, deve-se partir para testes de integração, quando o software criado tiver algum mecanismo de interface com outros sistemas. Por último será feito o teste de adequação aos requisitos, com o envolvimento direto do usuário, o qual dará a aprovação final, quando então o software poderá ser implantado.

6.4. Notações da UML

Como é impossível representar-se um sistema na sua totalidade por meio de um único diagrama, é necessário um conjunto de recursos que expressem os diversos aspectos que compõem o sistema. Pensando neste contexto, a UML possibilita empregar várias notações gráficas que buscam caracterizar todo o sistema. O sistema é descrito em facetas (visões), nas quais se observam aspectos particulares de um mesmo sistema; a junção destas visões mostra o sistema na sua totalidade. Cada visão está composta por um conjunto de diagramas que retratam a particularidade enfatizada pela visão.

Capítulo 6 – Linguagem de Modelagem Unificada (UML)

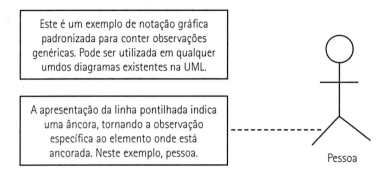

6.4.1. Diagrama de Casos de Uso (*Use Cases*)

O diagrama é usado para descrever o que um novo sistema deverá fazer ou para descrever um sistema já existente, podendo mostrar como o sistema se comporta em várias situações que podem ocorrer durante sua operação. O Diagrama de "Casos de Uso" deve representar todas as funcionalidades que o software deverá possuir. Naturalmente, por funcionalidade, subentende-se macroprocedimentos que tenham um objetivo completo dentro do contexto geral; por exemplo, em um sistema de vendas, "cadastrar pedidos" seria uma funcionalidade, "cadastrar cliente" outra.

Originariamente, o diagrama foi criado por Ivar Jacobson, baseado em suas experiências no desenvolvimento de um sistema para a Ericsson com a utilização dos métodos OOSE e Objectory. Considerando as cinco fases de desenvolvimento de sistemas mencionadas (análise de requisitos, análise sistêmica, projeto, implementação e implantação), o Diagrama *Use Case* está relacionado com a primeira delas, *já que os casos de usos são aplicados para* capturar os requisitos solicitados pelo cliente. Por meio dessa modelagem pode-se ter um contexto de como será o funcionamento do sistema, sem se preocupar com a implementação do mesmo. Trata-se de um primeiro nível de abstração acerca do sistema.

Um Diagrama de *Casos de Uso* representa uma coleção de *use case* e *ator*. *Ele* permite a representação da relação existente entre elese, com isto, especifica-se ou documenta-se a funcionalidade esperada de um software. A construção de modelos de casos de uso é feita a partir de várias discussões entre os as pessoas envolvidas com o sistema a ser modelado: desenvolvedores, clientes e usuários finais. É necessário um esforço muito grande por parte do Analista de Sistemas no sentido de reunir todas as informações necessárias sobre cada aspecto funcional que se espera obter do software que será objeto de modelagem.

Os clientes e usuários finais têm interesse neste tipo de modelagem, já que ela representa todos os recursos que eles poderão utilizar quando o software estiver pronto; a participação deles durante a fase de levantamento de requisitos é fundamental, uma vez que um Analista de Sistemas será um agente que transcreverá aquilo que entender sobre a realidade exposta pelos clientes/usuários e suas necessidades, em especificações técnicas que devem retratar tal realidade. O processo de *feedback* é imprescindível no levantamento de requisitos. O Analista de Sistemas deve sempre repassar o que entendeu com os usuários envolvidos no problema.

É importante estabelecer os limites do sistema logo no início do levantamento de requisitos. Desta forma, o foco da atividade será compreender os processos contidos no limite estabelecido, suas interfaces e integração com outros sistemas. A funcionalidade de todo o sistema é representada por um conjunto de casos de uso que retratam a funcionalidade completa esperada para o software. Cada caso de uso, por sua vez, deve ser extensivamente avaliado, para que seja possível encontrar todas as possíveis situações de uso da funcionalidade que está sendo modelada.

Pode-se dizer que no Diagrama de Casos de Uso o sistema se parece com uma "caixa-preta" que oferece funcionalidades. Para construírem-se diagramas de *casos de uso*, os itens a seguir devem ser considerados:

- Captar (entender) a funcionalidade necessária para a resolução dos problemas existentes, sob a ótica do cliente ou usuários.

Capítulo 6 – Linguagem de Modelagem Unificada (UML)

• Mostrar uma *visão funcional* coesa sobre tudo o que o software deverá fazer, já que este diagrama será a base para todo processo de desenvolvimento.

• Deverão ser aplicados testes de validação (verificar se software, quando pronto, realmente possui a funcionalidade inicialmente planejada).

• Propiciar facilidades para a transformação dos requisitos funcionais em classes e operações reais do software.

As etapas a seguir constituem um roteiro que pode ser seguido na elaboração do Diagrama de Casos de Uso:

• Definir o sistema e entender de forma macro de seus objetivos.

• Identificar os possíveis atores (quem exerce alguma atividade pertinente ao sistema) e os casos de usos existentes (atividades que envolvem os atores identificados).

• Detalhar várias situações de funcionalidade para os casos de uso.

• Estabelecer os relacionamentos entre os elementos.

• Checar o modelo com usuários e cliente .

O Diagrama de Casos de Uso deve descrever o sistema, seu ambiente e a relação entre os dois. Os componentes deste diagrama são os "atores" e os "casos de uso" propriamente ditos, conforme mostra a Figura 76.

6.4.1.1 Atores

Pessoas, departamentos e mesmo equipamentos que possam de alguma forma interagir com o sistema que está sendo modelado são considerados uma entidade externa ao sistema, constituindo–se o que é chamado ator *(actor)*. Visto que os atores representam as entidades externas do sistema, eles ajudam a delimitá–lo e fornecem uma visão clara do que será realizado. Os *use cases* são desenvolvidos de acordo com os eventos que ocorrem entre as entidades externas e o sistema.

Figura 76 - Ator e caso de uso

Um *ator* representa um tipo de objeto (pessoas, departamentos, máquinas) que interage diretamente com o sistema. Cada *ator* deve ter um nome, como, por exemplo, "AtorCliente", como mostrado na Figura 77.

Figura 77 - Estereótipo de ator

Actor, na UML, é a representação de um estereótipo (*stereotype*). Um *stereotype* tem a capacidade de criar um novo tipo de elemento de modelagem. Um *stereotype* representa a metaclassificação de um elemento, ou seja, mostra uma classe dentro do metamodelo da UML (isto é, um tipo de elemento de modelagem). Embora existam *stereotypes* já predefinidos, novos tipos podem ser adicionados.

Qualquer entidade externa ao sistema é representada pelo estereótipo *ator*, de maneira que apresenta as seguintes características:

- ator é externo ao sistema; pode operá-lo, porém não é parte dele. Representa os papéis que alguém pode desempenhar interagindo com o sistema.
- ator pode interagir ativamente com o sistema ou com outros atores.
- ator pode receber informações do sistema.
- ator pode representar um departamento, uma empresa, um ser humano, o tempo, uma máquina ou outro sistema.

Um ator é um tipo de objeto (uma possível classe) e não uma instância. O ator retrata um papel e não um usuário em particular que tenha alguma relação com o sistema. Em uma biblioteca universitária, caso Joaquim queira emprestar

Capítulo 6 – Linguagem de Modelagem Unificada (UML)

um livro, estamos diante de uma atividade restrita ao papel de usuário da biblioteca. É o papel de usuário que se está interessado em conhecer quando se modela um ator. Modela-se o comportamento frente ao sistema, e não a pessoa propriamente dita. Veja, por exemplo, o caso do Joaquim: assim como ele, a Maria, no papel de usuária, pode fazer a mesma coisa no sistema. Há vários *papéis* a serem desempenhados no cenário de uso de um sistema de uma biblioteca; em tais cenários, o mesmo Joaquim ora pode ser um usuário ora pode ser o bibliotecário.

Os nomes de atribuídos aos atores devem refletir a generalidade dos papéis que desempenham e não uma instância específica.

Os atores devem ser investigados em todos os seus atributos que, de alguma forma, exige-se que o sistema venha a conhecer. No caso de um usuário de uma biblioteca, pode ser necessário que se conheça sobre o *ator usuário* atributos como rg, nome, endereço, telefone. Esses atributos deverão compor parte do encapsulamento de uma classe (conforme será visto adiante), desde que tal classe seja de interesse do sistema; isto é, deverá haver alguma necessidade que exija a manutenção do armazenamento de tais dados.

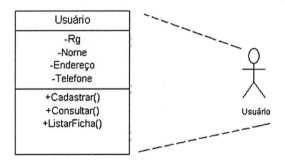

Figura 78 - Classe derivada de um ator

Como os atores podem dar origem a classes, eles podem utilizar os mesmos relacionamentos existentes no diagrama de classes (conforme será visto adiante, no Diagrama de Classes). Nos Diagramas de Casos de Uso, apenas o relacionamento de *generalização* é usado para descrever um comportamento comum entre um número de atores.

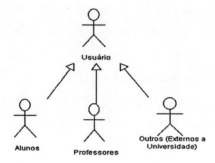

Figura 79 - Notação de herança entre atores

6.4.1.2 Casos de Uso

De acordo com a definição dada pela UML, um caso de uso é *"um conjunto de seqüências de ações que um sistema desempenha para produzir um resultado observável de valor a um ator específico"*. Portanto, um caso de uso representa uma funcionalidade completa na percepção de um ator. Emprestar um livro, por exemplo, trata-se de uma funcionalidade do sistema de biblioteca, sob a ótica do ator usuário.

Um caso de uso é uma atividade ou procedimento que se compõe de uma seqüência de ações que o sistema executa; revela um padrão de comportamento, acionado em geral por um ator, e produz um resultado que contribui para os objetivos do sistema. Algumas características de casos de uso são descritas a seguir:

- Um caso de uso modela a interação entre atores e o sistema, ou mesmo entre casos de uso.

Capítulo 6 – Linguagem de Modelagem Unificada (UML)

- Um caso de uso é ativado por um ator ou por um outro caso de uso para acionar certa função do sistema, como, por exemplo, "cadastrar fornecedor".
- Um caso de uso é um fluxo de eventos completo e consistente (conjunto de operações que se completam, atingindo um objeto).
- Todos os casos de uso juntos representam todas as situações possíveis de utilização do sistema, eles mostram toda a funcionalidade existente disponível no sistema.

Após a definição dos atores (ainda que nem todos tenham sido descobertos *a priori*), os *casos de uso* podem ser identificados seguindo-se o roteiro proposto:

- O software precisará ter quais funções para satisfazer as necessidades de um ator? O que o ator precisa fazer?
- Um ator precisará ter acesso ou informar dados ao software? O ator precisa ser notificado sobre eventos no sistema ou é o ele que precisa notificar o sistema sobre algo?
- É possível simplificar ou melhorar o trabalho do ator por meio da inclusão de novas funções ao sistema, principalmente funções não-automatizadas?

As questões citadas pressupõem como ponto de partida a existência dos atores já identificados. Deve-se acrescer as questões a seguir para a completude da visão de casos de uso, o que pode levar à identificação de atores ainda não-identificados.

- De que entradas ou saídas o sistema precisa? De onde elas vêm e para onde vão?
- Quais são os principais problemas com a implementação já existente do sistema?

Um *use case* é visualmente mostrado como uma elipse contendo um nome, que pode ser colocado acima, dentro ou abaixo do símbolo, como, por exemplo, "Cadastrar Cliente", mostrado na Figura 80.

Figura 80 - Exemplos de *use case*

Para que um diagrama de caso de uso seja rigorosamente avaliado, emprega-se o conceito de cenário. Um caso de uso deve ser avaliado sob a ótica de vários cenários, o que permitirá avaliar a completude da funcionalidade esperada. Deve-se criar tantos cenários quantos forem necessários. Os cenários são situações de uso informal para a validação dos requisitos do sistema com relação ao caso de uso em particular.

A criação de cenários é decorrente da atividade de análise e especificação dos requisitos, os quais agora são modelados. Antes de descrever os cenários, os analistas devem ter entrevistado o cliente e usuários, bem como feito as observações *in loco* necessárias, de maneira que tenha certeza quanto ao entendimento daquela situação em particular, a qual irá retratar. As entrevistas feitas propiciaram aos usuários falar sobre suas tarefas e os problemas associados a cada uma delas. A observação direta *in loco* realizada deve ter permitido que o analista tenha entendido a situação de uso como ela realmente vem ocorrendo na prática.

Os procedimentos do usuário (usuário x atividades) podem ser mais bem entendidos quando o analista procura descrever situações do processo de trabalho, que consistem em uma coleção de narrativas de situações no domínio, que favoreçam o levantamento de informações, a identificação de problemas e a antecipação das soluções. As atividades realizadas pelas pessoas é o foco dos cenários a serem criados, uma vez que tal procedimento possibilita uma perspectiva ampla quanto à visualização dos problemas atuais no domínio descrito.

Capítulo 6 – Linguagem de Modelagem Unificada (UML)

A criação dos cenários, além de proporcionar o entendimento do domínio do problema, presta–se a estimular novos questionamentos, possibilitando que se encontrem alternativas para o desenvolvimento do software, o que implica que os cenários, via de regra, não precisam apresentar uma visão absolutamente precisa sobre a realidade. Novas características que estejam sendo planejadas sobre os procedimentos existentes podem ser vislumbradas na exploração dos cenários. Como fica determinada situação se for acrescido determinado procedimento? Como fica a situação se o procedimento atual for realizado de tal forma? Quais as conseqüências se forem extintos determinados procedimentos ou se pular–se determinada etapa ou ainda se forem incorporadas novas funcionalidades?

Após a elaboração dos possíveis cenários, os quais certamente possuem certo grau de imprecisão, o analista deve se reunir com os usuários envolvidos e validar sua modelagem, discutindo cada cenário desenhado (para cada cenário haverá um diagrama de caso de uso). Os diagramas podem ser afixados em quadros, na parede ou projetados por recursos de *datashow*, onde os participantes possam analisá–los e fazer comentários, possivelmente redesenhando trechos à medida que o debate de idéias se realiza, modificando–se os cenários criados. Somente depois desta discussão é que realmente o analista terá uma definição quanto aos possíveis cenários de uso de uma determinada atividade no sistema; só então conseguirá construir "definitivamente" os Diagramas de Casos de Uso para tais abordagens. Contudo, não se deve esquecer que o cenário obtido irá mudar com o tempo, já que os requisitos que deram origem a ele mudam; o que se espera é que o software possa ir evoluindo (sem muitos traumas) acompanhando os novos requisitos que virão a existir.

Necessariamente, não é obrigatório que o analista construa logo de início todos os Diagramas de Caso de Uso para cada situação constatada. Podem-se, em um primeiro momento, construir cenários empregando–se narrativas textuais ou por meio de *storyboards*, muito embora, aparentemente, Desenhar os Casos de Uso seja menos dispendioso. As narrativas textuais podem ser descritas livremente,

Engenharia de **Software** – Análise e Projeto de Sistemas

identificando os agentes e as ações que deles participam. O problema, neste caso, é tentar evitar possíveis ambigüidades, uma vez que o texto é livre.

O *storyboard* é um roteiro (textual) que pode ser complementado com um quadro ilustrativo da cena. Emprega–se na estruturação de propagandas de TV e mesmo no cinema. É uma forma muito natural de lidar com descrição de cenário, porque apresenta uma cena que foca uma situação, onde são descritas ações que os atores desempenham. A título de exemplo, segue uma forma de representação textual para descrever cenários e, na seqüência, a representação dos mesmos cenários com aplicação do Diagrama de Caso de Uso.

Cena 1	Usuário solicita um livro com um certo conteúdo
Agentes envolvidos	Usuário, atendente e bibliotecária
	Usuário entra na biblioteca e dirige-se ao balcão onde está a atendente.
Usuário	Eu gostaria de tomar emprestado um livro sobre modelagem orientada a objetos.
Atendente	Algum título específico?
Usuário	Não, mas gostaria que abordasse o padrão estabelecido pela OMG.
Atendente	Você se recorda do nome deste padrão?
Usuário	Não. Esqueci.
	A atendente pergunta à bibliotecária:
Atendente	Você sabe o nome do padrão que a OMG estabeleceu para modelagem orientada a objetos?
Bibliotecária	Hummm. Lembro que é uma sigla curta. Acho que começa com U. UXL, não, não... UML - acho que é isto...
Usuário	É isto mesmo.
	Em seguida, a atendente faz a consulta por palavra-chave e descobre todos os livros disponíveis que têm UML como conteúdo. O cliente escolhe um e o leva emprestado.

Capítulo 6 – Linguagem de Modelagem Unificada (UML)

Cena 2	Usuário procura livros sobre análise e projeto de sistemas, conhecendo alguns autores
Agentes envolvidos	Usuário e atendente

	Usuário entra na biblioteca e dirige-se ao balcão onde está a atendente
Usuário	Eu gostaria de emprestar livros sobre análise e projeto de sistemas
Atendente	Algum específico? Algum autor?
Usuário	Bem, pode ser do Chris Gane, Yourdon ou Coad.
Atendente	Atendente procura para ver disponibilidades Temos estes aqui (mostrando os títulos na tela do monitor).
	A atendente mostra quatro títulos disponíveis. O usuário escolhe dois. A atendente registra o empréstimo dos livros escolhidos. Em seguida, vai até a prateleira, pega os livros e os entrega ao usuário, que assina o comprovante de retirada que foi emitido pelo sistema.

Os mesmos cenários apresentados por meio dos *storyboards* também podem ser representados pelo Diagrama de Casos de Uso, como se vê a seguir.

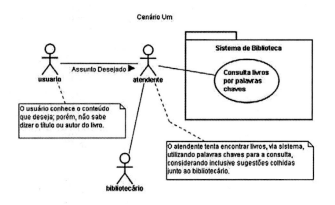

Figura 81 - Primeiro cenário

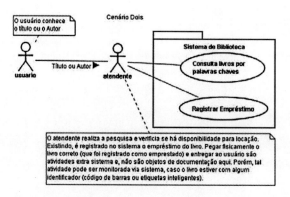

Figura 82 - Segundo cenário

Após os cenários estarem desenvolvidos, o Analista deve trabalhar em conjunto com os usuários para avaliá-los e refiná-los, já que tanto a forma descritiva textual quanto o Diagrama de Casos de Uso são amigáveis. O Analista pode explicar os cenários aos usuários para checar se a modelagem realmente retrata o que ocorre na realidade ou o que se espera que venha a ocorrer.

Quando chegar-se a um modelo que os usuários tenham aprovado, deve-se desenhar um Diagrama de Caso de Uso que integre os cenários; assim, considerando-se como exemplo o caso de uso "empréstimo do acervo", conseguiria-se a representação de um modelo onde estariam previstas todas as possibilidades em termos de formas de empréstimo.

O resultado da modelagem por meio de cenários é uma base para a compreensão de quem são os agentes (atores) envolvidos e quais as atividades existentes que devem ser previstas quanto a um aspecto particular do software que será desenvolvido. Um software é resultado da união de vários casos de usos e cada um destes casos de uso possui diversos cenários a serem investigados.

Nos *casos de usos* mostrados nas Figuras 81 e 82, há a representação de cenários de uma situação de empréstimo de livros, verificando-se a existência do relacionamento entre casos de uso e atores. Este relacionamento é chamado de *associação*, que é representado por uma conexão semântica entre o caso de uso e o ator.

Associações podem ser bidirecionais (quando não há presença de setas) ou unidirecionais (quando há uma seta, representando que o fluxo segue em determinada direção). O nome da associação é usado para identificar o propósito do relacionamento, mas não é obrigatório.

A Figura 83 apresenta um Diagrama de Caso de Uso com relacionamento de associação: o ator Usuário relaciona-se por meio da associação "dados consulta" (que representa os dados: Título, Autor ou Editora), com o *use case* Consultar Obras. O *use case* Consultar Obras relaciona-se com ator Usuário por meio da associação "obras existentes".

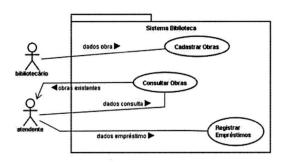

Figura 83 – Exemplo relacionamento de associação

Haverá situações em que *casos de uso* precisarão acionar outros casos de uso para que possam utilizar um procedimento já existente. Quanto à execução, há duas situações possíveis: a primeira, quando a execução é facultativa e a segunda, quando a execução é obrigatória. Em qualquer um dos casos descreve-se um comportamento comum entre dois ou mais *use cases;* portanto, é um dos mecanismos utilizados para se identificarem comportamentos reutilizáveis.

A Figura 84 apresenta um Diagrama de *Use Case* no qual se observa a execução obrigatória de um caso de uso a partir de outro. O *ator* aluno tem uma associação "dados consulta" com o *use case* "Consultar Notas" (isto é, o aluno utiliza um recurso do software para consultar notas, para o qual passa parâmetros de consulta – código do aluno, por exemplo). O *use case* "Consultar Notas" *obrigatoriamente* executa o *use case* "Identificar Aluno" por meio da associação <<*include*>>, o qual faz a identificação do aluno (somente alunos identificados podem utilizar o recurso de consultar notas). Uma vez que o sistema obtenha identificação positiva do aluno, permite que seja realizada a consulta de notas, retornando ao aluno as notas consultadas (associação unidirecional 'notas').

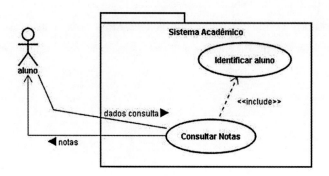

Figura 84 - Exemplo de uma associação <<include>>

A associação entre os dois casos de uso mostrada na Figura 84 está empregando o estereótipo <<*include*>>. Este estereótipo no relacionamento de associação indica que será obrigatório que o caso de uso "consultar notas" acione o comportamento expresso pelo caso de uso "identificar aluno".

Nos relacionamentos de associação entre casos de uso também é possível utilizar o estereótipo <<*extend*>>.

Uma relação de extensão indica que um caso de uso é uma variação de um outro a ele associado. A notação de extensão é uma linha tracejada com o *label* <<extend>> e uma cabeça de seta *apontando para o caso de uso base*. Na Figura 85 tem-se uma associação <<*extend*>> do *use case* "Consultar Desempenho" (base) para o *use case* "Consultar Faltas". O *ponto de extensão que determina quando o caso estendido será acionado* é escrito dentro do caso de uso base.

Capítulo 6 – Linguagem de Modelagem Unificada (UML)

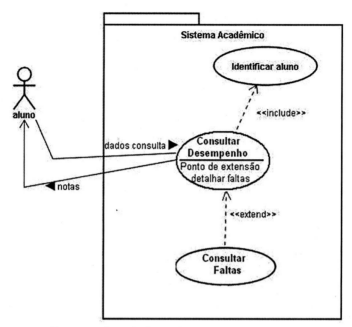

Figura 85 - Exemplo do relacionamento <<extend>>

O Diagrama de Use Case pode ser empregado para	Fase
Capturar os requisitos do sistema e compreender o que o sistema faz.	Análise
Especificar o comportamento do sistema que será implementado, e/ou especificar as semânticas do mecanismo do use case.	Projeto

Tabela 11 - Uso do Diagrama *Use Case*

6.4.2. Diagrama de Classes

O Diagrama de Classes expressa a estrutura estática de um sistema, já que aquilo que é descrito é sempre válido em qualquer ponto no ciclo de vida do sistema (Furlan, 1998). No Diagrama de Classes também se mostra a possibilidade de interações entre classes. As classes não se constituem elementos isolados e com absoluta autonomia; na verdade, muitas tarefas somente são possíveis de ser realizadas pela colaboração existente entre as classes. A notação padrão usada pela UML para representar uma Classe de Objetos é:

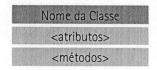

A classe de objeto é representada por um retângulo, subdividido em três regiões. A primeira contém o nome da classe, a segunda contém seus atributos e a terceira seus métodos (funções/procedimentos). *Uma classe representa um conjunto de objetos que tenham mesma estrutura e comportamento.* É uma abstração de objetos do mundo real ou imaginado. Os objetos são instâncias da classe; isto é, são um seu elemento. As classes são utilizadas para classificar os objetos que identificamos no mundo real; sendo assim, elas devem ser retiradas do domínio do problema e ser nomeadas pelo que elas representam no sistema. Ao empregar-se o símbolo de classe, a UML prevê uma sintaxe de desenho e escrita dos elementos que a constituem, conforme a Figura 86.

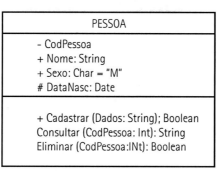

Figura 86 - Exemplo de uma classe

As classes devem conter um atributo qualificado como *OId (Object Identification)*, que funcionarão como identificadores das instâncias (objetos). Se comparados a uma modelagem de dados tradicional, os atributos *OId* corresponderiam, em termos de funcionalidade, à chave primária de uma entidade.

6.4.2.1 Sintaxe para Definição de Atributos e Métodos

Ao escrever-se o nome de um atributo ou de um método, a UML estabelece uma sintaxe a ser seguida. Com relação aos *atributos*, a proposta geral é:

Visibilidade NomeAtributo: TipoDoAtributo = ValorDefault {propriedade}

• Visibilidade

Trata-se de uma marcação que pode ser realizada pelos símbolos (+, #, –) ou ainda pela aplicação de ícones. O elemento visual a ser empregado deve indicar uma das possibilidades a seguir:

(+)Visibilidade pública – é acessível por todas as classes (valor *default* utilizado para os métodos).

(#)Visibilidade protegida – pode ser visto pela classe e pelo pacote no qual a classe é definida.

(–)Visibilidade privada – somente acessível pela própria classe (valor *default* utilizado para os atributos).

- NomeAtributo

Seqüência de caracteres que devem formar um nome auto–explicativo criado pelo Analista que denota o conteúdo que se pretende armazenar. Tipicamente, inicia–se com uma letra minúscula.

- TipoDoAtributo

Expressa o *tipo de conteúdo* que se pretende armazenar para o atributo. Como a definição está intimamente ligada à linguagem de programação, a UML sugere uma sintaxe padrão.

- ValorDefault

Refere–se ao conteúdo inicial do atributo, de acordo com o seu tipo.

- {propriedade}

Trata–se de um elemento opcional, que complementa informações a respeito do atributo, acomodando uma descrição sobre o atributo e representando claramente seu propósito e domínio de valores.

Com relação aos métodos, a sintaxe geral sugerida é:

Visibilidade NomeDoMétodo (Parâmetro) : TipoDeRetorno {propriedade}

- Visibilidade

Equivalente à mesma representação utilizada para atributos.

- NomeDoMétodo

Palavra criada pelo Analista que representa a operação que será processada. Pode ser formada pela concatenação de duas ou mais palavras: obterSaldo, cons ultarDepositoBancário, atualizarDados etc. O nome deve ser sempre iniciado em letra minúscula.

- Parâmetro

Trata–se de uma lista de valores devidamente separados por vírgula, sendo que para cada um o método tem uma necessidade claramente definida.

- TipoDeRetorno

Equivalente à definição existente para atributos.

- {propriedade}
Equivalente à definição existente para atributos.

Com base nos elementos padronizados para descrição visual de uma classe, um software CASE poderá ser capaz de "entender" a especificação visual e gerar o correspondente trecho em código-fonte, de acordo com uma linguagem de programação previamente escolhida, conforme exemplo na Figura 87.

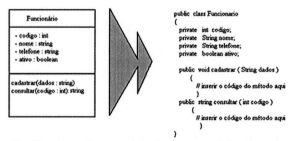

Figura 87 - Transformação automática da classe em código-fonte (no caso, JAVA)

6.4.3. Relações entre Classes

As classes podem apresentar quatro tipos de relações: *herança, dependência, associação* e *agregação*.

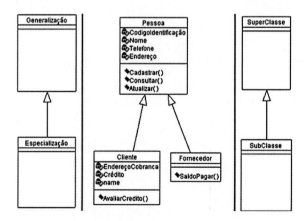

Figura 88 - Exemplo com os relacionamentos possíveis, entre classes

Engenharia de *Software* – Análise e Projeto de Sistemas

• Relacionamento de Herança

No relacionamento de herança entre classes, subentende-se que a subclasse (ou classe filha) compartilha toda estrutura e comportamento da superclasse (classe mãe ou metaclasse). Na Figura 88, a classe "cliente" herda a estrutura e comportamento da classe "pessoa" (lê-se *cliente* "é-uma" *pessoa*). A notação de herança é uma forma de representarem-se hierarquias entre classes, mostrando uma estrutura do mais geral (generalização) para algo mais específico (especialização).

A Figura 88 também mostra uma classe "Veículo alugado" *que depende* da existência da classe "modelo veículo"; a classe "contrato de aluguel" é *um agregado* de "itens do contrato", e a classe "contrato de aluguel" possui uma associação com as classes "cliente" e "veículo alugado".

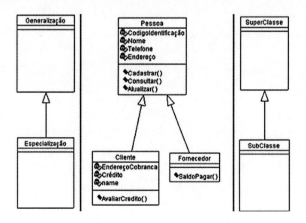

Figura 89 - Exemplo de relacionamento de herança entre classes (generalização/especialização)

O relacionamento de herança expressa dois conceitos básicos (Generalização e Especialização), conforme mostra a Figura 89. Nas laterais da figura estão dispostos graficamente os conceitos inerentes ao relacionamento entre as classes pessoa, cliente e fornecedor.

Pessoa é uma *generalização* de cliente e fornecedor, ou seja, tanto cliente quanto fornecedor possuem os mesmos atributos e métodos, que se encontram definidos em "pessoa"; além disso, podem ter os seus próprios atributos e métodos. A classe raiz (genérica) é chamada de classe mãe, superclasse ou metaclasse. A classe que herda as características da classe mãe é chamada de subclasse ou classe filha.

Cliente ou Fornecedor é um *tipo* de pessoa (uma sua especialização); contudo, é possível existir uma pessoa que seja ao mesmo tempo "cliente" e "fornecedor"; esta situação é chamada de restrição de sobreposição, cuja especificação é mostrada na Figura 90.

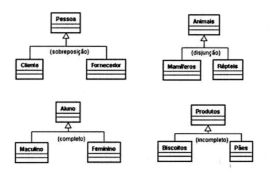

Figura 90 - Exemplo de restrições no relacionamento de herança

Na Figura 90 observam-se quatro exemplos de herança, com a especificação de restrições. As restrições são colocadas entre chaves, separadas por vírgula (quando mais de uma) e devem ser posicionadas próximas à seta do relacionamento. Há quatro restrições predefinidas na UML, a saber:

1. Sobreposição (*overlapping*) – as subclasses podem ocorrer simultaneamente com relação à mesma superclasse.

2. Disjunção (*disjoint*) – as subclasses podem ocorrer de forma mutuamente exclusiva com relação à mesma superclasse.

3. Completo (*complete*) – dentro do contexto do sistema, todas as subclasses já foram especificadas e, mesmo que existam outras, não é permitida nenhuma especialização adicional.

4. Incompleto (incomplete) – dentro do contexto do sistema, nem todas as subclasses foram especificadas, podendo ainda serem incluídas.

Para um relacionamento de herança onde não esteja explicitamente especificada qualquer restrição, considera–se como *default* {incompleto, disjunção}.

- Relacionamento de Dependência

Um relacionamento de *dependência* entre duas classes mostra que uma instância de uma classe depende da instância de outra classe, normalmente chamadas cliente / servidora, respectivamente. Uma dependência é um relacionamento de utilização, onde a mudança de especificação de um item (por exemplo, a *classe Alunos*, na Figura 91) pode afetar outro item que a utilize (*classe ListaDePresença*); porém, o inverso não necessariamente se aplica.

Por exemplo, a Figura 88 mostra que a classe "Veiculo alugado" depende da classe "Modelo Veiculo" para existir; denota–se, neste caso específico, que um veículo só existirá para ser alugado se houver um modelo seu previamente existente; uma mudança de especificação em modelo afetará a classe veículo alugado. Um outro exemplo de dependência é representado por uma lista de presença em aulas, conforme mostra a Figura 91.

Capítulo 6 – Linguagem de Modelagem Unificada (UML)

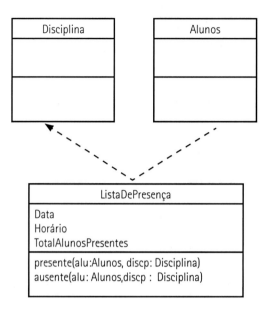

Figura 91 - Exemplo de dependência

Uma instância da classe *ListaDePresença* (Figura 91) depende de Alunos e Disciplina, já que seu método *presente* utilizará a informação de aluno e de disciplina, cujo objetivo é marcar como presente um aluno em uma determinada disciplina, em uma data e horário; caso exista uma marcação indevida, o método *ausente* será acionado para corrigir a situação. Está sendo considerado que "ListaDePresença" *possua como atributos* a classe disciplina e a classe alunos.

Uma outra situação para o relacionamento de dependência ente classes é a referência de uma outra classe dentro da assinatura (conjuntos de parâmetros) de um método. Suponha a existência de uma classe "LocalDoEstoque" onde exista o método "saidaDoEstoque", o qual possua como parâmetro uma instância da classe Produtos; neste caso, a classe "LocalDoEstoque" depende da classe "Produtos".

- Relacionamento de associação

Um relacionamento de *associação* representa uma conexão semântica entre duas classes e é um dos relacionamentos mais utilizados. *Ele expressa um relacionamento estrutural entre as instâncias,* é bidirecional (a menos que exista uma *navegabilidade* expressa) e é representado por uma linha ligando as classes. Na Figura 88 tem-se o relacionamento de associação entre o "contrato de aluguel" e a classe "cliente", além de "contrato de aluguel" com a classe "veiculo alugado".

O relacionamento de associação representa uma dependência estrutural entre objetos, em geral provenientes de classes diferentes, podendo possuir um nome que deve estar próximo à linha que representa a associação ("Faz", no exemplo da Figura 92). Uma associação pode apresentar o conceito de *multiplicidade* (conforme a Tabela 12), ter um nome (utilizado para descrever a natureza da associação) e a *direção do nome,* conforme exemplo da Figura 92.

A associação com *direção do nome* (ponta de seta preenchida) indica que,

Figura 92 - Exemplo de associação binária bidirecional

ao estabelecer-se uma associação entre duas classes, *a leitura da associação se faz no sentido para o qual a seta aponta* (não confundir *direção do nome* com *navegabilidade*).

Figura 93 - Exemplo de associação binária com navegabilidade

A *navegabilidade* (cabeça de seta em uma das extremidades da associação) indica que se deseja encontrar os objetos da classe para a qual a *seta aponta*, a partir de um objeto da classe na outra extremidade da associação. No exemplo da Figura 93, considerando-se uma matrícula, será possível encontrar-se o respectivo aluno. A especificação da direção a ser seguida, via navegabilidade, não significa necessariamente que não será possível chegar-se ao objeto da direção oposta. A navegação é simplesmente uma declaração da eficiência operacional do modelo a ser seguida. Ao observar aluno e matrícula (Figura 93), é importante salientar que será possível encontrar-se "matrícula" associada ao "aluno", por meio de outras associações que envolvem outras classes ainda não apresentadas no modelo.

Desenhar a navegabilidade é informar explicitamente na modelagem que, a partir de um determinado objeto, se chega direta e facilmente a objetos da outra extremidade da associação, em geral porque no objeto origem existe referência ao(s) objeto(s) de destino.

Um *qualificador* é um ou mais atributos presentes em uma associação, tal que seus valores servem para restringir o conjunto de instâncias associadas com a outra instância do lado qualificado.

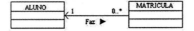

Figura 94 - Exemplo de qualificador

Outras formas de associação podem ser vistas na Figura 95. Do lado esquerdo tem-se uma associação unária e do lado direito uma associação ternária.

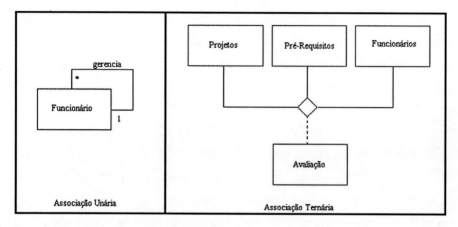

Figura 95 - Associação unária e ternária

A associação unária é também conhecida como associação recursiva, pelo fato de ser um relacionamento entre objetos da mesma classe. As associações não estão limitadas ao conjunto de três classes participantes (ternária), como o exemplo da Figura 95 pode induzir. Podem-se representar associações *n-ária*, embora isto não seja comum.

• Relacionamento de Agregação

Um relacionamento de *agregação* é uma forma especial de associação que é usada para mostrar que um tipo de objeto é formado pela agregação de outro(s) objeto(s). Um relacionamento de agregação é também chamado de "todo-parte". Conforme mostra a Figura 96, "Pedido" é um agregado de "itens do Pedido". O relacionamento de agregação possui duas formas de representação, com significados diferentes. A *agregação por valor* (losango cheio) indica que o tempo de vida das partes é dependente do tempo de vida do todo. A agregação por valor também é conhecida como agregação *forte* ou *composição*.

Um item de pedido somente existirá se existir o pedido e vice-versa. Na *agregação por referência* (losango sem preenchimento), o tempo de vida das partes não é mutuamente dependente do tempo de vida do todo. A agregação por referência também é chamada de agregação *fraca*.

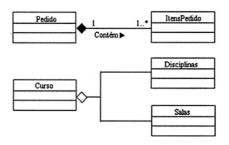

6.4.4. Multiplicidade

Nos relacionamentos de associação e agregação pode-se acrescentar a *multiplicidade* (*similar à cardinalidade na modelagem de dados da análise estruturada*), que especifica o número de instâncias de uma classe em relação a outra em uma associação, por meio dos números mínimo e máximo. A Tabela 12 resume as possíveis variações da multiplicidade, onde <literal> é qualquer inteiro maior ou igual a um.

Notação	Significado
0..1	Zero ou uma instância.
1	Somente uma instância.
0..*	Zero ou mais instâncias.
*	Default, onde número mínimo e máximo de instâncias são ilimitados.
1..*	Uma ou mais instâncias.
<literal>..*	Número exato ou mais instâncias.

Tabela 12 - Notações da multiplicidade

6.4.5. Interface

Interface é um tipo especial de classe a qual *não pode ser instanciada*, ou seja, não se conseguirá gerar objetos diretamente dela, o que a torna uma classe virtual, servindo apenas para especificar operações externamente visíveis para uma outra classe implementar. Uma interface descreve os padrões legais de interação entre dois objetos (Furlan, 1998). A classe *interface* funciona como uma classe modelo, das outras classes poderão fazer uso, implementando as funcionalidades descritas.

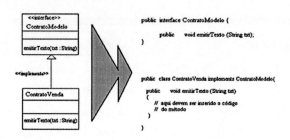

Figura 97 - Exemplo da classe Interface

6.4.6. Classes *boundary*, *control* e *entity*

É *possível classificarem-se todos os objetos* descobertos para modelagem de uma determinada realidade por meio de três possíveis classes estereotipadas: *boundary*, *control* e *entity*.

Capítulo 6 – Linguagem de Modelagem Unificada (UML)

As classes *boundary* (fronteira/limite) representam uma interface (tela, por exemplo), mas são chamadas de **classes de fronteira** para não serem confundidas com as classes *interface*. Em aplicações *desktop* representam formulários; em aplicações *Web* representam páginas *html* do sistema.

As classes *control* (controle) representam o mapeamento da gestão intermediária entre as classes de fronteira (telas, formulários) e o modelo de persistência de dados.

As classes *entity* (entidade) representam tudo o que é persistente no sistema; em geral, repositórios (tabelas em bancos de dados relacionais ou, no futuro, banco de objetos). Nas classes *entity* devem ficar apenas os métodos que contribuem para o armazenamento e recuperação de dados (set, get) e outros métodos eventuais que venham a tornar o modelo consistente. Em geral, métodos derivados das regras do negócio devem ficar nas classes de controle.

A partir de um desenho preliminar de classes estereotipadas, pode-se derivá-lo para se obter mais facilmente um modelo final de classes, em fase de projeto (que em parte dependerá da opção de utilizar-se ou não um *framework de persistência*). As classes estereotipadas permitem a criação de um modelo baseado no padrão MVC (Model-Visual-Control), onde *Visual* está representado pelas classes de fronteira, *Control* refere-se às classes de controle e *Model* às classes de entidade.

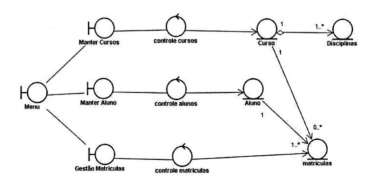

Figura 98 – Um exemplo de diagrama de classes estereotipadas

6.4.7. Exemplo da Utilização do Diagrama de Classes

Para exemplificar, considera-se um minimundo conforme o enunciado que se segue:

> "Em uma instituição de ensino o aluno faz matrícula para um determinado curso. Um aluno pode matricular-se em até dois cursos diferentes. Cada curso possui um conjunto definido de disciplinas. Um curso pode ter diferentes turmas, que são definidas em função de uma quantidade máxima de matrículas permitidas. Caso não existam matrículas para um determinado um curso, o mesmo não é ministrado; porém, ele continua a existir".

O diagrama de classes a seguir representa uma possível solução de modelagem para o enunciado proposto.

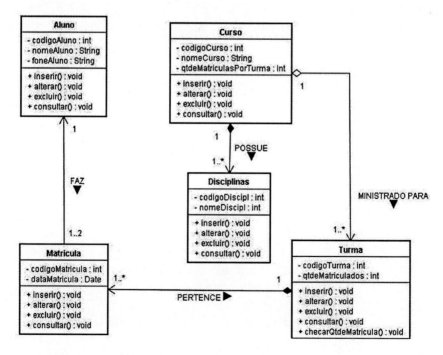

O funcionamento do modelo pode ser mais bem avaliado na modelagem dinâmica (diagrama de seqüência), onde se observa a interoperabilidade entre os objetos. Olhando apenas o diagrama de classes, muitas coisas não são perceptíveis, pois se encontram implícitas nos métodos criados, como, por exemplo, a execução do método *Matricula.inserir()*; onde se deverá verificar se *Turma.qtdeMatriculados* é menor ou igual a *Curso.qtdeMatriculasPorTurma*;, em caso afirmativo, deverá ser inserida uma nova matrícula; caso contrário, deverá inserir-se uma nova turma e a matrícula será inserida para a nova turma. Para realizar-se tal verificação, deverá ocorrer uma troca de mensagens entre os objetos, já que os atributos citados se encontram em classes distintas.

Uma outra possível solução em termos de modelagem do diagrama de classes, considerando o mesmo minimundo do enunciado anterior, seria utilizar as três estereotipagens especiais de classes (conforme tópico 6.4.6): *boundary, control e entity*. Nestas condições, o diagrama de classes ficaria inicialmente como se segue:

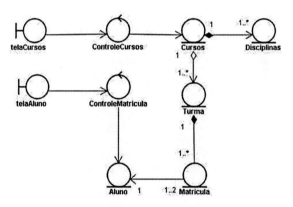

As classes de fronteira (*telaCursos e telaAluno*) são as interfaces (telas, forms) onde serão digitados os dados para cadastro. Em *telaCursos*, serão digitados os dados relativos aos Cursos e suas respectivas Disciplinas. Em *telaAluno* serão digitados os dados para cadastro do Aluno e a Matrícula do mesmo em algum Curso.

Observa-se, no modelo desenhado, a presença de duas classes de controle (*ControleCursos* e *ControleMatricula*). Em geral, são nessas classes que devem ficar métodos relativos ao negócio. Pode ser considerado um método relativo ao negócio; por exemplo, aquele que deva emitir uma relação de alunos por turma de um determinado curso. Tal método deveria ser colocado na classe *ControleCursos*.

Também se verifica, no modelo desenhado, a presença das classes *entity* que definem basicamente as classes que são persistidas. O modelo desenhado *pode ser derivado* para um formato mais tradicional das classes, onde possamos incrementar os atributos e métodos. As classes passam a apresentar em sua parte superior o *estereotipo* original, conforme se vê a seguir.

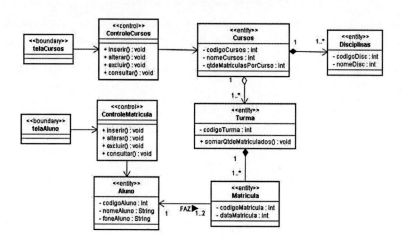

O diagrama de classes desenhado está praticamente pronto para implementação, exceto se optar-se por utilizar algum *framework de persistência*, caso em que caberia ainda fazer algum ajuste para contemplar o referido *framework*, de acordo com as especificações do mesmo.

Todas as classes <<entity>> do modelo apresentado pressupõem a existência dos métodos get e set para cada um dos atributos existentes; então, em Aluno, por exemplo, pode-se considerar que existem, embora não explícitos no

Capítulo 6 – Linguagem de Modelagem Unificada (UML)

desenho, os métodos *setCodigoAluno()* e *getCodigoAluno()* para, respectivamente, atribuir ou pegar o conteúdo do atributo *codigoAluno* e assim também para os demais atributos existentes.

É facultada a presença de outros métodos que não sejam especificamente *get* e *set* nas classes entidades. Observe, por exemplo, na entidade *Turma*, a presença do método *somarQtdeMatriculados()*. Trata-se de um método cujo objetivo será o de somar as partes (matrículas) que compõem a *Turma*; ele complementa o conceito todo–parte na composição *Turma* e está mais vinculado à questão estrutural do que propriamente a uma regra de negócio; portanto, pode ficar na entidade *Turma*.

6.5. Diagrama de Interação

Todos os aspectos vistos até este momento foram derivados de dois diagramas básicos: diagrama de casos de uso e diagrama de classes. Pode-se dizer que tais diagramas representam a parte estática de um sistema e, portanto, não estão qualificados para representar aspectos temporais ou de colaboração que possam existir entre os objetos das classes.

O diagrama de interação, na verdade, não existe; é um termo genérico aplicado à junção de dois outros diagramas: seqüência e colaboração. O diagrama de interação visa construir para a modelagem comportamental ou dinâmica do sistema. Isto é possível por meio dos diagramas de seqüência e colaboração, que juntos conseguem demonstrar o comportamento dos objetos, considerando-se a seqüência da troca de mensagens existentes entre eles, para que se cumpra um determinado papel ou se atenda a determinado contexto. Ao trocar mensagens para atingir determinado objetivo, estabelece-se um contexto de colaboração entre os objetos.

Os diagramas de seqüência e colaboração favorecem a identificação de responsabilidades que as classes poderão ter, uma vez que as mensagens trocadas pelos objetos correspondem a métodos que devem estar previstos nas respectivas classes.

Para avaliar uma interação é necessário eleger um caso de uso. Com foco em um caso de uso específico, busca-se identificar quais objetos participam da interação. À medida que se vai identificando os objetos envolvidos, percebe-se a forma como eles estão relacionados, o que vem a facilitar o entendimento de como se deve estabelecer associações entre classes no diagrama de classes, bem como quais métodos devem existir para determinadas classes.

6.5.1 Diagrama de Seqüência

No diagrama de seqüência mostra-se a interação entre objetos com a preocupação de documentar os métodos (funções/procedimentos) *executados ao longo do tempo*, conforme mostra a Figura 99; portanto, no diagrama de seqüência a ênfase é a *ordenação temporal de mensagens trocadas entre os objetos*. Os métodos utilizados no diagrama de seqüência devem estar definidos nas respectivas classes dos objetos empregados.

Um diagrama de seqüência possui duas dimensões: vertical, que representa o tempo, e horizontal, que representa diferentes objetos (se for necessário, as dimensões podem ser invertidas).

Para exemplificar, a seguir apresenta-se um diagrama de casos de uso, o diagrama de classes e o diagrama de seqüência. O diagrama de seqüência modela, no exemplo, como se realiza o caso de uso "cadastrar clientes".

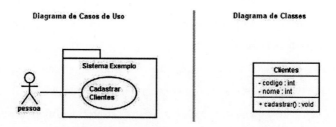

Figura 99 – Diagramas de casos de uso e classes

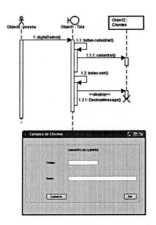

Figura 100 - Exemplo de Diagrama de Seqüência

A padronização da UML não apresenta um método de desenvolvimento ou exige uma seqüência em que os diagramas devam ser utilizados. Neste livro, portanto, todas as observações relativas à seqüência de uso dos diagramas e correlação entre eles são uma contribuição do autor, dadas as experiências de uso obtidas no dia-a-dia.

Os diagramas de "casos de uso", "classes" e "seqüência" formam um tripé mínimo necessário para a documentação da análise orientada a objetos utilizando-se a UML. Tais diagramas devem estar consistentes entre si; por exemplo, o diagrama de seqüência não deve fazer menção a uma operação ou objeto que não estejam representados no diagrama de classes, tão pouco deve realizar algo que não esteja previsto como funcionalidade no diagrama de casos de uso.

O diagrama de seqüência mostra "como" utilizar os métodos definidos no diagrama de classes (a troca de mensagens entre os objetos) para suprir o sistema com uma das funcionalidades previstas no diagrama de casos de uso.

Na Figura 100 é apresentado um diagrama de seqüência que documenta a realização de uma funcionalidade que está presente no diagrama de casos de uso, com o nome "Cadastrar Clientes". Tem-se um objeto chamado *pessoa*, que interage

Engenharia de *Software* – Análise e Projeto de Sistemas

com um *formulário* (ou tela de cadastro). No formulário, além dos campos a serem preenchidos, há dois botões que podem ser "clicados" e, então, será acionada a respectiva ação (isto é, um método será executado por um objeto). Todos os desenvolvedores sabem que cadastros não se fazem com apenas "dois botões", mas lembro que o exemplo apresentado está aí apenas para fins didáticos.

Façamos um exame detalhado do conteúdo apresentado na Figura 100 (vamos analisar cada componente, verificando-o em linha vertical. Uma vez concluído o exame de um componente, passamos ao componente do lado direito no desenho, até o último):

- ObjetctO:pessoa – objeto do tipo "pessoa". Pessoa é um ator que deve estar desenhado no diagrama de casos de uso, associado a um caso de uso "Cadastrar Clientes". Ficaria inconsistente incluir em um diagrama de seqüência um ator que não esteja presente no diagrama de casos de uso. Atores disparam (acionam) casos de uso. A operação realizada por "pessoa" é que dispara todas as demais; daí o número 1 (um) que aparece no fluxo identificado como nome "digitaDados()", que parte da "pessoa" em direção ao objeto "tela". Abaixo do "ator" que representa "pessoa" há dois riscos tracejados e, em seguida, uma barra que se estende verticalmente. Esta barra indica o tempo durante o qual a "pessoa" participou ativamente do processo – a parte tracejada indica tempo de ociosidade. O desenho dos riscos tracejados e a barra têm o mesmo objetivo em todos os elementos do diagrama onde são empregados; ou seja, indicar o tempo ocioso e o tempo de processamento, respectivamente.

- Object1:Tela – objeto do tipo "Tela". Tela ou Formulário são os termos mais empregados para a interface a ser apresentada por meio do monitor de vídeo do computador. Evitamos utilizar o termo "interface" para não confundi-lo com as *classes de interface* (vistas anteriormente). Na UML, podemos definir classes para os formulários; normalmente *classes de fronteiras (boundary class)*. Embora possamos construir um diagrama de classes específico para conter todos os formulários existentes, criando,

Capítulo 6 - Linguagem de Modelagem Unificada (UML)

desta forma, uma árvore de opções do sistema, a partir do *menu*, também é possível incluir-se o formulário em momento de desenho do diagrama de seqüência. É imprescindível desenhar o visual do formulário, para que se possam documentar as ações decorrentes da interoperabilidade com o ator que irá utilizá-lo (vide Figura 100).

A mensagem "1.1:botão-cadastrar" sai do formulário para ele mesmo; trata-se de uma mensagem de *autodelegação*. A mensagem ocorrerá sempre que o *botão cadastrar* for pressionado (se *botão-cadastrar* pressionado, então...); assim, há a criação uma "barra de processamento do botão", onde serão documentados os procedimentos relativos ao botão cadastrar. No caso, é enviada uma mensagem 'cadastrar()' ao objeto do tipo "Cliente", ou seja, um método daquele objeto é executado. Tal método tem que estar previsto na respectiva classe.

Por meio do *botão sair* é acionada uma *mensagem predefinida* pelo estereotipo <<destroy>>, a qual não reside no objeto. Refere-se à liberação de memória ocupada pelo objeto até aquele momento. Tal mensagem representa, em geral, um comando em uma linguagem de programação, que libera a área de memória ocupada por um objeto quando o mesmo não será é necessário para o processamento.

- Object2:Clientes - objeto do tipo "Clientes". Trata-se de um objeto pertencente à classe de negócio "Clientes". A classe deve estar definida no diagrama de classes, com todos os seus atributos e métodos. Métodos acionados em objetos devem estar previamente definidos nas respectivas classes.

6.5.2 Diagrama de Colaboração

É um modo alternativo para representar a troca de mensagens entre um conjunto de objetos, mostrando a interação organizada em torno dos objetos e suas ligações uns com os outros, sem a preocupação de expressar a vida útil das mensagens no tempo. O diagrama de colaboração não mostra a dimensão do tempo, por isso as seqüências de mensagens e linhas concorrentes devem ser determinadas usando-se a seqüência de números.

Figura 101 - Exemplo de Diagrama de Colaboração

6.6. Diagrama de Estado

Normalmente, um sistema aberto reage a estímulos provenientes de fora dele, ou ainda a estímulos temporais por ele mesmo desencadeado. Esta reação pode originar respostas externas ao sistema. Essa dinâmica existente nos sistemas é fruto da colaboração entre objetos, os quais estarão em determinado estado em certo momento no tempo.

O Diagrama de Estados é usado para mostrar os possíveis estados dos objetos de uma classe no decorrer de seu ciclo de vida. A mudança de um estado para outro é chamada de *transição de estados*. Os eventos do Diagrama de Estados causam uma transição de um estado para outro e as ações resultam na mudança de estado. Cada Diagrama de Transição de Estados está associado a uma classe ou a um Diagrama de Transição de Estados de um nível mais alto.

O início de um Diagrama de Estados é indicado pelo chamado *estado inicial*, cuja representação gráfica é um *círculo preenchido*. Na verdade ele não expressa um estado específico do objeto da classe, indica apenas o início do diagrama. Na seqüência se conecta o primeiro estado real com uma transição, rotulada ou não. Em cada diagrama de estado há somente um estado inicial. A notação gráfica de um estado inicial é mostrada na Figura 102.

Figura 102 - Exemplo de estado inicial

Um *estado* demonstra uma situação no tempo de algum aspecto do sistema sobre o qual existe interesse de controle. Durante a vida de um objeto, pode vir a existir controle sobre várias situações, cada qual podendo assumir diversos estados possíveis no tempo. Um objeto permanece em um estado por um tempo finito. A notação gráfica e um exemplo de estado são mostrados na Figura 103.

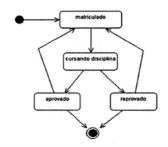

Figura 103 - Representação do estado de um objeto

O *estado final* representa o término do ciclo de controle previsto para mudanças de estado de um dos aspectos do sistema. Na Figura 103 verifica-se a representação gráfica do estado final, por meio de um círculo contido em outro, sendo o interno totalmente preenchido.

Engenharia de *Software* – Análise e Projeto de Sistemas

Para o objeto passar de um estado para outro (transição de estados), são necessários dois mecanismos: *condição e ação*. A condição, se existir, deverá ser satisfeita para que a ação seja executa. A ação é a responsável pela transição dos estados.

6.7. Diagrama de Componentes

A UML prevê que se faça uma documentação da organização física do software que será gerado. A documentação que refletirá o mundo físico irá considerar a existência de componentes, como um código-fonte, um executável ou uma biblioteca.

Um Diagrama de Componentes mostra as dependências entre componentes de software, incluindo componentes de código-fonte, componentes de código binário e componente executável. Um módulo de software é representado como um tipo de componente. Um diagrama de componentes contém elementos que representam:

- *Package*s de componentes
- Componentes ou Módulos
- *Package*s
- Programa principal
- Subprogramas
- Tarefas
- Dependências

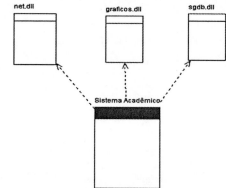

Um *relacionamento de dependência* (indicado pela seta tracejada) mostra que um módulo, em um Diagrama de Componentes, usa serviços ou facilidades de outro. Dependências em um Diagrama de Componentes representam dependências de compilação.

6.8. Diagrama de Distribuição

Com a UML é possível especificar-se uma visão que reúne todos os elementos de processamento, incluindo-se hardware e o software. Com relação ao hardware, têm-se *processadores*, subentendendo-se que sejam quaisquer componentes capazes de executar programas.

Este diagrama mostra a configuração dos *processadores*, visualizando-se a distribuição por toda a empresa. O diagrama permite a documentação das conexões físicas entre os processadores, dispositivos e a alocação dos processos aos processadores. Mostra a organização do *hardware* e a ligação do *software* com os dispositivos físicos. O tipo do dispositivo de *hardware* é dado pelo seu estereótipo, tais como processador, vídeo, dispositivo, memória, disco e outros.

Representação de um processador

Um *dispositivo* é um componente do *hardware* sem efeito computacional. Cada dispositivo deve ter um nome, podendo ser genérico, como "*modem*" ou "terminal".

Representação de um dispositivo

Uma *conexão* física representa a interligação entre processadores ou dispositivos de *hardware*. A ligação de *hardware* pode ser direta ou indireta, sendo bidirecional. Um exemplo de conexão é mostrado a seguir.

Engenharia de Software – Análise e Projeto de Sistemas

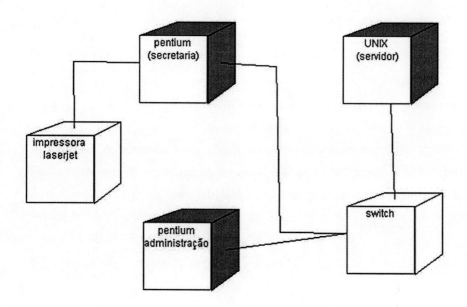

Capítulo Sete

7

Estudo de Caso Aplicando UML

"O homem tem, no sentido literal da palavra, que se chocar contra o fato para que a solução lhe apareça. Verdade bem comum e pouco exaltante para nosso orgulho...".

Albert Einstein, 1879-1955 (Einstein, 1981)

A demonstração da teoria aplicada a um estudo de caso, de uma forma prática, com a exposição dos diagramas gerados e a composição do projeto, tem o objetivo de auxiliar o leitor a entender como fazer a análise e o projeto.

No estudo de caso demonstrado, há uma "pitada" de organização, sugestão e seqüência de atividades que são apresentadas oriundas da experiência vivida pelo autor e não são exigências da UML.

Além das questões que envolvem o método e o recurso de especificação (UML), procura-se dar ênfase à forma de atuação do Analista de Sistemas durante a construção do software, destacando-se aspectos conceituais e práticos com os quais se depara utilizando o paradigma da orientação a objetos.

7.1 Controle de Reserva e Locação de Quartos de um Hotel

O primeiro estudo de caso escolhido é um subsistema da Gestão de um Hotel: Controle de Reserva e Locação de Quartos (o mesmo utilizado para exemplificar o método da Análise Essencial, no Capítulo 4). Este assunto foi escolhido em função de que a grande maioria das pessoas que irão ler este livro têm senão um contato direto com o ambiente (eventualmente como clientes), pelo menos uma idéia de seu funcionamento.

Como a UML não é um método de desenvolvimento de software, mas uma linguagem de especificação, a seqüência (caminho, método) apresentada para o desenvolvimento do software é uma proposta do autor. Qualquer que seja o método utilizado, espera-se que um Analista de Sistemas venha a desenvolver suas atividades com apoio de um software CASE[1].

---

[1] Há vários no mercado, sendo alguns deles: ROSE (Rational Object System Engineering), ArgoUML (http://argouml.tigris.org/), UMLStudio (www.pragsoft.com) e JUDE (http://jude.chage-vision.com/).

7.2. Planejamento Inicial

A atividade inicial de qualquer projeto é de *gestão*[2], e com o software não é diferente. Vamos imaginar que um profissional de desenvolvimento de software tenha recebido a incumbência de planejar o desenvolvimento do sistema de Controle de Reserva e Locação de Quartos de um Hotel, assumindo duas grandes responsabilidades: a de *Gerente do Projeto* e a de *Analista de Sistemas*. O primeiro passo a ser dado (*como Gerente de Projeto*) é pensar em todo o contexto de desenvolvimento, criando um planejamento que envolve todas as atividades (conforme visto no Capítulo 2). Para a documentação das atividades gerenciais podem ser empregados vários softwares existentes no mercado, destacando-se que a ferramenta a ser escolhida deve prever o gerenciamento automático de uma agenda do projeto, locação e gerenciamento de recursos cadastrados, registros de ocorrências e gerenciamento de múltiplos projetos com recursos compartilhados.

Exemplo de um possível planejamento é mostrado na Figura 104, onde estão definidas as etapas, com prazos e recursos que seriam utilizados no caso de uso tratado.

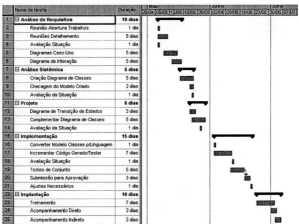

Figura 104 - Planejamento das atividades de desenvolvimento do software[3]

---

[2]Não é objetivo deste trabalho abordar técnicas de gestão, mas apenas fornecer algumas diretrizes.
[3]Exemplo desenvolvido com a ferramenta MS-Project, da empresa Microsoft.

Engenharia de *Software* – Análise e Projeto de Sistemas

De acordo com o planejamento apresentado pela Figura 104, a primeira atividade a ser realizada é a análise de requisitos. Trata-se de um conjunto de atividades para a verificação de processos e dados, existentes no âmbito do sistema para o qual será construído um software.

Considerando que a atividade de levantamento de requisitos tenha sido bem realizada, com reuniões, entrevistas, observação dos fluxos de trabalho e inspeção dos documentos utilizados, preparou-se uma relação de itens com todas as informações relevantes que foram colhidas:

– O cliente telefona ou vem até o hotel e pede para reservar um quarto. O funcionário verifica se existe quarto disponível no período solicitado. Em caso afirmativo, é feita a reserva do quarto. Em caso negativo, é informado ao cliente a não-disponibilidade do quarto. O cliente também poderá optar por fazer esta operação de reserva via WWW. Portanto, o software a ser desenvolvido deverá contemplar o uso da *Internet*.

– Caso o cliente não mais deseje o quarto reservado, o funcionário providencia o cancelamento da reserva, disponibilizando novamente o quarto. O cliente também poderá realizar esta operação utilizando a *Internet*.

– Quando o cliente não comparecer ao hotel para hospedar-se até às 12:00 horas no dia da reserva, esta deverá ser cancelada, disponibilizando-se novamente o quarto.

– Quando o cliente ocupa um quarto, reservado previamente, o funcionário faz o registro do cliente. Caso o quarto não esteja reservado, uma mensagem de rejeição da ocupação será emitida. Caso contrário, um pacote com informações úteis e a confirmação serão fornecidos ao cliente.

– Quando o cliente deixar o hotel, notificando sua saída, lhe será apresentada a conta e o quarto será disponibilizado para limpeza.

Capítulo 7 – Estudo de Caso Aplicando UML

– O cliente pode pagar a conta à vista ou usando cartão de crédito. Pode-se também, no caso de reservas feitas por empresas, emitir uma nota de cobrança contra a empresa.

"– Quando um quarto ficar desocupado ele será reabastecido e limpo, em seguida, um funcionário tornará o quarto disponível para uma nova locação."

Depois da fase de levantamento de requisitos, como proposta do autor[4], e de posse destas informações iniciais o Analista de Sistemas pode elaborar um roteiro de tarefas que deverão estar presentes no software a ser desenvolvido (espelho dos requisitos). O roteiro de tarefas proposto não é um instrumento existente na UML, porém pode ser muito útil no desenvolvimento dos diagramas. Também se pode automatizar esta fase de documentação dos requisitos empregando algum software para o gerenciamento dos itens encontrados.

---

[4] Em termos de paradigma de análise, está fortemente influenciada pela Análise Essencial e, por esta razão, pode ser uma forma alternativa de migração para quem utiliza a Análise Essencial e deseja passar a utilizar o modelo orientado a objetos.

Engenharia de Software – Análise e Projeto de Sistemas

7.2.1 Roteiro de Tarefas

Nº	Ação	Descrição da Ação	Resultados Esperados no Software
1	Cliente reserva quarto	Quando o cliente telefona ou vem até o hotel e pede para reservar um quarto, o funcionário executa um procedimento padrão. O cliente também poderá efetuar a reserva via Internet.	Registro de ocupação futura (reserva) do quarto dentro de um limite de datas de entrada e saída previstas. Este registro deve tornar indisponível para qualquer operação o referido quarto, dentro do limite de datas informados.
2	Cliente cancela a reserva	Quando o cliente não mais desejar o quarto reservado e comunicar o fato com até dois dias de antecedência, será cancelada a reserva, disponibilizando o quarto novamente. Este procedimento pode ser realizado utilizando-se a Internet.	Liberação do quarto para outras reservas. Registro dos motivos do cancelamento, mantendo um histórico por cliente.
3	Cliente não utiliza reserva	Quando o cliente não comparecer ao hotel para hospedar-se até as 23:00 horas do dia da reserva, deve-se proceder ao cancelamento da mesma. Naturalmente, o funcionário do hotel tentará o contato com o cliente para saber sobre os motivos da não-ocupação.	O sistema deverá disponibilizar o quarto para novas reservas. Deverá também criar histórico do cliente com o fato devidamente registrado.

Capítulo 7 – Estudo de Caso Aplicando UML

4	Cliente registra-se no hotel	Cliente faz o registro para a ocupação do quarto previamente reservado. Caso não reservado previamente, uma mensagem de rejeição será emitida; caso contrário, um pacote com informações será fornecido ao cliente.	Registrar a ocupação do quarto pelo cliente.
5	Cliente solicita saída do hotel	Quando o cliente deixar o hotel, solicitará que seja providenciado o fechamento de sua conta, havendo a disponibilidade do quarto para limpeza.	Apurar valores decorrentes da utilização do quarto com a geração de contas a receber. O quarto deve ser liberado para limpeza e ressuprimento.
6	Cliente paga a conta	Cliente efetua o pagamento referente às despesas de sua estada no hotel.	Se pagamento à vista, baixar contas a receber; caso seja pagamento futuro, emitir comprovante da dívida em aberto.
7	Funcionário disponibiliza quarto	Quando o quarto estiver limpo e com estoque de produtos de consumo repostos, o funcionário torna-o disponível para novas reservas.	Marcar quarto como liberado para reservas.
8	Funcionário cadastra quarto	Funcionário pode incluir, excluir ou modificar dados de um quarto.	Prever inclusão de novos quartos ou mudanças em conteúdo de quartos existentes.

No roteiro de tarefas apresentado existem funções que são similares. Verifica-se que possuem características diferenciadas, porém pertinentes a um mesmo assunto. Isto pode ser constatado com as tarefas de números 2 e 3. O foco central é o mesmo (cancelamento de reserva do quarto); contudo, ocorrem em situações diferentes, motivadas por circunstâncias diferentes.

Outro aspecto importante que o roteiro de tarefas propicia é a análise que se pode realizar com relação à generalização acerca de atores. Em nosso exemplo, cliente e funcionário compartilham de atributos e atividades comuns, o que deve ser levado em consideração ao desenvolver-se a modelagem do software.

7.2.2 Contexto do Sistema

Uma vez que se tenha o roteiro de tarefas (ou a gestão de requisitos por algum meio), a fase seguinte sugerida é o desenvolvimento de um diagrama de casos de uso que refletirá o contexto do sistema, onde ficarão documentadas graficamente[5] todas as ações estabelecidas no roteiro de tarefas, decorrente do levantamento de requisitos.

É imprescindível a utilização de alguma ferramenta CASE que possua recursos para documentar-se a individualidade dos casos de uso de maneira que se possa descrever o que é, qual o objetivo, quais são os possíveis restrições e quem é o responsável pelo processo; portanto, deve abranger o cenário completo onde se realiza o caso de uso.

---

[5] Para os desenhos de diagramas no padrão UML, foi utilizado o software JUDE versão Community (free).

Capítulo 7 — Estudo de Caso Aplicando UML

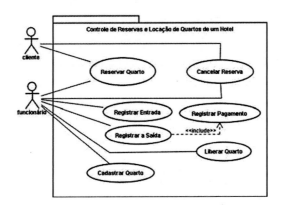

Figura 105 - Diagrama de caso de uso apresentando o cenário global do sistema

Na Figura 105 tem-se uma primeira modelagem do contexto do sistema, já considerando algumas generalizações, como mencionado anteriormente (tarefas 2 e 3). Observa-se que foi criado apenas um caso de uso "cancelar reserva" que sintetiza as duas situações em que ele ocorre; porém, de acordo com a forma documentada, verifica-se que a atividade pode ser acionada tanto por cliente quanto por funcionário (refletindo o que acontece na realidade).

Cabe ainda uma melhoria na especificação; isto é, uma representação para expressar a generalização de funcionário e cliente. Sabe-se através do levantamento de requisitos efetuado, que esses atores compartilham de muita coisa em comum (atributos e métodos); portanto, pode-se criar uma generalização a partir deles e uma relação entre o genérico e a suas especificidades, conforme mostra a Figura 106.

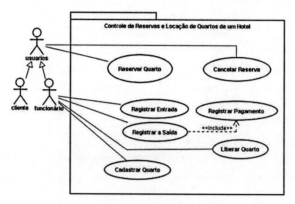

Figura 106 - Generalização de funcionário e cliente no contexto

Na Figura 106, observa-se que funcionário e cliente herdam as características de "usuários". Usuário é a generalização dos dois (funcionário e cliente), onde estão definidos os atributos e métodos em comum e, considerando-se este fato, se o acionamento (ou execução) das tarefas "reservar quarto" e "cancelar quarto" são iguais em termos de procedimento tanto para cliente quanto funcionário, estas atividades podem ser especificadas para o ator "usuários"; logo, por herança, tanto funcionário quanto cliente poderão executá-las.

7.2.3 Diagrama de Classes

Um diagrama de classes representa a parte estática da modelagem do software, onde se planeja os recursos que irão existir para que através deles se realizem as funcionalidades exigidas no diagrama de casos de uso.

É importante lembrar que o diagrama de classes é uma ferramenta utilizada na chamada "fase de análise" e também na "fase de projeto". Podemos dizer que estaremos em fase de análise enquanto estivermos preocupados em documentar "*o que*" deve existir no sistema em termos de recursos para que ele ofereça as funcionalidades esperadas (expressas nos casos de uso) e, a partir do momento em que a preocupação e a especificação passam a ser "como" fazer para que o sistema funcione conforme o esperado, então entra-se na fase de projeto.

Para iniciar o desenho de um diagrama de classes, em tempo de análise, uma de duas estratégias de desenho pode ser escolhida: utilizar o desenho padrão tradicional das classes ou classificar as classes no modelo dos três estereótipos propostos pela UML: *boundary* (fronteira), *control* (controle) e *entity* (entidade).

Independentemente da estratégia do desenho, como se "descobrem" as classes necessárias para o domínio de problema que se está tratando? O procedimento inicial sugerido é examinar em detalhes as ações que compõem cada caso de uso e perguntar: Quais são os dados que o caso de uso necessitará? Como se sabe, um dado é característica de algo ou de alguém (este algo ou alguém é, potencialmente, uma classe que deverá ser criada).

Vamos exemplificar utilizando o caso de uso "Reservar Quarto". Quais são as ações que compõem este caso de uso? Considera-se o que se segue:

a) Pegar os dados relativos à quantidade de pessoas, tipo de quarto e período desejado.

b) Consultar no sistema se existe disponibilidade de quarto para as características informadas

c) Se existir, confirmar a reserva (tornar quarto indisponível para o período solicitado e cadastrar as pessoas da reserva).

Basicamente, os itens de *a* até *c* compõem as ações necessárias para que o caso de uso "Reservar Quarto" se concretize.

Quais são os dados necessários a cada ação? Do conjunto de dados encontrados em resposta ao questionamento, quais são aqueles que deverão estar ou ser armazenados no sistema?

Uma lista parcial dos dados que estariam envolvidos com as ações do caso de uso "Reservar Quarto" poderia ser: quantidade de pessoas da reserva (nome e telefone das pessoas), data inicial e final da reserva e código(s) do(s) quarto(s) reservado(s) (em caso de haver disponibilidade).

Então, a partir daí, começa-se a deduzir as classes necessárias; por exemplo, se há um nome que deve ser persistido e este é o nome da *pessoa*, então, "*pessoa*" é um candidato a ser classe. Assim se procede com os demais dados.

Outro exemplo: código do quarto. O código (do quarto) é um dado que necessita ser persistido para funcionamento do sistema; então, *quarto* é um candidato a ser classe. A data da reserva não está diretamente ligada à pessoa ou ao quarto, é de ambos simultaneamente e demarca a previsão de ocupação do quarto por uma ou mais pessoas. Então, *a data é da reserva*; neste caso, "reserva" é candidata a ser classe e, além disso, sabe-se que tem uma ligação com pessoa e quarto.

Seguindo-se o raciocínio proposto, pode-se chegar ao resultado expresso no diagrama de classes da Figura 107 (utilizando a estereotipagem das classes).

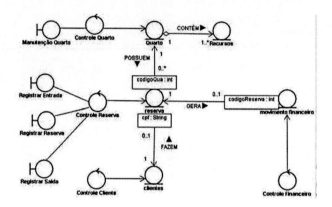

Figura 107 - Diagrama de Classes Estereotipadas

No diagrama de classes da Figura 107, ainda não é possível visualizar os atributos e métodos, cuja especificação é imprescindível; portanto, pode-se derivar o desenho para a notação tradicional, mantendo-se o nome do estereótipo em cada classe (Figura 108).

Encontrarem-se os atributos das classes parece ser uma tarefa mais fácil do que encontrarem-se os métodos; isto porque os atributos são características *de algo ou alguém*. Assim, é intuitivo definir que o atributo *nome do cliente* deva ficar na classe *cliente*. Talvez os atributos que exijam um pouco mais de análise sejam aqueles pertencentes a classes intermediárias (ou de ligação), como, por exemplo, o atributo data da reserva. *Data da reserva* pode inicialmente gerar dúvidas

Capítulo 7 – Estudo de Caso Aplicando UML

quanto a qual classe deva ser vinculada, se no cliente (data em que o cliente fez a reserva), ou no quarto (data em que o quarto foi reservado). Toda vez que esta situação ocorrer, em que um atributo parece pertencer simultaneamente a mais de uma classe, com certeza há uma classe de ligação entre as duas onde o atributo deve ser vinculado.

Os *métodos* das classes podem ser criados de acordo com a necessidade verificada decorrente da realização dos casos de uso; é necessário, portanto, entender qual a responsabilidade da classe para a realização de um determinado caso de uso. Por exemplo, para o caso de uso "Registrar a Saida", será necessária uma ação (método) para *fechar* a conta relativa ao uso de um quarto. Este método, por sua vez, terá que gerar um lançamento de movimentação financeira e, para tanto, poderá acionar no "Controle Financeiro" o método *recebimento*.

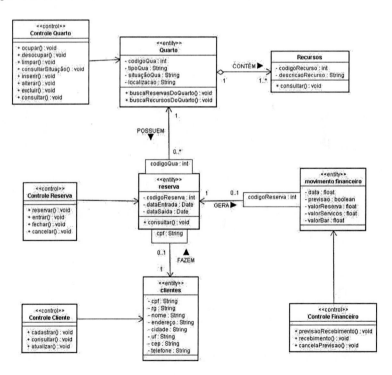

Figura 108 - Diagrama de Classes Estereotipadas com atributos e métodos

O Diagrama de Classes da Figura 108 é um recurso adequado quando se pretende utilizar na implementação um *framework* de persistência. Pode ser que, dependendo do *framework* escolhido, ainda tenha-se que fazer algum ajuste decorrente de sua estrutura.

Caso a implementação venha a ocorrer sem a utilização de um *framework* de persistência, pode-se gerar um Diagrama de Classes não-estereotipado, conforme se vê na Figura 109 (o qual utilizaremos como referência para a construção do diagrama de seqüência).

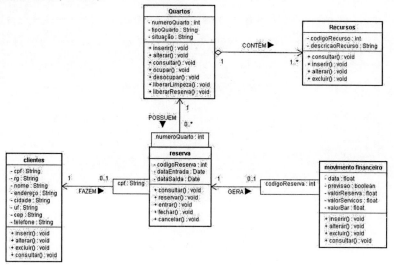

Figura 109 - Diagrama de Classes

7.2.4 Diagramas de Seqüência

Após ter-se desenhado o Diagrama de Casos de Uso e o Diagrama de Classes, recomenda-se um detalhamento de cada caso de uso, empregando-se o diagrama de seqüência. A ordem de desenvolvimento dos diagramas é uma sugestão; há quem sugira primeiramente criar-se o Diagrama de Seqüência após os casos de uso e, assim, descobrir os objetos envolvidos e somente então gerar o Diagrama de Classes.

Capítulo 7 — Estudo de Caso Aplicando UML

A seqüência operacional no tempo, demonstrada pelo Diagrama de Seqüência, envolve a interação do ator com uma tela ou formulário, o acionamento de métodos dos objetos a partir do formulário e a troca de mensagens entre os objetos participantes do caso de uso; portanto, desenhar a tela ou formulário antes de iniciar-se o diagrama de seqüência é extremamente desejável, como premissa de orientação das possíveis ações a serem disparadas.

Ação 1 – Cliente Reserva Quarto

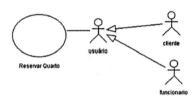

Figura 110 - Caso de Uso "Reservar Quarto"

Na Figura 110 *destacou-se* o caso de uso "Reservar Quarto", que se encontra incluso no contexto do sistema (Figura 106). A importância de se fazer este "recorte" é que, neste momento, o Analista de Sistemas volta sua atenção integralmente para os procedimentos necessários à realização do respectivo caso de uso dentro do sistema. Assim, deve-se explorar todas as atividades e dados que irão compor o procedimento "Reserva de Quarto". Esta forma de atuar deve ser aplicada na análise de cada caso de uso existente, fato que facilitará a criação dos Diagramas de Seqüência correspondentes.

Deve-se entender como um caso de uso é realizado, qual é o seu objetivo, quais são as restrições envolvidas, por que se faz de uma forma e não de uma outra.

Ao detalhar cada um dos casos de uso, o Analista de Sistemas está examinando cada particularidade que constitui o sistema, podendo vir a encontrar aspectos ainda não revelados. Trata-se de uma fase em que se quebra o todo em partes e examina-se detalhadamente tais partes.

Se o Analista de Sistemas efetivamente detém o conhecimento sobre a parte que está em análise, ele será capaz de desenvolver o Diagrama de Seqüência e o Diagrama de Colaboração para o referido caso de uso, já que os diagramas nada mais são do que o retrato gráfico das operações necessárias para se efetivar o caso de uso.

O desenvolvimento do Diagrama de Seqüência irá auxiliar na verificação das responsabilidades de cada objeto envolvido em uma atividade. Ele permite identificar métodos que deverão existir nos objetos envolvidos na ordenação temporal das operações do caso de uso.

Para que se possa iniciar o desenho do Diagrama de Seqüência, sugere-se que se faça antes um esboço da tela ou formulário que se deseja utilizar. Assim, pode-se observar quais são as interações que o formulário permite e, com base nelas (clicar um botão, por exemplo) documentar-se quais métodos deverão ser acionados.

Considerando-se o caso de uso "Registrar Reserva", foi elaborada uma tela, conforme a seguir:

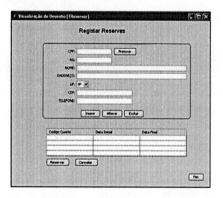

A tela que foi criada tem alguns campos cujo conteúdo deverá ser preenchido (digitação) e alguns botões que podem ser "clicados".

O que irá acontecer quando um dos botões for clicado? A resposta a esta questão, com a preocupação de mostrar no tempo como se desencadeia a troca de mensagens entre os objetos envolvidos, deve estar expressa no Diagrama de Seqüência.

Capítulo 7 – Estudo de Caso Aplicando UML

Para que a atividade "Reservar Quarto" seja devidamente concretizada, há uma seqüência de operações que devem ser executadas em resposta à interação do ator com uma tela ou formulário, considerando-se uma ordem de precedência entre elas.

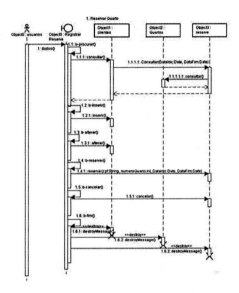

Figura 110 - Diagrama de Seqüência - Reservar Quarto

Verifica-se, na Figura 110, que "usuários", independentemente de quem sejam (cliente ou funcionário[6]), interagem com o sistema utilizando a mesma interface. Há duas mensagens presentes na Figura 110 para as quais foram acrescentados parâmetros ("Consultar" e "Reservar"). Uma mensagem dirigida a um objeto é a invocação de um método de mesmo nome. Os métodos podem ser expressos no Diagrama de Seqüência com os parâmetros necessários a sua execução (assinatura do método), aspecto que vem a facilitar a implementação do mesmo.

---

[6]Já que, de acordo com definições anteriores, cliente e funcionário são um tipo de usuário, herdam métodos e atributos.

Engenharia de *Software* – Análise e Projeto de Sistemas

Método	Objetivo e Funcionalidade
Consultar(DataInic:Date, DataFim:Date)	Este método da classe "reserva" receberá como argumentos (parâmetros) duas datas: data inicial e data final para reserva. Com base nesta informação, o método irá checar todos os quartos que no período desejado não possuem reservas. Como resposta ou retorno, fornecerá o número dos quartos livres para reserva no período.
Reservar(cliente, quarto,período)	Este método receberá como argumento o cpf do cliente, o período desejado para reserva (data inicial e data final), bem como o número do quarto que se deseja reservar. Com base nos parâmetros recebidos, o método efetua a reserva do quarto para o período desejado.

Tabela 13 - Funcionalidade dos métodos "Consultar" e "Reservar"

A construção do Diagrama de Seqüência é muito útil enquanto elemento de inspeção para detalhamento do fluxo operacional dentro dos casos de uso. Cabe observar que além de estar servindo para identificação de métodos e objetos em casos de uso, o Diagrama de Seqüência é antes de tudo um instrumento de documentação do processo e, sob esta ótica, deveria ser desenvolvido para todos os casos de usos existentes.

Ação 2 – Cliente Cancela a Reserva e Ação 3 – Cliente não Utiliza a Reserva

Há duas situações no sistema que geram a mesma atividade "cancelar reserva", motivadas por atores diferentes. Uma situação possível é que, por iniciativa do cliente, seja informado ao sistema que a reserva efetuada deve ser cancelada; outra situação possível refere–se ao prazo esgotado para ocupação do quarto, pelo não–comparecimento do cliente.

Capítulo 7 – Estudo de Caso Aplicando UML

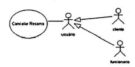

Figura 111 - Caso de Uso "Cancelar Reserva"

A atividade de Cancelar Reserva pode ser feita por um cliente ou funcionário. O Diagrama de Seqüência correspondente é apresentado na Figura 112.

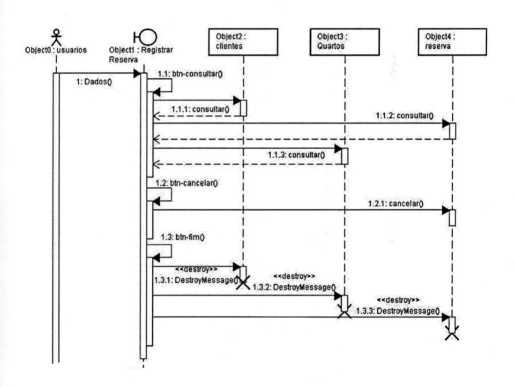

Engenharia de *Software* – Análise e Projeto de Sistemas

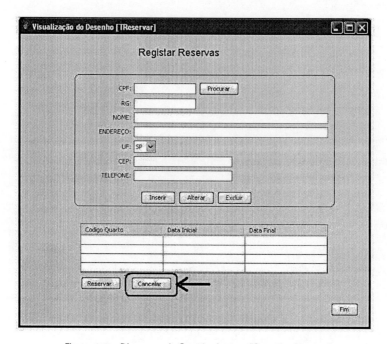

Figura 112 - Diagrama de Seqüência para "Cancelar Reserva"

Ação 4 – Cliente Registra-se no Hotel.

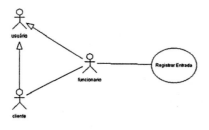

Figura 113 - Caso de Uso "Registrar Entrada"

Na Figura 114 tem-se a representação do caso de uso "Registrar Entrada", quando o cliente chega ao hotel para ocupar o quarto previamente reservado. O registro da entrada do cliente é desenvolvido exclusivamente por um funcionário

Capítulo 7 — Estudo de Caso Aplicando UML

interagindo com o caso de uso "registrar entrada". O detalhamento do caso de uso pode ser visto no Diagrama de Seqüência a seguir (Figura 114).

Há uma tela específica para facilitar a operação de registro de ocupação, onde, a partir da confirmação da entrada do cliente (clicando-se sobre o botão *registrar*) será marcada a reserva como "utilizada" e também alterado o status do quarto para situação de "ocupado".

Na tela de registro de ocupação do quarto não existe a possibilidade de cadastrar-se o cliente. É pressuposto que tal cadastro já tenha sido realizado pela operação de reservar o quarto, que deve ocorrer sempre antes de uma ocupação (considerando-se ser esta a regra de negócio específica do hotel em questão).

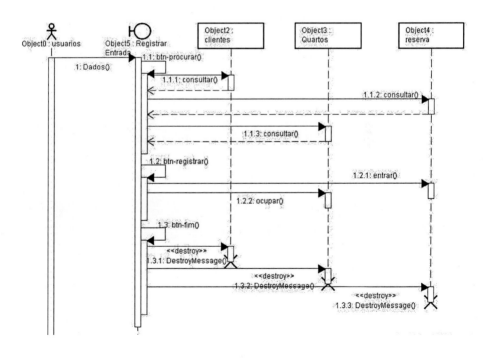

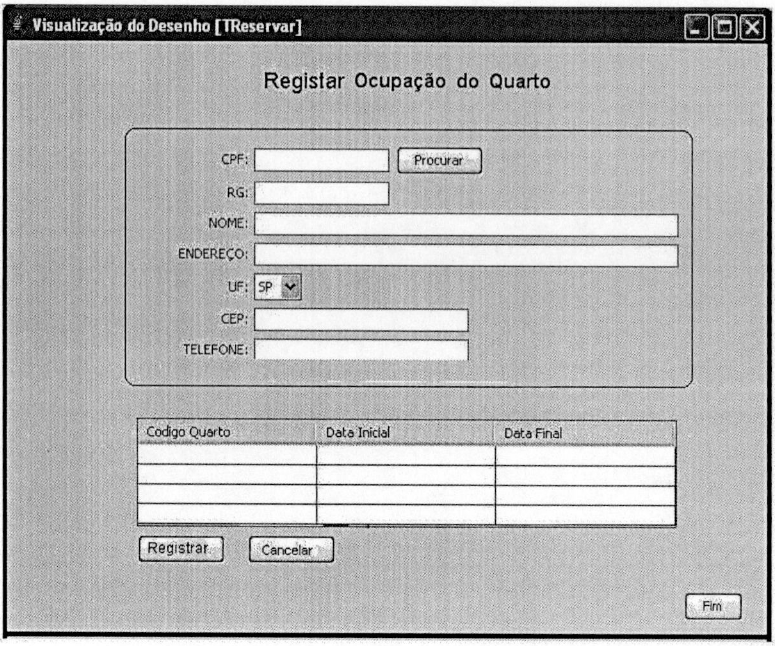

Engenharia de *Software* – Análise e Projeto de Sistemas

Figura 114 - Diagrama de Seqüência para "Ocupação do Quarto"

Ação 5 – Cliente solicita saída do hotel e Ação 6 – Cliente paga a conta

No sistema, quando o cliente notificar o funcionário sobre sua saída do hotel, será efetuado o procedimento de fechamento de conta; em decorrência, será obtido o valor devido pelo cliente, que deverá ser registrado. Por questões de simplificação do modelo, foram omitidos detalhes de serviços que o usuário possa ter utilizado no hotel, bem como dados de consumo do frigobar, por exemplo. Em nosso estudo de caso, o software não está cuidando da regulação do estoque de consumo existente nos quartos (o que, na realidade, deveria ocorrer).

Capítulo 7 – Estudo de Caso Aplicando UML

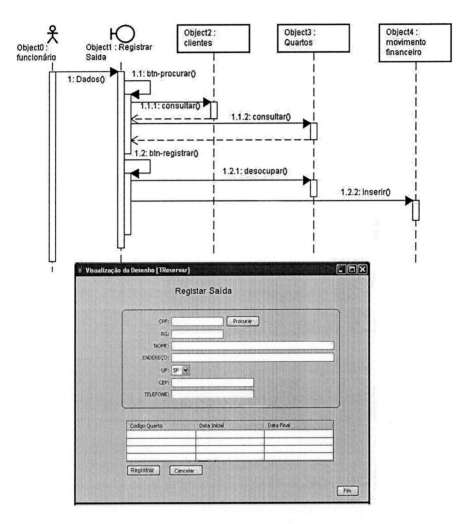

Figura 115 - Diagrama de Seqüência para – "Registrar Saída"

Ação 7 – Funcionário disponibiliza quarto

Toda vez que um quarto é desocupado, especificamente para o hotel considerado, um procedimento de inspeção é acionado para a verificação das condições gerais do quarto (Houve depredação? Os equipamentos e recursos existentes continuam funcionando a contento?); ou seja, são as particularidades do negócio[7]. Somente após a inspeção das condições gerais do quarto é que ele poderá ser ocupado novamente.

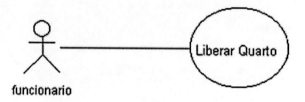

Figura 116 – Caso de Uso "Liberar Quarto"

Basicamente, o caso de uso "liberar quarto" torna o quarto disponível para nova ocupação. Um único atributo na classe quarto pode ser empregado para indicar a disponibilidade ou não de ocupação. Também deve ser previsto um método para esta ação do sistema, conforme o diagrama da Figura 117.

---

[7] Os Analistas devem ficar atentos para o fato de que empresas no mesmo ramo de atividade podem apresentar facetas de trabalho que as tornam únicas dentro do contexto de negócio. É crucial que o software a ser desenvolvido respeite e incorpore tal funcionalidade

Capítulo 7 — Estudo de Caso Aplicando UML

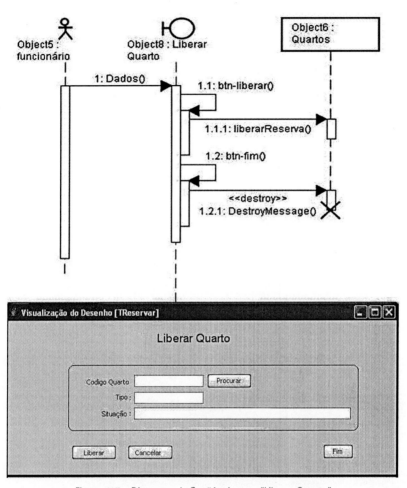

Figura 117 - Diagrama de Seqüência para "Liberar Quarto"

Ação 8 – Funcionário Cadastra Quartos

Existem funcionalidades nos sistema que são utilizadas inicialmente e depois raramente torna-se a utilizá-las. O caso de uso "Cadastrar Quarto" é um exemplo. Quando o software for implantado, todos os quartos disponíveis no hotel terão que ser cadastrados. Depois, raramente esta funcionalidade será utilizada novamente, salvo em caso de ampliação física do hotel com agregação de novos quartos.

Engenharia de *Software* – Análise e Projeto de Sistemas

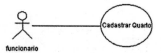

Figura 118 - Caso de Uso "Cadastrar Quarto"

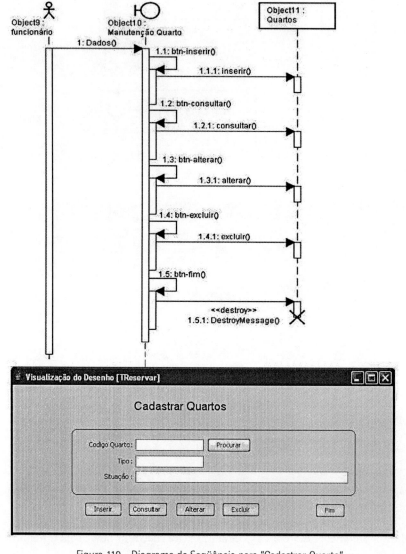

Figura 119 - Diagrama de Seqüência para "Cadastrar Quarto"

7.3. Diagrama de Estados

Exemplificando a aplicação de um Diagrama de Estados, elegeu-se arbitrariamente a classe quartos. Nenhuma outra classe do projeto exige que se tenha um detalhamento quanto a este aspecto, nem mesmo o quarto seria necessário, já que não se trata de algo complexo e cuja modalidade de processamento seja influenciada por esta questão.

Para ter-se uma visão de controle sobre a situação de um quarto, poderíamos desenvolver um diagrama de transição de estados, onde visualizamos todos os estados possíveis em que o quarto pode estar, bem como a transição entre eles. Dada a característica de funcionamento da ocupação e liberação de quartos, o diagrama de estados não tem a sinalização de fim; os estados se alternam *ad infinitum*.

Figura 123 - Exemplo de um Diagrama de Estados

7.4. Diagrama de Componentes

Para mostrar as dependências que existirão nos programas criados pelo software, deve-se empregar o diagrama de componentes. A UML preocupou-se em propiciar um mapeamento do arranjo físico de elementos de software, de maneira que pode-se perceber a relação entre os módulos ou programas que forem criados. Este característica é bastante útil quando for necessária alguma manutenção ou estudar-se melhorias no software.

Este mapeamento dos componentes do software pode ficar muito extenso, visualmente falando; porém, como se estará utilizando ferramenta CASE, isto não deve ser objeto de preocupações, já que tais ferramentas conseguem efetuar a administração destes aspectos através de rolamentos de telas e zoom. Considerando estes recursos visuais da ferramenta CASE e pensando na tentativa de um melhor aproveitamento dos mesmos, o Analista de Sistemas pode documentar os componentes de forma modular, agregando componentes de mesma funcionalidade, por exemplo. Esta agregação pode ser feita empregando-se o recurso de *packages* conforme mostra a Figura 124.

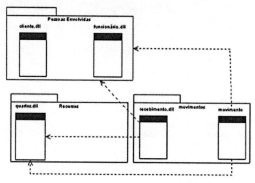

Figura 124 - Componente de Componentes

7.5. Diagrama de Distribuição

Como última etapa dentro da documentação do software desenvolvido, pode-se criar um Diagrama de Distribuição, o qual mostra a configuração dos *processadores* (qualquer equipamento que tem capacidade de executar um programa), visualizando-se a distribuição por toda a empresa. O diagrama de distribuição permite visualizar todas as conexões físicas entre os processadores, dispositivos e a alocação dos módulos de processamento aos equipamentos. Enfim, permite mostrar como está a disposição ou arranjo físico do *hardware* e a ligação do *software* com os dispositivos físicos.

Capítulo 7 – Estudo de Caso Aplicando UML

Se, por exemplo, a empresa utilizar uma rede local (LAN), é possível por meio do Diagrama de Distribuição, fazer todo o mapeamento desta rede. Pode-se documentar cada ponto da rede, identificando-se as estações existentes e os servidores. Os equipamentos intermediários de comunicação da rede, tais como *hub* e *switch*, também são objetos de documentação neste diagrama. Toda malha existente pode ser representada, inclusive links diversos (rádio freqüência, infravermelho, linha privada etc.). Em nosso estudo de caso, tratando-se de uma organização pequena, obteve-se um diagrama conforme mostra a Figura 125.

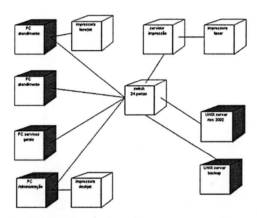

Figura 125 - Exemplo de Diagrama de Distribuição

Referências Bibliográficas

ALVES, R. Filosofia da Ciência: Introdução ao Jogo e suas Regras. Brasiliense, 14ª Ed., São Paulo, 1991.

AMBLER, S.W. Análise e Projeto Orientados a Objeto. Infobook, Rio de Janeiro, 1997.

BALLESTERO ALVAREZ, Maria Esmeralda. Organização, Sistemas e Métodos. McGraw-Hill, São Paulo, 1990.

BERTALANFFY, Ludwing Von. Teoria Geral de Sistemas. Vozes. Petrópolis, Rio de Janeiro, 1977.

BOEHM, B. A Spiral Model for Software Development and Enhancement. Computer, vol. 21, no. 5, Maio de 1988.

BOOCH, G.; RUMBAUGH, J.; JACOBSON I. UML, Guia do Usuário. Campus, Rio de Janeiro, 2000.

BUARQUE, C. A Aventura da Universidade. Unesp, São Paulo, Paz e Terra, Rio de Janeiro. 1994.

CHIA, Rodrigo. Terceirização: Por que fazer e como ser bem-sucedido. Developers, Ano 3, número 36, Ago/1999, p. 10-14.

CHIAVENATO, I. *Teoria Geral da Administração*. Campus, São Paulo, 5ª ed., 1999.

COAD, P.; YOURDON, E. Análise Baseada em Objetos. 2ª ed., Campus, Rio de Janeiro, 1992.

CONALLEN, J. Desenvolvendo Aplicações Web com UML. Campus, Rio de Janeiro, 2ª. Ed., 2003.

COUGO, P.S. Modelagem Conceitual e Projeto de Banco de Dados. Campus, Rio de Janeiro, 1997.

DEMARCO, Tom. Análise Estruturada e Especificação de Sistemas. Campus, Rio de Janeiro, 1989.

DAVIS, W.S. Análise e Projeto de Sistemas: Uma Abordagem Estruturada. LTC, Rio de Janeiro, 1987.

DIAS, D.S.; GAZZANEO, G. Projeto de Sistemas de Processamento de Dados. LTC. Rio de Janeiro. 14ª edição. 1989.

Referências Bibliográficas

EINSTEIN, A. **Como Vejo o Mundo**. Nova Fronteira, Rio de Janeiro, 17ª Ed., 1981.

FARINA, M. **Psicodinâmica das Cores em Comunicação**. Edgard Blücher, São Paulo, 1987.

FERREIRA, A.B.H. **Minidicionário da Língua Portuguesa**. Nova Fronteira, Rio de Janeiro, 1993.

FOURNIER, R. **Guia Prático para Desenvolvimento e Manutenção de Sistemas Estruturados**. Makron Books. São Paulo. 1994.

FURLAN, José Davi. **Modelagem de Objetos através da UML**. Makron, São Paulo, 1998.

FREIRE, P.; ROSISKA, MIGUEL, D.O.;CECCON, C. **Vivendo e Aprendendo**. Brasiliense, 6ª Ed., São Paulo, 1983.

JORGE, A.L.C. **O Acalanto e o Horror**. Escuta, São Paulo, 1988.

GANE, Chris; SARSON Trish. **Análise Estruturada de Sistemas**. LTC, 13ª Ed., Rio de Janeiro, 1990.

GURBAXANI, Viay. The new world of information – Technology outsourcing. **Communications of the ACM**, vol. 39, número 7, Jul/1996, p. 45–54.

HAWKING, S.W. **Uma Breve História do Tempo: do Big Bang aos Buracos Negros**. Rocco, Rio de Janeiro, 1988.

HIX, Deborah. Generations of User–Interface Management Systems. IEEE **Software**, Setembro, p. 77–89, 1990.

IBM, Software Corporation. **IBM's Ease of Use Web Site**. Home Page. Disponível em: < http://www-3.ibm.com/ibm/easy/ >. Acesso em: 02 Out. 2002.

IEEE, Institute of Electrical and Electronics Engineers. **IEEE Std 610-1990**. 1990. Disponível em: < http://grouper.ieee.org/groups/610/p610home.html >. Acesso em: 07 Ago. 2002.

INPE, Instituto Nacional de Pesquisas Espaciais. **Interação Vegetação-Atmosfera**. Home Page. Disponível em: < http://www3.cptec.inpe.br/~ensinop/int_veg_atm.htm >. Acesso em: 05 Mai. 2002.

JACOBSON, I.; BOOCH, G.; RUMBAUGH, J. The Unified Software Development Process. Addison Wesley, 1998.

KRUCHTEN, P. The Rational Unified Process - an Introduction. Addison Wesley, 1998.

KUGLER, J.L.C.; FERNANDES, A.A. Gerência de Projetos de Sistemas. LTC, RJ, 2' Ed., 1990, p. 59-149.

LEITE, J. C. Terceirização em Informática. Makron, SP, 1995, p. 3-62.

MARTIN, J. & MCCLURE, C. Técnicas Estruturadas e Case. São Paulo. Makron, 1991.

MCMENAMIM, S.M.; PALMER, J. F. Análise Essencial de Sistemas. McGraw-Hill, São Paulo, 1991.

NEWCASTLE, University. The NATO Software Engineering Conferences. Home Page. Disponível em: < http://www.cs.ncl.ac.uk/old/people/brian. randell/home.formal/NATO/ >. Acesso em: 23 Out. 2002.

OTAN, Organização do Tratado do Atlântico Norte. Science Committee Conferences on Software Engineering. Home Page. Disponível em: < http://www.nato.int/science/e/publications.htm >. Acesso em: 23 Out. 2002.

OUTSOURCING, Institure. Survey of Current and Potential Outsourcing End-Users, Home Page.Disponível em: <http://www.outsourcing.com>. Acesso em: 12 Ago. 2001.

POMPILHO, S. Análise Essencial - Guia Prático de Análise de Sistemas. Infobook, Rio de Janeiro, 1995.

PRADO, A.F. Análise Essencial e Projeto Estruturado Moderno. Apostila. Curso de Especialização em Tecnologia da Informação: Análise e Projeto de Sistemas de Informação. Oráculo Consultoria de Sistemas. Rio de Janeiro. RJ. 1995.

PRESSMAN, R.S. *Engenharia de Software*. Makron Books, São Paulo, 1995.

RATIONAL, Software Corporation. Introduction and Getting Acquainted with UML. Home Page. 2001. Disponível em: < http://www.rational.com/ uml/gstart/faq.jsp >. Acesso em: 12 Dez. 2001.

Referências Bibliográficas

RUMBAUGH, J.; BLAHA, M.; PREMERIANI, W.; EDDY, F.; LORENSEN, W. **Modelagem e Projetos Baseados em Objetos**. Campus, Rio de Janeiro,1994.

SCAGLIA, Alexandre. Na mão de quem entende. InformationWeek, Ano 1, número 10, Set/1999, p. 35–42.

SEI, Software Engineering Institute. **SEI Report on Undergraduate Software Engineering Education** (CMU/SEI-90-TR-003),1990. Disponível em: < http://www.sei.cmu.edu/publications/documents/90.reports/90.tr.003.html>. Acesso em: 08 Ago. 2002.

SHILLER, L. **Excelência em Software**. Makron, SP, 1993, p. 3–49.

SHLAER, S.; MELLOR, S.J. **Análise de Sistemas Orientada para Objetos**. McGraw–Hill, São Paulo, 1990.

SOMMERVILLE, I. **Engenharia de Software**. Pearson Addison Wesley. São Paulo, 2003.

SPENCER, H. Que é Uma Sociedade? In BIRNBAUM, P. & CHAZEL. **Teoria Sociológica**. Hucitec–Edusp, São Paulo, 1977.

TONSIG, S.L. **MySQL – Aprendendo na Prática**. Ciência Moderna. Rio de Janeiro. 2006.

XAVIER, M.P.T.; GOMES, S.B. A Informação como Vantagem Competitiva da Empresa. **Developers**, Ano 3 número 30, Fev/2000, p. 26–29.

Impressão e Acabamento
Gráfica Editora Ciência Moderna Ltda.
Tel.: (21) 2201-6662